Progetto grafico
Sansai Zappini

I testi sono tratti dal volume di Elisabetta Piazzesi *Cucina delle regioni d'Italia*, edito da Giunti (2005).

Referenze fotografiche dell'inserto:
Tutte le immagini appartengono all'Archivio Giunti a eccezione delle seguenti:
© Archivio Giunti/Giovanni Petronio p. 8as; © Archivio Giunti/Barbara Torresan pp. 1bd, 12as;
Fotolia: © Marco Bagnoli Elflaco p. 8b; © BigDream Studio p. 15bs; © Comugnero Silvana pp. 2as,
5a, 5bs, 5bd, 6b, 7ad, 7b, 8cs, 13cd, 15a, 15bd, 16cd; © Vincenzo De Bernardo p. 12ad; ©denio109
p. 7a; © dream79 p. 2ad; © Enzoart p. 13ad; © eZeePics Studio p. 7c; © Fusolino p. 10bd; © Marzia
Giacobbe p. 15cd; © Corinna Gissemann p. 6a; © kuvona p. 3bd; © Marco Mayer pp. 8d, 10a, 12b;
© MP p. 11b; © OlegD p. 4b; © olepeshkina p. 4ad; © Alessio Orrù pp. 14bd, 16a; © Valerio Pardi
p. 3a; © rcheles p. 1as; © Spinetta pp. 1bs, 13bs; © sabino.parente p. 13bd; © Marco Tiberio p. 4as.
Stockfood: © Creative Photo Services/La Camera Chiara p. 11as; © Thelma & Louise p. 14as;
© La Camera Chiara p. 9cs;
© marka/scataglini/ITEM p. 9b; © Realy Easy Star pp. 10cs, 14bs; © EPS. Srl pp. 1ad, 2b;

L'editore si dichiara disponibile a regolare eventuali spettanze per quelle immagini
di cui non sia stato possibile reperire la fonte.

Questo simbolo evidenzia le ricette illustrate nell'inserto fotografico.

www.piattoforte.it
www.giunti.it

© 2005, 2015 Giunti Editore S.p.A.
Via Bolognese 165 - 50139 Firenze - Italia
Piazza Virgilio 4 - 20123 Milano - Italia
Prima edizione: settembre 2005
Nuova edizione: ottobre 2015

Ristampa	Anno
5 4 3 2 1	2019 2018 2017 2016

MISTO
Carta da fonti gestite
in maniera responsabile
FSC
www.fsc.org
FSC® C023532

Stampato presso Giunti Industrie Grafiche S.p.A. - Stabilimento di Prato

Elisabetta Piazzesi

semplicità e tradizione in tavola

LA CUCINA DELLE REGIONI D'ITALIA

OLTRE 350 RICETTE

G GIUNTI DEMETRA

❊ SOMMARIO ❊

- Una tazza o 1 bicchiere corrisponde a circa 1/4 di l o 250 ml o 25 cc pari a: 250 g di zucchero, 125 g di farina, 175 g di semolino, 100 g di ricotta.

- Un cucchiaio da minestra è pari a 30 g di burro, 25 g di zucchero, 20 g di uva passa, 30 g di marmellata, 25 ml di latte, 8 o 10 g di olio, 15 g di panna.

- Per farina bianca si intende sempre farina di grano tenero 00, salvo altra indicazione specificata nella ricetta.

- Per olio si intende sempre olio extravergine di oliva salvo altre indicazioni.

- Cotture in forno: per calore basso si intende 120-140 °C, per calore moderato 170-190 °C, per calore alto 200-220 °C.

- Riso: Arborio per le minestre o le preparazioni tipo frittelle; Vialone nano può servire per risotti ma anche per altre preparazioni; Carnaroli per i risotti.

- Dove non altrimenti indicato, le ricette si intendono sempre per 4-6 persone e, per quanto riguarda i dolci, per 6-8 persone.

Valle d'Aosta

La natura incontaminata di questa piccola regione, anche se oggi minacciata da un'inevitabile urbanizzazione, ha dato da sempre prodotti unici. Questi sono il frutto di un paziente e faticoso lavoro dell'uomo che ha saputo trarre il meglio da una natura spesso aspra (ne è un esempio la coltivazione della vite ad altitudini che non hanno eguale, definendo i suoi produttori "eroici").

La linea gastronomica della Valle d'Aosta è basata quasi esclusivamente sull'utilizzo dei prodotti locali, su un'agricoltura appena sufficiente alla sopravvivenza, e all'utilizzo dei molti latticini, che in questa cucina hanno un ruolo dominante. è infatti dalla grande varietà di formaggi – sia a pasta fresca che stagionata – che molti piatti divengono gustosi e indimenticabili.

La famosa fontina ne è un esempio – il cui termine potrebbe derivare da Fontin, un alpeggio nel comune di Quart... Anche la polenta, il pane di segale, la farina di frumento (prodotti poveri di un'agricoltura strettamente locale) prendono vigore e forza, se mescolati a formaggi o verdure saporite, come le molte zuppe dense e sostanziose create dalle ingegnose massaie per combattere i rigori invernali.

Le molte carni salate e insaccate hanno spesso sostituito l'utilizzo di carne fresca, dando vita a prodotti tipicamente valdostani quali la motzetta o il boudin.

Nella serie di dolci non va dimenticato il famoso montblanc, anch'esso prodotto con le semplici castagne, rese nobili dall'utilizzo di una panna di malga dal sapore ineguagliabile. Le piccole pere Martin sech, oggi tornate alla luce e nuovamente coltivate, accompagnano le molte crostate e torte confezionate anche con i frutti di bosco.

CRESPELLA VALDOSTANA

2 uova, 1 l di latte, 40 g di farina bianca, 50 g di burro,
100 g di prosciutto crudo dolce affettato fine, 100 g di fontina Dop, sale.

Ponete il latte in un contenitore e con l'aiuto di una frusta, o con lo sbattitore elettrico, incorporate poco alla volta la farina, le uova, 40 g di burro fuso e un pizzico di sale. Fate riposare per 30 minuti. Ungete con parte del burro rimasto, una padellina antiaderente e cuocete, nella quantità di un piccolo ramaiolo, le crespelle. Tenete la fiamma moderata per farle asciugare bene da ambo i lati e ricordatevi di ungere ogni volta la padellina prima di versarci l'impasto. Stendete le crespelle ottenute su di un ripiano. Sistemateci una fetta di prosciutto, arrotolatele e allineatele l'una accanto all'altra in una pirofila unta di burro. Coprite il tutto con le fette di fontina e passate nel forno a fiamma vivace per 10 minuti. Portatele in tavola caldissime.

La prima documentazione della fontina (ingrediente principe di gran parte delle ricette valdostane) risale al 1480, quando la sua forma venne riprodotta nelle sale del castello di Issogne. Il suo nome deriva dall'alpeggio di Font, nel comune di Quart.

PANE DI SEGALE

300 g di farina di segale, 200 g di farina bianca,
75 g di lievito di birra, 1 tazza di latte, 3 cucchiai di acqua, olio, sale.

Ponete la farina a fontana su di un ripiano. Sbriciolate con le mani il lievito e scioglietelo in una tazza di latte tiepido, nella quale avrete disciolto anche il sale. Versate nel cratere e cominciate a lavorare con le mani, incorporando poco a poco il liquido. Aggiungete adesso un cucchiaio di olio, continuando a lavorare con forza l'impasto. Infarinatevi spesso le mani se il tutto tende a essere troppo appiccicoso. Nel caso disponiate di una impastatrice, o più semplicemente di uno sbattitore elettrico, potete compiere questa operazione dopo aver trasferito la farina nell'apposita ciotola e, azionando la macchina alla minima velocità, impasterete il tutto con le fruste a gancio. Lavorate l'impasto per 5 minuti fino a ottenere una pasta soda ed elastica che si staccherà facilmente dalle pareti della ciotola o dalle vostre mani. Coprite con un panno e ponete a lievitare in un luogo asciutto per 8 ore. Trascorso questo tempo lavorate di nuovo la pasta per pochi minuti, quindi staccate delle quantità pari a un grosso pugno, premendole sul ripiano infarinato, fino a ottenere tante piccole fruste. Dalla quantità data ne otterrete circa 5. Ponetele su di una placca ricoperta dall'apposita carta e fate nuovamente lievitare per 15 minuti, prima di infornare a calore moderato, per 30 minuti. È un ottimo pane gustato anche tiepido, per accompagnare carni particolarmente saporite e piatti di cacciagione in umido.

A Champorcher (Aosta) alla fine del mese di luglio la simpatica manifestazione "La cottura del Pane" ripropone tecniche antiche di lavorazione del pane nella regione.

ZUPPA DI CASTAGNE

PRIMI PIATTI

1 kg di castagne. 2 ℓ di latte. 250 g di riso tipo vialone nano.
1 ciuffetto di finocchio selvatico. 2 foglie di alloro. sale.

Sbucciate le castagne, privandole della pellicina. Ponetele in una capace pentola, meglio se di coccio, con il latte, l'alloro e il finocchio. Aggiungete un pizzico di sale e fate cuocere, a fiamma bassa, per 10 minuti. Aggiungete il riso, eliminate gli aromi e proseguite la cottura per altri 20 minuti, sempre a fiamma bassa, girando di tanto in tanto. A fine cottura fate riposare lontano dal fuoco per 5 minuti, prima di servire.

Questa zuppa, che si preparava per celebrare le prime castagne della stagione, è spesso arricchita, secondo tradizione, da 1 o 2 tazze di panna liquida di montagna.

ZUPPA DI COGNE
(SOUPETTE COGNENTZE)

. . . .

PRIMI PIATTI

300 g di riso tipo Carnaroli. 100 g di burro. 250 g di fontina. 1.5 l di brodo vegetale (vedi ricetta alla pagina 282). 1 bicchiere di vino bianco secco. 1 pizzico di cannella in polvere. pane raffermo in fette. olio.

Fondete in una casseruola 50 g di burro e tostate, a fuoco vivace, il riso con il vino. Appena questo sarà evaporato aggiungete 1 l di brodo bollente, a rama-ioli, mescolando per farlo in parte assorbire dal riso, tenendo sempre la fiam-ma moderata. Quando il "risotto" sarà quasi cotto, trasferitelo in un tegame di coccio dai bordi alti, alternandolo a strati di fontina affettata fine e a fette di pane casalingo, tagliato non troppo alto e fritto in precedenza in poco olio. Terminate gli strati con quest'ultimo ingrediente, coprendo con il rimanente burro, un pizzico di cannella in polvere e il brodo ben caldo. Ponete in forno caldissimo per 10 minuti e portate in tavola nello stesso recipiente di cottura. Il sapore della cannella contrastando quello dolce della fontina, conferisce a questa zuppa un sapore veramente unico.

CARBONADE 📷

. . . .

SECONDI PIATTI

700 g di magro di manzo. 1 cipolla rossa. 1 costola di sedano. 1 carota. 1 ciuffo di salvia. 1 rametto di rosmarino. 10 grani di ginepro. 1/2 l di brodo di carne (vedi ricetta a pagina 281). 5 spicchi di aglio. 1 l di vino rosso Donnaz. 50 g di farina bianca. 40 g di zucchero. 100 g di burro. sale. pepe in grani.

Affettate la carne in pezzi non troppo grandi e poneteli in un capace recipien-te. Tritate la cipolla con la carota, il sedano e l'aglio e distribuiteli sulla carne. Irrorate con il vino rosso e aggiungete il ginepro intero e in parte schiacciato, la salvia, il rosmarino e 10 grani di pepe nero. Tenete la carne in un luogo fre-sco a marinare per 2 giorni. Quindi scolatela dal liquido, che terrete a parte, e fatela in piccoli pezzi, che rosolerete in una casseruola, preferibilmente di coccio, con il burro fuso. Cuocete a fiamma bassa, girando spesso con il mestolo, per 15 minuti. Aggiungete a questo punto le verdure della marinatura e proseguite la cottura per altri 20 minuti. Bagnate di tanto in tanto con il vino rosso, che avrete conservato a parte, e insaporite con un pizzico di sale. Aggiungete anche il brodo di magro ben caldo, man mano che il liquido di cottura tende ad asciugarsi. Cuocete la carne con il coperchio per 1 ora e 1/2. Trascorso questo tempo togliete il tegame dal fuoco, spolverizzate con la farina e lo zucchero, girando con un mestolo per fare amalgamare gli ingredienti. Portate in tavola nello stesso recipiente di cottura, ben caldo. Si accompagna con grosse fette di polenta.

Specialità valdostana, il cui nome deriva dall'aspetto ("scuro come il carbone!") e che deve la sua origine alla scarsità di carne bovina in tempi antichi. Gli allevamenti di mucche erano finalizzati quasi esclusivamente alla produzione del latte. Quando si abbatteva un animale a scopo alimentare, se ne conservavano le carni sotto al sale e agli aromi. Si cuocevano poco alla volta, mitigando l'aspro sapore con vino e spezie.

COSCIO DI CAMOSCIO IN CIVET

SECONDI PIATTI

1.5 kg di carne di camoscio nella coscia, 2 cipolle rosse, 180 g di farina bianca, 2 carote, 2 patate a pasta gialla, 1 l di vino rosso, 10 bacche di ginepro, 50 g di lardo, sale e pepe.

Fate a fette la carne di camoscio, infarinatela e ponetela in una larga casseruola, meglio se di coccio, con il lardo. Fate rosolare a fiamma vivace per 20 minuti, bagnando di tanto in tanto con 1 o 2 cucchiai di vino rosso. Spegnete poi la fiamma, unite tutto il vino rimasto, le bacche di ginepro pestate, un pizzico di sale e pepe. Tenete la carne, sempre nello stesso tegame, per 24 ore. Unite poi le verdure e fate riposare, sempre in un luogo fresco per altre 24 ore. Cuocete adesso il camoscio con il liquido della marinatura e le sue verdure, a fiamma moderata per 45 minuti, girando spesso con un mestolo. Al termine della cottura, trasferite la carne su di un vassoio, frullate in un mixer il fondo di cottura con le verdure, e con la salsa ottenuta coprite la carne. Portate in tavola accompagnando con fette di polenta grigliate e pane di segale.

PATATE SALATE
(TARTIFLA SARÃ)

SECONDI PIATTI

1 zampetto di maiale. 400 g di carne di vitello. 1 sacca di trippa.
1 ciuffo di alloro. bacche di ginepro. 3 cipolle. 400 g di castagne secche.
500 g di patate. 100 g di lardo. 150 g di salsicce.
2 bicchieri di vino bianco. olio.

Lessate lo zampino in abbondante acqua appena salata, per 30 minuti a fuoco moderato. Scolatelo e disossatelo. Tritate gli aromi e uniteli alla carne di vitello, grossolanamente tritata, e allo zampino disossato. Mescolate gli ingredienti aggiustando di sale e pepe. Allargate bene la sacca di trippa, dopo averla ben lavata, e mettete al suo interno il composto preparato. Arrotolate il tutto fermando con spago da cucina. Tritate quindi le cipolle e soffriggetele in tre cucchiai di olio, unite il rotolo e rosolatelo aggiungendo il vino bianco. Dopo 30 minuti di cottura aggiungete le castagne, che avrete fatto rinvenire per una notte in acqua fredda, e cuocete, sempre a calore moderato, per altri 40 minuti. Nel frattempo bollite le patate insieme al pezzetto di lardo in poca acqua leggermente salata. Scottate brevemente anche le salsicce, bucherellandone la superficie. Scolate sia le patate che le salsicce e unitele alla carne per un'ultima breve cottura, aggiungendo se necessario un ramaiolo di brodo vegetale. Gustatevelo come piatto unico nei giorni di festa.

VALDOSTANE RIPIENE DI TARTUFO

SECONDI PIATTI

6 cotolette di vitella di circa 200 g l'una.
80 g di fontina Dop in fette. 2 uova. 100 g di pangrattato.
40 g di tartufo bianco. 120 g di burro. sale. pepe.

Con un coltellino molto affilato aprite a libro le cotolette. Farcitele con una o più fette di fontina e con poche lamelle di tartufo, affettato con l'apposito utensile. Richiudete l'apertura con uno o due stuzzicadenti. Passate la carne nelle uova sbattute con un pizzico di sale, quindi nel pangrattato, posto su di un vassoio, saldando i bordi richiusi con gli stuzzicadenti, anche con la pressione delle mani. Friggete le cotolette in una capace padella con il burro a giusta temperatura. Rigiratele per far prendere colore da ambo i lati. Portate in tavola, aggiustando di sale e pepe a piacere, ben calde e, ovviamente, dopo aver tolto gli stuzzicadenti! Guarnite, infine, con ciuffetti di prezzemolo. I più golosi accompagnano questa preparazione con un'ulteriore grattugiata del prezioso *tuber magnatum pico*.

CAFFÈ DELL'AMICIZIA

DOLCI

4 tazzine di caffè bollente non troppo ristretto. 2 bicchieri di grappa. 1 bicchiere di vino rosso. 1 scorza di limone. 2 cucchiai di zucchero.

Preparate il caffè e uniteci un po' di vino rosso, la grappa, lo zucchero e la scorza del limone. Riscaldatelo e bevetelo bollente nella grolla (che è il simbolo della Val d'Aosta), il tipico recipiente di legno con i beccucci. Avvicinate ai beccucci un fiammifero e si creerà un fiamma azzurrognola. Spegnetela e bevete. In mancanza della grolla versate gli ingredienti in una casseruola, ponete sul fuoco e quando bolle, accendetela con un fiammifero e servitela fiammeggiante in tazzine con lo zucchero sul bordo.

Grolla deriva dal tedesco "Graal", il sacro calice in cui, secondo tradizione, venne raccolto il sangue di Cristo. Bere dalla grolla è un rito non facile: i sorsi vanno regolati in modo che ognuno ne prenda la giusta quantità e tutti ne abbiano la propria parte. Si dice che porti male lasciare il caffè nella grolla, per cui l'ultimo deve finirlo!

MONTBLANC

DOLCI

1 kg di castagne. 1 l di latte. 1 stecca di vaniglia. 250 g di zucchero.
1/2 l di panna liquida da montare. 1 bicchierino e 1/2 di rhum.
50 g di zucchero a velo.

Incidete con un coltello le castagne, scottatele, sbucciatele e ponetele in una pentola con il latte e la stecca di vaniglia. Cuocete finché non diventano morbide. Scolatele e passatele con lo schiacciapatate e raccogliete il passato in una ciotola. Aggiungete lo zucchero e il rhum, incorporando con cura gli ingredienti. Tenete in frigo per 30 minuti, prima di passare di nuovo la purea di castagne al passaverdura con i fori larghi. Fate ricadere i "vermicelli" ottenuti su un vassoio da portare in tavola, creando la sagoma di un monte appuntito. Montate la panna con lo zucchero a velo e ricoprite il dolce, decorando con violette candite. Tenete in frigo per 4 ore prima di servire.

TARTA

DOLCI

6 uova. 120 g di zucchero. 1 l di latte. 1 limone. 300 g di amaretti.
100 g di grissini. 1 ciuffo di cerfoglio. 1 noce di burro.
1 cucchiaio di farina.

Sbattete le uova con 100 g di zucchero e il cerfoglio tritato, aggiungete poco alla volta il latte. Sbriciolate i grissini e gli amaretti e uniteli al composto, amalgamando bene gli ingredienti. Grattugiate la scorza del limone e lasciate riposare per 10 minuti in un luogo fresco. Imburrate e infarinate una tortiera, versateci l'impasto e spolveratelo con lo zucchero rimasto. Cuocete in forno a calore moderato per 40 minuti. Delizioso accompagnato da marmellata di ginepro, tipica della Val di Susa.

Piemonte

La cucina piemontese si distingue da quella delle altre regioni
per la sua complessità e per la ricchezza e varietà degli ingredienti.
I suoi confini racchiudono una terra aspra e magnifica con montagne,
vallate, pianure, colline e fiumi che dispensano una gran varietà di prodotti
unici: dalla selvaggina ai grandi vini, al nobile e prezioso tartufo, per non
parlare delle molte e varie inimitabili verdure che, insieme a una grande
varietà di pesci di acqua dolce, danno origine a una inverosimile gamma
di abbinamenti gastronomici. Eppure, in tutta questa profusione di aromi
e prodotti, fa da padrone il semplice e povero aglio: creando piatti che sono
tutt'oggi preparati con grande tradizione e orgoglio: la bagna caoda, nel suo
sapore deciso e delicato allo stesso tempo, racchiude tutto il concetto della
cucina per i piemontesi. Anche il modo con cui viene portata in tavola,
nella "s'cionfeta" (un pentolino dotato di un fornelletto per tenere sempre
alla giusta temperatura la preziosa salsa cosicché tutti gli ospiti possano
servirsi dallo stesso tegame), diviene il simbolo di amicizia e convivialità.
Cucina, dunque, nobile e povera allo stesso tempo, dove i prodotti e i nomi
delle preparazioni d'oltralpe, hanno lasciato segni distinguibili, ma che
i piemontesi hanno trasformato e fatto propri, originando preparazioni
uniche che solo nel nome possono ricordare i cugini francesi:
ad esempio la *fondue* francese e la fonduta piemontese o le *crudités*
divenute in Piemonte ricche insalate con cui vengono tutt'oggi introdotte
le varie portate di un pranzo importante.
Per non parlare poi del riso, del latte e del burro(con i pascoli collocati
a grande altitudine si originano prodotti caseari incredibilmente gustosi!)
che accompagnano gran parte delle preparazioni, dai primi piatti alle carni
comprese per non parlare dei dolci…
Ecco dunque una cucina completa e complessa, certamente elaborata
e ricca di sapori forti, indiscutibilmente legata alla geografia del territorio…
Una cucina adatta ai mesi invernali, da immaginarsi gustata vicino a
un focolare acceso, mentre la bruma avvolge gli alberi e le montagne si
possono solo immaginare, lontane!

BAGNA CAODA

200 g di acciughe sottosale. 80 g di burro (meglio se di alpeggio). 8 spicchi di aglio. 1 cardo della valle del Belbo. 1 peperone giallo. 1 cavolo verza. 1 cavolfiore. 1 cipolla fresca. 1 carota. 1 porro. olio.

Pulite con cura il cardo, privandolo delle foglie esterne e lasciando solo la parte interna, bianchissima. Lavate e tagliate a metà il peperone, privatelo delle falde interne e dei semi e tagliatelo a strisce. Lavate anche le foglie più bianche del cavolo verza e i grumi del cavolfiore. Pulite e lavate la cipolla, la carota e il porro e tagliate le verdure nel senso della lunghezza, in più parti, a seconda della loro grandezza. Raccogliete tutte le verdure in un capace vassoio, componendole a seconda del vostro gusto. In un pentolino di terracotta – quello tradizionale è profondo e ha la forma di una padella con il manico – mettete il burro e fatelo fondere a fuoco bassissimo, quindi aggiungete gli spicchi di aglio tagliati con una taglierina. Non alzate mai la fiamma, in modo che l'aglio si disfaccia al solo contatto della terracotta. Unite per ultimo un bicchiere di olio e le acciughe (sciacquate dal sale e private della spina dorsale) in piccoli pezzi. Fate sobbollire, sempre a calore basso per 10 minuti, fino a ottenere una salsa omogenea. Portate in tavola ponendo il tegame sull'apposito fornellino alimentato da una debole fiamma che manterrà calda la salsa. Tuffateci man mano le verdure, che a volte sono accompagnate anche dal pane.

Per i piemontesi l'atto d'intingere nello stesso piatto o bere nello stesso boccale è manifestazione di amicizia. Di questo piatto esistono molte versioni: da quella che prevede l'aglio tenuto a mollo nel latte, (Monferrato), a quella che aggiunge 1 o 2 bicchieri di Barbera (Asti). È dalle campagne, dove questa preparazione ha trovato largo uso anche in periodi di carestia, che viene il proverbio: "L'aja l'è le spesiari di paisan" ("L'aglio è il farmacista del contadino") che attribuisce alla pianta gigliacea, non solo virtù gustose, ma anche medicinali.

FONDUTA ALLA PIEMONTESE

ANTIPASTI

250 g di fontina Dop. 50 g di burro d'alpeggio. 1 tazza di latte intero. 3 tuorli d'uovo. 30 g di tartufo d'Alba. 30 g di farina di grano tenero.

Tagliate a cubetti la fontina raccogliendola in una ciotola con mezza tazza di latte, dove la lascerete per circa 30 minuti, in un luogo fresco. Amalgamate a parte i rossi d'uovo con la farina e il rimanente latte, aggiungete poi i cubetti di fontina e amalgamate gli ingredienti. Trasferite il tutto in un tegame di coccio e fate fondere il formaggio con gli altri ingredienti a fiamma molto bassa, girando spesso con un cucchiaio di legno. Ottenuto un composto cremoso e omogeneo, accompagnatelo a riso bollito o a crostini di pane raffermo tostati. Se in stagione, potete aggiungere il tartufo tagliato in sottili lamelle con l'apposita taglierina. La semplicità dell'esecuzione di questa gustosissima ricetta ha un solo, basilare, segreto: la fonduta non deve mai bollire!

SALSA ALLA FINANZIERA

SALSE

200 g di creste di pollo. 100 g di animelle di vitella. 100 g di fegatini di pollo. 100 g di sottofesa di vitella. 100 g di muscolo di manzo. 1 cucchiaio di aceto di vino rosso. 100 g di funghi chiodini sott'olio. 50 g di burro. 1 cucchiaio di Marsala. 1 cucchiaio di farina bianca. sale. pepe.

Scottate le animelle in acqua bollente per pochi minuti, scolatele e privatele della pellicina. Fate freddare e tagliatele a fettine. Tagliate in fette sottili anche la carne di manzo e la sottofesa di vitella, infarinatele, insieme ai fegatini puliti e tagliati in piccoli pezzi. Raccogliete le carni in una ciotola. In una capace padella fate fondere il burro a fiamma bassa, aggiungete quindi le carni e le creste di pollo, in precedenza scottate brevemente in acqua bollente e poi tritate in piccoli pezzi. Ponete il coperchio e cuocete, dopo avere aggiustato di sale e pepe, per 10 minuti a calore moderato. Unite poi i funghi chiodini, 1 o

2 cucchiai di acqua calda e proseguite la cottura per altri 30 minuti. Girate di tanto in tanto e aggiungete il Marsala e l'aceto, cuocendo per altri 10 minuti, sempre con il coperchio. Portate in tavola ben caldo, per accompagnare scaloppine di vitella fritte o risi in bianco.

Il nome di questa salsa risale probabilmente al successo che aveva sulle tavole dei notabili e degli uomini d'affari torinesi dell'Ottocento, che indossavano una tipica giacca chiamata appunto "finanziera". Nella forma più completa la ricetta prevede l'utilizzo di brodo di magro, da aggiungersi durante la cottura, insieme ad aromi come timo e prezzemolo.

AGNOLOTTI ALLA PIEMONTESE

PRIMI PIATTI

500 g di farina bianca, 5 uova, 300 g di carne di manzo (nello scannello) macinata, 150 g di salsiccia, 1 verza piccola, 100 g di polpa di maiale, 1 bicchiere di Barolo, 1 tazza di latte, 1 cipolla, 1 carota, 1 costa di sedano, 1 panino raffermo, 150 g di Parmigiano Reggiano, olio.

Tritate finemente la cipolla con la carota e il sedano e fateli appassire in una casseruola con due cucchiai di olio. Tritate la carne di maiale in piccolissimi pezzetti e aggiungeteli al tegame, rosolando a fuoco vivace. Abbassate poi la fiamma e unite la carne macinata e la salsiccia, sbriciolandola con le mani. Girate il tutto, aggiustando di sale e pepe, e sfumate col vino rosso. Cuocete a fiamma bassa per 20 minuti. Nel frattempo pulite la verza, riducetela in sottili listerelle che unirete al composto di carni, bagnando con un ramaiolo di acqua calda. Ponete il coperchio e proseguite la cottura a calore moderato, finché la verza non sarà quasi disfatta. Scolate allora il ripieno in un colino a fitte maglie, raccogliendo il sugo di cottura in un tegamino. Mettete il pane raffermo a rinvenire in poco latte, strizzatelo e aggiungetelo all'impasto, trasferendo il tutto dal colino a una ciotola, e girando per amalgamare gli ingredienti. Preparate quindi la pasta: su di una spianatoia fate un cratere nella farina, aggiungete le uova e cominciate a impastare con le dita. Aggiungete, se necessario, un cucchiaio di olio e lavorate con forza fino a ottenere una pasta soda ed elastica. Avvolgetela nella pellicola e fate riposare per 15 minuti. Stendetela poi col matterello infarinato, dividendo la pasta in due sfoglie, che tirerete molto sottili. Ottenete due strisce uguali. Fate con il ripieno delle palline grosse quanto una nocciola e ponetele, a giusta distanza l'una dall'altra in modo che, coprendo con la seconda sfoglia, si ottengano dei quadratini, ritagliati con l'apposito attrezzo, al centro dei quali vi è il ripieno. Dopo aver premuto bene i bordi, lessateli, scolateli dopo 5 minuti di bollitura, e conditeli con il sugo messo da parte, del ripieno che avrete riscaldato a calore molto basso. Accompagnate infine con abbondante Parmigiano grattugiato e portate in tavola caldissimo. Se in stagione, vengono gustati accompagnati da ottimo tartufo fresco tagliato finissimo.

Come di ogni pasta ripiena, anche degli agnolotti esistono molte varianti: da quelli di riso e carni, originari di Canavese, a quelli di selvaggina e indivia brasata. Naturalmente su tutte le varianti, l'aggiunta del tartufo, la cui produzione locale è rinomata nel mondo, conferisce al piatto un sapore assolutamente unico e inconfondibile.

DUNDERET DI PATATE ALLA CUNEESE

PRIMI PIATTI

800 g di patate a pasta gialla. 3 uova.
80 g di farina di grano tenero. noce moscata. 80 g di burro.
1 ciuffo di salvia. 100 g di formaggio tipo pecorino di Bagnolo.

Lessate le patate in abbondante acqua leggermente salata. Pelatele e passatele nello schiacciapatate, raccogliendone la polpa in un recipiente. Fate freddare, quindi uniteci la farina setacciata, che incorporerete velocemente con l'aiuto di un mestolo. Insaporite con una grattugiata di noce moscata, un pizzico di sale e pepe; quindi unite anche le uova sbattute. Ottenuto un impasto piuttosto tenero, cuocetelo a cucchiaiate in una pentola con abbondante acqua leggermente salata, a fiamma moderata. Scolateli non appena vengono a galla e trasferiteli in una ciotola. Condite con il burro fuso aromatizzato con le foglie di salvia e spolverate con il pecorino grattugiato. Portate in tavola e gustateli caldissimi.

Questa specialità del Cuneese nella sua forma originale non ha fra gli ingredienti la noce moscata, arrivata nella regione, insieme ad altre spezie orientali, solo nella seconda metà del Cinquecento. È un piatto molto gustoso, specie se condito col sugo di carni miste insaporite con vino rosso.

GNOCCHETTI CON LA FONTINA
DELLA VAL D'OSSOLA

PRIMI PIATTI

2 kg di patate a pasta gialla, 350 g di farina di grano tenero, 100 g di burro, 200 g di fontina piemontese, sale, pepe.

Lessate le patate in abbondante acqua lievemente salata. A cottura ultimata, quando risulteranno tenere, scolatele, sbucciatele e passatele nello schiaccia-patate, raccogliendo la polpa in una ciotola. Fate stiepidire, quindi impastate velocemente con la farina e un pizzico di sale. Trasferite l'impasto su di una spianatoia infarinata. Staccate man mano una giusta quantità, formate dei cilindretti, arrotolandoli con le mani, dello spessore di un dito e tagliateli poi in piccoli pezzi di circa 3 cm. Passate ogni gnocchetto sulla superficie di una grattugia e poi distendeteli su di un panno infarinato. Lessateli quindi in acqua lievemente salata e scolateli quando vengono a galla. Poneteli man mano su di una capace pirofila da forno, alternando a strati di fontina e burro fuso. Esauriti gli ingredienti, cuocete nel forno a calore forte per 5-8 minuti, portando in tavola ben caldi.
Una gustosa variante, tipica delle zone di montagna, prevede l'utilizzo di farina di grano saraceno nella quantità di 150 g per 200 g di farina di grano tenero. Ogni valle ha di queste preparazioni un'interpretazione personale, rendendo ogni volta la ricetta un piatto tipico.

PAZIOCHI DI CASTELNUOVO BELBO

PRIMI PIATTI

500 g di sfoglia per agnolotti (vedi ricetta a pagina 283), 200 g di filetto di maiale macinato, 200 g di salsicce di maiale agliate fresche, 300 g di broccoli di rape, 2 mazzi di rape, 3 spicchi di aglio, 1 ciuffo di timo, 180 g di burro, 1/2 bicchiere di Marsala, sale, pepe.

Sbriciolate con le mani le salsicce e rosolatele con la carne di maiale macina-ta in una padella con 80 g di burro, a fiamma moderata. Aggiustate di sale e pepe, bagnate con il Marsala e cuocete, con il coperchio, per 10 minuti. Pulite nel frattempo le verdure, lessatele in acqua bollente leggermente salata; scolatele e fatele un po' freddare. Strizzate le rape per privarle della maggior quantità possibile di acqua di cottura; schiacciate con una forchetta i broccoletti, che unirete insieme alle rape tritate al tegame con la carne. Girate con un mestolo per amalgamare gli ingredienti, insaporite con un rametto di timo e proseguite la cottura per altri 10 minuti, a fiamma bassa e con il coperchio. Fatelo poi freddare. Stendete la sfoglia, e dividetela in tanti quadrati di circa 4 cm per lato. Ponete al centro una quantità di impasto pari a una nocciola e richiudete ogni agnolotto con un altro quadratino di sfoglia, che salderete con una leggera pressione delle dita. Lessateli quindi in abbondante acqua leggermente salata, scolateli e conditeli con il burro rimasto, che avrete precedentemente fatto fondere in una piccola casseruola a fiamma bassa. Non è previsto un condimento specifico, ma sono veramente gustosi se accompagnati da abbondante formaggio grattugiato del tipo Murazzano. Questo è un piatto tradizionale della "Giornata di San Biagio", celebrata a Castelnuovo Belbo (Asti) attraverso una sagra dedicata anche ad altri prodotti piemontesi.

POLENTA GRATINATA AL FORNO

PRIMI PIATTI

350 g di farina di mais macinata grossa. 200 g di formaggio tipo Toma dell'Alpe di Bettelmat. 30 g di burro. sale. pepe.

In una capace pentola portate a ebollizione 1,5 l di acqua leggermente salata. Appena stacca il bollore, versateci a pioggia la farina di mais, lontano dalla fiamma e girate con una frusta per non formare grumi. Ponete nuovamente la pentola sul fuoco, facendo bollire, a fiamma bassa, per 40 minuti e girando spesso. A fine cottura versate tutta insieme la polenta su di una spianatoia, facendola freddare. Tagliatene poi delle fette alte 1 dito che porrete in una pirofila leggermente imburrata, alternandole a fette di formaggio e insaporite ogni strato con un pizzico di pepe. Ponete sulla superficie il burro restante in fiocchetti. Infornate a calore vivace per 10 minuti e portate in tavola ben caldo. I piemontesi, da veri buongustai, nella preparazione di questo piatto sostituiscono spesso alla toma la robiola, cioè delle formaggette grasse di latte di pecora, di forma rotonda, dal sapore intenso e dal profumo che ricorda, vagamente, quello del tartufo.

RISO IN CAGNONE

350 g di riso tipo Vialone Nano. 200 g di fontina in un solo pezzetto. 50 g di burro.

Lessate il riso in abbondante acqua appena salata, scolatelo al dente, lasciando un po' di acqua di cottura. Versate il tutto in una zuppiera precedentemente riscaldata, unite la fontina ridotta in piccoli pezzetti e girate il tutto per far fondere il formaggio. Soffriggete il burro in un tegamino, facendolo diventare color nocciola e con questo mantecate il riso, portando poi subito in tavola.

RISOTTO AL COREGONE DELLE ISOLE BORROMEE

PRIMI PIATTI

350 g di riso Carnaroli. 600 g di pesce coregone. 1 cipolla bianca. 1 ciuffo di prezzemolo. 1 spicchio di aglio. 1 l di brodo vegetale. 80 g di burro. sale, pepe.

Pulite il pesce sventrandolo, squamandolo e privandolo delle interiora. Sciacquatelo sotto acqua corrente e ponetelo su carta da cucina ad asciugare. Tritate la cipolla con l'aglio e il prezzemolo e rosolateli in una capace padella, preferibilmente di rame, con 50 g di burro. Unite il pesce, salate e pepate e cuocete con il coperchio a fiamma vivace per 10 minuti. Girate con cura il coregone e proseguite la cottura per altri 10 minuti, sempre con il coperchio. Togliete dal fuoco e trasferite il pesce su di un vassoio, facendolo freddare. Sfilettatene quindi la carne, privandolo della pelle e delle lische. Tenete i filetti di pesce in caldo. Ponete nuovamente la padella, dove avete cotto il pesce, sul fuoco e quando si sarà scaldata unite il riso al fondo di cottura, facendolo tostare a calore vivace. Girate spesso con un mestolo, quindi cominciate a unire il brodo vegetale ben caldo, aggiungendolo un ramaiolo per volta. Abbassate la fiamma e cuocete per 12-13 minuti, quindi unite i filetti di coregone, sempre bagnando con il brodo via via che il risotto si asciuga. Aggiustate di sale e pepe e cuocete per altri 5-6 minuti. Togliete dal fuoco quando il risotto avrà assorbito il liquido e aggiungete il restante burro, mantecando con cura. Fate riposare per 5 minuti, con il coperchio, prima di portare in tavola. Nella zona del lago Maggiore, questo risotto è arricchito anche da vino bianco, che viene aggiunto all'inizio della cottura del riso e poi fatto sfumare. Nell'area di Baveno, graziosa cittadina che si affaccia sul meraviglioso panorama delle isole Borromee, il risotto con il pesce è un piatto di antiche origini e spesso si accompagna ad altri pesci di lago serviti fritti come, per esempio, il lavarello.

RISOTTO DI TORINO

PRIMI PIATTI

400 g di riso Carnaroli, 1 cipolla bianca, 3 salsicce fresche agliate, 1 carota, 1 costola di sedano, 120 g di burro, 1 bicchiere di rhum, 1 l di brodo di magro, sale, pepe.

In una capace padella fate fondere 100 g di burro e rosolateci la cipolla, il sedano e la carota tritate con le salsicce, sbriciolate con le mani. Girate con un mestolo e fate prendere colore a fiamma vivace. Unite quindi il riso, girate sempre con il mestolo e fatelo leggermente tostare, cuocendo per 5 minuti, sempre a fiamma vivace. Unite quindi 1/2 bicchiere di rhum, bagnate con un ramaiolo di brodo di magro ben caldo e abbassate la fiamma, aggiustando di sale e pepe. Girate di tanto in tanto per ben amalgamare gli ingredienti. Cuocete, sempre a fiamma moderata, per 15 minuti, aggiungendo a metà cottura il rimanente rhum e bagnando, sempre con il brodo caldo, quando il riso tende ad asciugarsi troppo. Fate riposare il risotto per 4 o 5 minuti prima di portare in tavola ben caldo.

La preparazione, che risale all'inizio dell'Ottocento, trova ancor oggi largo utilizzo, soprattutto durante le ricorrenze religiose. Non deve stupire l'utilizzo del rhum durante la fase di cottura: la cucina di questa regione infatti fa largo uso in molte delle sue preparazioni tipiche – sia minestre, che pesci o carni – di vini rossi o di liquori.

BOLLITO ALLA PIEMONTESE

1 lingua di vitello, 1,2 kg di polpa di vitello, 1/2 gallina, 1 cotechino piemontese, 500 g di testina di vitello, 500 g di polpa di spalla di manzo, 2 cipolle, 1 carota, 2 coste di sedano, 2 spicchi di aglio, 1 rametto di alloro.

Lavate sotto acqua corrente la lingua, immergetela per pochi minuti in acqua bollente leggermente salata, scolatela e spellatela. Immergete la testina di vitello in una capace pentola con abbondante acqua fredda, l'alloro, gli spicchi di aglio e la cipolla. Portate a leggero bollore e dopo 30 minuti di cottura a fuoco moderato, aggiungete la lingua, proseguendo la cottura per 1 ora e 1/2, con il coperchio. Intanto lessate il cotechino, avvolto in un canovaccio, in abbondante acqua non salata per 2 ore. Fiammeggiate e pulite la gallina, immergetela in una pentola con abbondante acqua fredda, unite la cipolla, le coste di sedano, la carota, e lessate con la carne di vitello per 2 ore, a fuoco moderato con il coperchio. Dopo 40 minuti di cottura – sempre la fiamma moderata, per far "sobbollire" il tutto – unite la polpa di manzo e per ultimo il cotechino, privato naturalmente del canovaccio. Finite la cottura e scolate le carni, disponetele su di un vassoio da portata, meglio se riscaldato, e portate in tavola ben caldo, accompagnato da salsa verde e verdure bollite. Caratteristica salsa di accompagnamento a questo "gran bollito" è la mostarda d'uva o la mostarda di sidro e mele.

Nella Valsesia esiste una versione ancora più ricca di carni, per esempio vi è l'impiego anche della pecora, chiamata "uberlekke" nel locale dialetto Walser.

BRASATO AL BAROLO

· ·

SECONDI PIATTI

1 kg di polpa di manzo nella coscia. 1 bottiglia di Barolo. 2 carote.
2 cipolle rosse. 4 chiodi di garofano. 2 spicchi di aglio.
1 ciuffo di: prezzemolo. salvia. alloro. rosmarino tutti in un mazzetto.
1 bicchiere di brandy. 6 grani di pepe nero. 1 pizzico di cannella in polvere.
1 grattata di noce moscata. 50 g di burro.

In un capace recipiente versate il vino, unite il mazzetto aromatico, le carote e
il sedano tritati grossi, gli spicchi di aglio interi, i grani di pepe, la cannella e la
noce moscata grattugiata, unite poi le cipolle steccate con i chiodi di garofano.
In questa marinata ponete la carne e lasciate coperto, in un luogo fresco, per
una giornata. Sgocciolate poi la carne dal liquido e mettetela in una casseruola
con il burro, rosolando a fuoco vivo. Spruzzate con un bicchiere di brandy e
abbassate il fuoco. Appena l'alcool sarà evaporato, unite le verdure della marinata con il vino filtrato e il mazzetto aromatico, salate e pepate. Coprite e
cuocete a calore molto basso per 3 ore, aggiungendo poca acqua calda di tanto
in tanto, se il sugo tende ad asciugarsi troppo. A cottura quasi ultimata, togliete
il mazzetto aromatico, filtrate il fondo di cottura così ottenuto e versatelo sulla
carne. Cuocete ancora il brasato per 20-30 minuti, sempre a calore bassissimo,
portando in tavola ben caldo, accompagnato da un purè di patate.

FRITTO MISTO DEL PIEMONTE
(FRICIA)

100 g di animelle. 100 g di salsicce. 150 g di cervello di vitello.
150 g di schienali di vitello. 100 g di fegato. 3 o 4 costolette di agnello.
200 g di rane già pulite e lavate. 150 g di pezzetti di pollo disossati.
cime di cavolfiore (nella quantità desiderata). 220 g di funghi silvestri.
10 fiori di zucca. 10 rombi di semolino dolce. 10 amaretti (per tradizione solo
di Mombaruzzo). 300 g di farina bianca. 4 uova. 300 g di pangrattato.
1 tazza di latte. olio e burro.

Le quantità di questa ricetta sono indicative, come possono variare gli ingredienti, rimanendo sempre presenti il semolino dolce e gli amaretti. Dopo aver pulito e tagliato a piccoli pezzetti le carni e le verdure, passatele nella farina, quindi nelle uova sbattute leggermente e nel pangrattato. Ammollate gli amaretti nel latte e poi strizzateli. Friggete il tutto in abbondante olio e burro bollenti, tenendo presente i diversi tempi di cottura di ogni ingrediente: cominciate quindi dalle salsicce, fatte a pezzetti, continuate poi con le varie carni, poi con le verdure e per ultimo semolino e amaretti. Non è raro trovare nella regione anche l'aggiunta di mele e dei piccoli pesci.

PUCCIA DELLE LANGHE

SECONDI PIATTI

350 g di farina di mais macinata grossa. 200 g di fagioli borlotti freschi. 150 g di arista di maiale nella parte più grassa. 100 g di burro. 100 g di Parmigiano Reggiano grattugiato. 1/2 cavolo verza. 1 cipolla rossa. 1 costola di sedano. 1 carota. 1 ciuffo di salvia. 1 rametto di rosmarino. olio. sale. pepe.

Pulite con cura il cavolo, sciacquatelo sotto acqua corrente, asciugatelo su carta da cucina e fatelo a strisce, che raccoglierete in una ciotola insieme al sedano, alla cipolla e alla carota, fatti in piccoli pezzi. In una capace pentola, meglio se di rame, fate bollire 2 l di acqua leggermente salata e versateci le verdure e i fagioli. Legate con filo da cucina la salvia e il rosmarino e aggiungetelo agli altri ingredienti, insieme a un pizzico di sale e pepe. Cuocete per 20 minuti a calore moderato. Unite la farina di mais, che verserete a pioggia, lontano dalla fiamma, girando con un mestolo per non formare grumi. Ponete nuovamente la pentola sul fuoco e continuate la cottura per 30 minuti, sempre a fiamma bassa. Girate spesso con un mestolo. A fine cottura rosolate in 50 g di burro la carne di maiale, tritata in piccolissimi pezzetti, e aggiungetela alla pentola. Completate la cottura di tutti gli ingredienti cuocendo a calore moderato per gli ultimi 10 minuti. Togliete il mazzetto aromatico e porzionate la polenta, che dovrà risultare abbastanza morbida. Condite con il restante burro fatto fondere a bassa temperatura, e condite con il formaggio grattugiato. Portate in tavola ben caldo.

TAPULON

SECONDI PIATTI

600 g di carne magra di manzo tritata. 1 cavolo verzotto. 50 g di lardo. 70 g di burro. 2 bicchieri di Barbera. 1/2 l di brodo vegetale (vedi ricetta a pagina 282). 2 foglie di alloro. chiodi di garofano. 1 pizzico di semi di finocchio.

Pulite la verza, lavatela e riducetela in listarelle. In una casseruola mettete il lardo e il burro, rosolando a fuoco vivace. Aggiungete la verza tagliuzzata e girate con un mestolo, sempre a fuoco vivo. Unite ora la carne tritata, il vino e aggiustate di sale e pepe. Cuocete per 5 minuti, con il coperchio, a calore moderato. Aggiungete poi l'alloro, i chiodi di garofano e i semi di finocchio. Bagnate con un ramaiolo di brodo ben caldo e proseguite per 20 minuti la cottura con il coperchio. Aggiungete, se necessario, altro brodo se il sugo tende ad asciugarsi troppo. Alla fine la carne dovrà risultare cotta in un sugo che non sia troppo asciutto. Portate in tavola accompagnando con polenta, come vuole la tradizione.

Questo piatto, tipico di Borgomanero (Novara), deve il suo curioso nome a una leggenda secondo la quale alcuni pellegrini, in viaggio verso l'isola d'Orta, al santuario di San Giulio, spinti dalla fame avrebbero ucciso l'asino che li accompagnava, riducendolo in piccolissimi pezzettini con un coltello chiamato, appunto, "tapulè", per renderne la carne meno dura e più facilmente commestibile. Infatti la ricetta originale prevedeva l'uso di carne di asino o di cavallo, oggi sostituita con la carne di manzo.

TROTA ALL'ASTIGIANA

SECONDI PIATTI

4 trote di circa 200 g l'una. 4 bicchieri di vino bianco secco. 100 g di burro. 1 rametto di alloro. 1 limone.

Pulite accuratamente le trote, squamatele, apritele sul ventre con un taglio che arrivi fino alla testa per estrarne le interiora; lavatele sotto acqua corrente e asciugatele. All'interno di ognuna ponete una foglia di alloro, un fiocco di burro, un pizzico di sale e pepe. Mettete i pesci in un tegame in cui stiano l'uno accanto all'altro; aggiungete la scorza del limone grattugiata, il vino bianco e il restante burro, salando e pepando nuovamente. Mettete il recipiente sul fuoco e fate cuocere a calore vivace per 10 minuti; quindi trasferite in forno ben caldo, cuocendo ancora 10 minuti. Mettete poi le trote su di un vassoio. Riducete il liquido di cottura sulla fiamma a fuoco vivace, e con la salsa ottenuta irrorate i pesci, portando in tavola caldissimo.

INSALATA RICCA DI CAVOUR

CONTORNI

1 sedano. 2 peperoni gialli. 1 cetriolo. 2 pomodori insalatari. 2 cipollotti freschi. 1 cespo di insalata tipo canasta. 1 cespo di radicchio rosso. aceto di vino rosso. olio. sale. a piacere 8 filetti di acciughe sott'olio.

Pulite con cura tutte le verdure. Tagliate in piccoli tocchetti il sedano, e raccoglietelo in una piccola ciotola. Affettate il cetriolo e fatelo riposare in una ciotola per 15 minuti con un pizzico di sale, per eliminare l'acqua di vegetazione amarognola. Dividete a metà i peperoni, privateli delle falde e dei semi interni, e tagliateli in strisce sottili, raccogliendole in una ciotola. Lavate e asciugate l'insalata e il radicchio; tagliate entrambi in sottili strisce e trasferitele nel centro di un vassoio rotondo, mescolati. Pulite i cipollotti, privandoli della pellicola esterna, tagliateli a rondelle che metterete intorno all'insalata sul vassoio. Fate a spicchi i pomodori insalatari, meglio se quelli costoluti. Alternate tutte le verdure rimanenti sistemandole a "spicchio" intorno all'insalata e alle cipolle, per un piacevole gioco cromatico. A parte preparate un'emulsione con 5 cucchiai di olio, un pizzico di sale e alcune gocce di aceto di vino rosso, mescolandoli in una ciotolina per alcuni minuti. Portate in tavola servendo a parte le acciughe sott'olio, pestate e amalgamate con 2 cucchiai di olio, da aggiungere al condimento a piacere.

La passione per la coltivazione dell'orticello ha caratterizzato per molti anni la campagna piemontese. Pare che perfino Giolitti trovasse pace e serenità nel coltivare un suo orto personale nella campagna di Cavour.

VERDURE IN SALSA PIEMONTESE

CONTORNI

500 g di patate a pasta bianca. 1 sedano. 300 g di carote. 200 g di zucchine. 300 g di broccoli. 4 acciughe sott'olio. 40 g di tartufo bianco. 1 scalogno. 1 spicchio di aglio. 1 tuorlo d'uovo sodo. 1/2 cucchiaio di farina di riso. 1 ciuffo di prezzemolo. 1 tazza di brodo di magro. 1 limone. olio. sale. pepe bianco.

Pulite le verdure e lessatele, separatamente, per pochi minuti in acqua salata. Scolatele e ponetele su un vassoio rotondo, disposte a raggiera, tenendole in caldo. In una casseruola portate a ebollizione il brodo di magro; tritate finemente il prezzemolo, le acciughe, il tartufo, l'aglio, lo scalogno e il tuorlo d'uovo sodo. Ottenuto un composto omogeneo, aggiungete il brodo bollente, passando al setaccio. Mettete il passato in una piccola casseruola e cuocete per pochi minuti, a fiamma moderata, girando con un mestolo. Diluite in 2 cucchiai di acqua la farina di riso e aggiungete anch'essa alla salsa insieme al succo di 1 limone, 1 cucchiaio di olio e un pizzico di pepe bianco. Spegnete la fiamma e mescolate ancora per 1-2 minuti. Portate quindi in tavola ancora calda, trasferendola in una salsiera, per accompagnare le verdure.

BONET 📷

400 g di zucchero. 120 g di cacao amaro in polvere. 120 g di amaretti. 8 uova. 1 l di latte. 1/2 tazza di panna liquida. 2 cucchiai di brandy.

Ponete 50 g di zucchero sul fondo di uno stampo liscio da budini e mettetelo sul fuoco a fiamma bassa, per scioglierlo e formare il caramello. Quando lo zucchero ha assunto un colore ambrato non troppo scuro e si è del tutto sciolto, togliete lo stampo dal fuoco e mettetelo a raffreddare. Sbattete in una ciotola le uova con lo zucchero, incorporate il cacao e la mezza tazza di panna. Sbriciolate gli amaretti e amalgamate al composto, poco alla volta, sbattendo con una frusta. Aggiungete il latte, a temperatura ambiente, e il brandy. Versate il composto nello stampo con il caramello e cuocete a bagnomaria, a forno caldo, per 20 minuti. Estraete lo stampo dal forno, copritelo con carta di alluminio, facendo aderire i bordi, affinché cuocendo non si formi una crosta troppo dura. Abbassate la fiamma e cuocete ancora per 1 ora, sempre a bagnomaria. A fine cottura aspettate 15 minuti prima di sformare il bonet su un vassoio, fatelo freddare e tenetelo in frigo per alcune ore prima di gustarlo, accompagnato da panna montata e biscotti tipo lingue di gatto.
Il nome deriva dalla forma dello stampo di rame nel quale è cotto, che ricorda un berretto in uso nel Settecento, detto "bonet".

BUGIE
(BUSÌE)

500 g di farina di grano tenero. 60 g di burro di montagna. 2 tuorli d'uovo. 50 g di zucchero. 1 bicchiere di latte. 125 g di zucchero vanigliato. 1/2 bicchierino di grappa. 1 bustina di lievito da dolci. olio. sale.

Setacciate la farina con il lievito e raccoglieteli in una ciotola. Unite il burro fuso, i tuorli, lo zucchero, un pizzico di sale e il latte. Impastate aggiungendo anche poco alla volta la grappa. Ottenuto un impasto omogeneo, fatene una palla, coprite con un panno e lasciate riposare per 15 minuti in un luogo fresco. Su una spianatoia infarinata stendete l'impasto in una sottile sfoglia, con un matterello infarinato. Ritagliate con l'apposito utensile tanti rombi e losanghe, che friggerete in una padella con abbondante olio, a giusta temperatura. Scolate le busìe quando saranno dorate in maniera uniforme e fatele asciugare su carta da cucina. Spolverate con lo zucchero vanigliato.

DOLCE DEI SAVOIA

DOLCI

50 g di farina di grano tenero. 80 g di fecola. 220 g di zucchero. 50 g di burro. 5 uova. 1 limone. 2 gocce di essenza di vaniglia.

Rompete le uova, separando gli albumi dai tuorli. Montate i tuorli con lo zucchero, fino a ottenere un composto soffice e spumoso. In una ciotola setacciate 50 g di fecola con la farina, unite la scorza grattugiata del limone e 2 gocce di essenza alla vaniglia. Unite gli ingredienti ai tuorli montati, aiutandovi con una frusta e incorporateli poco alla volta, con movimenti lenti. Tenete in fresco mentre montate a neve ferma gli albumi, che unirete al composto. Imburrate uno stampo da dolci dai bordi alti, spolveratelo con la fecola e versateci il composto. Cuocete nel forno per 40 minuti. Fate riposare prima di sformarlo. Gustatelo freddo, guarnendo con violette candite.

PERE AL BAROLO

DOLCI

600 g di pere tipo Martin sech o Prus martin. 3 bicchieri di Barolo. 80 g di zucchero. 3 o 4 chiodi di garofano.

Pulite le piccole pere Martin sech, passando sulla superficie un foglio di carta da cucina inumidito. Ponetele, intere e con la buccia, in un recipiente da forno che le contenga ritte. Versateci il vino, che dovrà quasi ricoprirle, e spolverizzate con lo zucchero. Unite al liquido anche i chiodi di garofano. Cuocete quindi in forno, a fiamma bassa, per 50 minuti. A fine cottura risulteranno tenere e il vino avrà formato un denso sciroppo, con il quale accompagnerete le pere.

Liguria

I liguri, popolo di viaggiatori e commercianti, navigando verso i Paesi del Mediterraneo e del Lontano Oriente ebbero modo di ampliare le loro conoscenze culinarie, assimilandole e fondendole con le proprie tradizioni millenarie.

L'uso delle spezie e delle paste secche derivò proprio da questo inteso scambio "via nave" che portò, con i secoli, alla creazione delle celeberrime trenette liguri, di chiara derivazione meridionale (vedi a pasta "tria" pugliese).

Anche nel famoso pesto alla genovese, la salsa a base di basilico ligure, pinoli, aglio, olio e pecorino, l'influenza del Sud ha lasciato una chiara impronta nell'uso del pecorino tra gli ingredienti principali.

Comunque, la coltivazione dell'olivo, che ha reso famoso l'olio ligure per la sua particolare leggerezza, ha fatto nascere una consolidata cucina "di casa" a base di focacce, condite naturalmente con olio extravergine di oliva ligure, o con insaccati o formaggi.

Il pesce ha un ruolo dominante, con una grande varietà di piatti che vanno dalla buridda, al cappon magro, alle molte preparazioni con lo stoccafisso, spesso accompagnato dalle immancabili olive di Taggia.

Questa cucina essenziale non ha dunque piatti fastosi ed elaborati, grazie anche ai prodotti di base di ottima qualità della regione, che non hanno bisogno di essere troppo manipolati per esaltare il proprio sapore. Tra le carni va ricordata la tasca (o cima) alla genovese e l'agnello di Varese Ligure.

I dolci sono anch'essi poco elaborati e preparati con i semplici ingredienti della regione (pinoli, castagne, nocciole ecc.) e restano famosi e ottimi per la loro leggerezza e genuinità.

CAPPONE IN GALERA
(CAPPONADA)

2 gallette di pane raffermo. 1/2 bicchiere di aceto. 2 cucchiai di capperi sott'aceto piccoli. 4 acciughe sliscate e dissalate. 50 g di olive verdi snocciolate. 50 g di mosciame (filetti di tonno essiccati al sole). olio.

Fate ammorbidire le gallette in acqua e poco aceto. Scolatele, strizzatele e mettetele in un'insalatiera. Aggiungete i capperi, risciacquati dall'aceto, le acciughe fatte a pezzetti, le olive e il mosciame a fette sottilissime. Condite con olio e aggiustate di sale. Tenete in un luogo fresco e servite guarnito con foglie di lattuga e spicchi di limone. Considerato il "parente povero" del cappon magro, vede abbondanza in un solo ingrediente: l'olio di oliva naturalmente ligure, con il quale è copiosamente condito.

CECINA AL FORNO

350 g di farina di ceci macinata fine. 1 rametto di rosmarino. olio. sale. pepe.

Mettete la farina in una ciotola e aggiungeteci poco alla volta 1 l di acqua fredda, girando con una frusta per non creare grumi. Ottenuto un composto omogeneo, coprite con un panno e fate riposare in un luogo fresco per 6 ore. Togliete poi con una schiumarola a maglie fitte la schiuma che si sarà formata sulla superficie. Aggiungete un cucchiaio di olio all'impasto, un pizzico di sale e di pepe. Amalgamate gli ingredienti. Ungete con poco olio una bassa teglia da forno rettangolare. Versateci il composto. Spargete sulla superficie i rametti di rosmarino, condite ancora con 2 cucchiai di olio e infornate, a calore basso, per 40 minuti. La cecina è pronta quando sulla superficie si formano delle crepe. Fate riposare, ma gustatela ancora calda.
Alcuni segreti: la farina deve essere perfettamente stemperata con l'acqua, per evitare la formazione di grumi; il calore del forno deve essere tale da "asciugare" la cecina; l'altezza del composto nella teglia deve essere di almeno un dito.

FOCACCIA AL FORMAGGIO

300 g di farina di grano duro. 500 g di formaggetta ligure. olio.

Setacciate la farina su di una spianatoia, quindi impastatela con acqua e poco olio necessari a fare una pasta soda ed elastica. Stendetela poi in due sottili sfoglie; con una di queste, foderate una teglia da pizza, appena unta di olio. Tagliate il formaggio a pezzetti e disponeteli sulla sfoglia. Coprite con l'altra pasta, premete bene i bordi sigillandoli poi con una rondella che passerete tutt'intorno. Praticate con uno stecchino dei fori nella parte superiore della focaccia. Spennellate di olio e spargeteci un po' di sale grosso. Infornate a calore moderato per 15 minuti, togliendo dal forno la focaccia quando avrà la superficie dorata.

Viene detto che in Liguria sia stata inventata la focaccia come alternativa al pane, che in questa terra è spesso gommoso a causa dell'umidità data dal mare. Antica specialità di Recco (Genova), la focaccia può essere preparata anche con lo stracchino. Fino all'inizio dello scorso secolo veniva proposta soltanto nei giorni della commemorazione dei defunti, mentre oggi è preparata quotidianamente dai fornai della zona.

FRITTATA DI CARCIOFI
(LA FRITÀ)

8 carciofi. 100 g di pane raffermo. 1 tazza di latte. 4 uova. 1 ciuffo di prezzemolo. 1 ciuffo di maggiorana. 2 cucchiai di formaggio Parmigiano Reggiano grattugiato. 1 limone. olio. sale. pepe.

Pulite con cura i carciofi. Privateli delle foglie più dure, della punta e di parte del gambo. Tagliateli a metà, togliete l'eventuale fieno interno e gettateli via via in una ciotola con acqua fredda acidulata con il succo del limone. Ponete il pane raffermo a rinvenire in una ciotola con la tazza di latte. Nel frattempo tritate la maggiorana con il prezzemolo. Sbattete le uova, insaporite con un pizzico di sale e pepe, aggiungete le erbette tritate e il formaggio grattugiato, amalgamate e fate riposare in un luogo fresco. Scolate ora i carciofi, asciugateli su carta da cucina e tagliateli a fette piuttosto sottili che friggerete in una capace padella con 2 cucchiai di olio. A temperatura bassa, fategli prendere colore per 5 minuti. Intanto scolate il pane dal latte e unitelo, ancora bagnato di latte, alle uova sbattute. Alzate la temperatura dei carciofi e versateci il composto con le uova e, muovendo un po' la padella, fate in modo di ricoprire interamente la superficie. Bucherellate con i rebbi di una forchetta la frittata per non creare bolle d'aria. Quando si sarà rappresa, abbassate la temperatura e con cautela, aiutandovi con un coperchio, rivoltatela per fare prendere colore all'altro lato. Cuocete a calore vivace per 5 minuti quindi trasferite su di un vassoio, guarnite con le foglie di carciofo e portate in tavola ben caldo.

PANE DEL MARINAIO

PANI

300 g di farina di grano tenero. 150 g di farina di grano duro. 80 g di zucchero. 50 g di uva passa. 1 rametto di rosmarino. 1/2 cucchiaino di semi di finocchio. 60 g di pinoli. 2 uova.

Setacciate le farine sulla spianatoia e fate il cratere. Sbattete le uova con lo zucchero per alcuni minuti con una frusta, quindi uniteli alla farina. Lavorate con le mani l'impasto fino a ottenere una consistenza elastica, fatene una palla, coprite con un panno e fate riposare in un luogo asciutto per 20 minuti. Nel frattempo mettete l'uva passa a mollo in acqua tiepida. Lavorate nuovamente la pasta incorporando, sulla spianatoia, i semi di finocchio e l'uva, che avrete scolato e ben strizzato con le mani. Continuate a impastare per 5 minuti, quindi confezionate due panetti tondeggianti e bagnatene la superficie con un pennello intriso di acqua calda. Spolverateli con i pinoli e gli aghetti di rosmarino. Disponete su di una placca da forno ricoperta con l'apposita carta e fate riposare, in un luogo asciutto, per 15 minuti, prima di infornare a calore basso per 20 minuti. Vanno gustati freddi.
Questi panetti sono chiamati in questo modo perché, potendo essere conservati a lungo, costituivano uno degli alimenti principali per chi andava per mare. La presenza dei pinoli ricorda nella tradizione della regione, la cucina magra della Quaresima e delle vigilie delle festività, quando le autorità religiose imponevano l'assoluto divieto sia per la carne che per i latticini; le massaie allora ricorrevano ai pinoli per dare almeno un gradevole sapore alle vivande.

PESTO ALLA GENOVESE 📷

1 bel ciuffo di basilico, meglio se in fiore (circa 40 foglie). 1 cucchiaio di pecorino (romano, toscano, sardo o siciliano). 1 cucchiaio di Parmigiano Reggiano grattugiato. 1 manciata di pinoli. 2 spicchi di aglio, olio.

Se possibile preparate il pesto nel classico mortaio di marmo con il pestello di legno. Comunque (anche se i liguri inorridiranno!) potete prepararlo adeguatamente anche usando il frullatore. Lavate e asciugate delicatamente le foglie di basilico. Ponetele poi nel mortaio, aggiungete i pinoli, appena tostati nel forno, l'aglio senza buccia e un pizzico di sale grosso (che servirà per mantenere di un bel colore verde il basilico). Iniziate a schiacciare gli ingredienti premendoli contro le pareti del mortaio, e aggiungete poco alla volta i due tipi di formaggio grattugiato. Nel caso usiate pecorino sardo fate attenzione che non sia troppo piccante! Quando avete ottenuto un composto omogeneo, versatelo in una ciotola e, con un mestolo, unite poco alla volta circa 1/2 bicchiere di olio. Mescolate con delicatezza fino a ottenere una sorta di crema che diluirete con poca acqua di cottura, nel caso la usiate per condire la pasta, o con del brodo, nel caso la usiate per un minestrone o un lesso. Il pesto, detto anche battuto alla genovese, è il geloso segreto di molte massaie liguri che ancor oggi preparano in casa, nel mortaio, questa prelibatezza. La ricetta riportata è quella tradizionale. Ognuno tuttavia può variare le dosi e le qualità dei formaggi, tenendo sempre presente però una regola fondamentale: il pesto riesce quando si ha l'estro per saperlo fare, e se riesce, riesce bene subito, perché non è un condimento che si può "aggiustare": o viene subito squisito, o è da gettare via!

TORTA PASQUALINA

1 kg di farina bianca. 1 kg di bietoline. 500 g di ricotta freschissima. 100 g di burro. 10 uova. 2 cucchiai di Parmigiano Reggiano grattugiato. 2 grosse fette di pane (la mollica). 1 bicchiere di latte. olio.

Su di una spianatoia impastate la farina setacciata, con l'acqua necessaria a ottenere una pasta soda ed elastica. Dividetela in 18 pezzetti (la tradizione più antica ne indicava addirittura 33!), infarinateli leggermente e fateli riposare, coperti, in un luogo fresco per 1 ora. Pulite, lavate e scottate nella sola acqua di lavaggio, le bietoline, fatele poi ben scolare nello scolapasta. Ponete la mollica di pane ad ammorbidirsi nel latte. Strizzatela e sbriciolatela in una zuppiera. Aggiungete le bietoline tritate, il Parmigiano, sale e pepe, e legate il tutto con 4 uova sbattute. Girate per ottenere un composto omogeneo, al quale unirete per ultima e poco alla volta, la ricotta. Lavorate un poco l'impasto, quindi fate riposare in luogo frèsco. Con un matterello ben infarinato tirate in una sottile sfoglia una delle porzioni di pasta. Ungete leggermente una teglia dai bordi alti e foderatela con questo primo strato, facendo in modo che debordi dal recipiente. Ungete appena con un pennello la superficie della pasta e su questa sovrapponete altri 10 strati, che avrete naturalmente lavorato col matterello per ottenerli sottilissimi, come il primo. Ungete ognuno con olio, man mano che li sovrapponete, tranne l'ultimo. Su questo mettete il composto di bietoline che irrorerete con un filo di olio. Preparate su questo ripieno 6 fossette regolarmente distanziate; mettete in ognuna un bel fiocco di burro e uniteci un uovo, facendo attenzione a non rompere il tuorlo. Cospargete di formaggio e un pizzico di sale e pepe. Stendete sottili le altre sfoglie rimaste, ponendole e ungendole una alla volta sul ripieno. Sistemate il burro rimasto in piccoli fiocchetti che metterete sul bordo della torta. Sigillate i bordi, rigirando all'interno la pasta in eccesso e ritagliandola con la rondella. Pennellate nuovamente di poco olio la superficie della torta, bucherellatela con uno stecchino, per evitare che, cuocendo, la sfoglia si gonfi troppo e si rompa. Cuocete a fuoco moderato per 40 minuti. È una preparazione ottima sia calda che fredda.
Le moderne esigenze della nostra cucina quotidiana hanno notevolmente ridotto i tempi di preparazione, soprattutto della sfoglia, e sono stati aggiunti svariati ingredienti al ripieno originale, quali i funghi e i carciofi.

MESCIUA

300 g di ceci secchi, 300 g di fagioli cannellini secchi, 100 g di grano, bicarbonato, olio.

Ponete a mollo in abbondante acqua fredda con 1/2 cucchiaio di bicarbonato ceci e grano; fate lo stesso con i fagioli; lasciateli rinvenire per una notte. Sciacquate ceci e grano, trasferiteli in una capace pentola con acqua fredda e poco sale e cuoceteli, sobbollendo per 1 ora. Lavate i fagioli e cuoceteli nello stesso modo per 30 minuti. A cottura ultimata, uniteli a ceci e grano, facendo fare un ultimo bollore e mescolando spesso. Condite, con una manciata di pepe nero macinato al momento e 3 cucchiai d'olio. Portate in tavola caldissimo.

BURIDDA

SECONDI PIATTI

1,5 kg di pesce fresco assortito (pescatrice, rombo, scorfano, ecc.), 600 g tra scampi, seppioline, moscardini, 1 kg di cipolle dorate, 500 g di pomodori maturi ma sodi, 2 bicchieri di vino bianco secco, 1 ciuffo di prezzemolo, 1 pizzico di origano, olio.

Pulite con cura tutti i pesci: tagliate in pezzi quelli più grossi, staccate la testa agli scampi, private del sacchetto interno i moscardini, ecc. Fate in piccoli pezzi i pomodori e tagliate le cipolle in sottili fette. In un capace tegame, meglio se di coccio, sistemate a strati le cipolle, i pomodori, i pesci grandi e piccoli, gli scampi e i moscardini e infine le seppioline. Cercate di completare con uno strato di cipolle e pomodori. Salate ogni strato e spolverizzatelo con prezzemolo tritato e origano. Irrorate con olio e bagnate col vino bianco. Ponete il coperchio e cuocete a fuoco basso per il tempo necessario a far restringere il sugo. Di tanto in tanto scuotete il tegame per non fare attaccare il fondo. Portate il recipiente direttamente in tavola, così che possa restare caldo più a lungo; vista la ricchezza, potete proporre la preparazione anche come piatto unico. Detta anche "pesce in tocchetto", in molte zone dell'entroterra ligure è preparata con l'aggiunta di funghi secchi e pinoli. Il tegame di coccio è importante per la riuscita del piatto: consente una prolungata cottura evitando che il contenuto si asciughi troppo.

CAPPON MAGRO

1 pesce cappone di circa 1.2 kg. 600 g di gamberetti. 600 g di scampi. 1 aragostina. 50 g di mosciame di tonno. 10 filetti di acciughe dissalate e sliscate. 6 uova. 6 gallette di pane raffermo. 350 g di patate. 300 g di fagiolini burrini. 1 cavolfiore. 4 carciofi. 2 carote. 1 cuore di sedano. 50 g di olive nere. 200 g di funghi sott'olio. 1 limone. 1 bicchiere di aceto. 2 agli. Per la salsa: 1 bel ciuffo di prezzemolo. 100 g di pinoli. 40 g di capperi sotto aceto. 2 filetti di acciughe dissalate e sliscate. 2 uova sode. 2 pugnelli di mollica di pane casalingo. 1/2 bicchiere di aceto. olio.

Per prima cosa preparate la salsa che necessita di un periodo di riposo per poter emanare tutti i suoi profumi. Sciacquate le acciughe, rassodate le uova e tritatele insieme. Trasferitele poi in una ciotola, con tutti gli altri ingredienti (compresa la mollica che avrete inzuppato nell'aceto e poi strizzato), e amalgamateli con un bicchiere di olio emulsionato con l'aceto scartato dalla mollica di pane. Girate con cura la salsetta facendola poi riposare in un luogo fresco.

Preparate il pesce: dopo averlo squamato ed eviscerato, lessate il pesce cappone in acqua appena salata, bollendo il tempo necessario perché la carne diventi tenera, ma non tigliosa. Scolatelo con cura e tenetelo da parte. Lessate anche i gamberetti e gli scampi, badando di bollire ognuno non più di 3 minuti, mentre l'aragosta necessita di una cottura di circa 10 minuti, se è di media pezzatura. Fate il pesce a pezzi con le mani, facendo attenzione a eliminare le lische. Sgusciate i gamberetti e l'aragostina, lasciando interi gli scampi che serviranno per guarnizione. Tenete il pesce così preparato su di un vassoio al fresco.

Lessate ora tutte le verdure, con tempi adeguati a seconda del tipo: le patate avranno bisogno di 20 minuti, i burrini di 5 minuti, le carote di 15 minuti e così via. Fate comunque attenzione che le verdure cuociano "al dente" senza disfarsi. Scolatele e fatele freddare. Fatele a pezzetti e conditele con olio, aceto, sale e pepe.

Preparate ora il cappon magro da portare in tavola: sul fondo di un bel vassoio largo ponete le gallette appena agliate e ammollate nell'aceto, sistemate quindi strati di verdure, di pesci, i funghetti, il mosciame di tonno fatto a listarelle, le uova sode tagliate rotonde e le olive. Mettete tra uno strato e l'altro la salsa, che servirà anche come copertura finale. Decorate con gli scampi e circondate il tutto con fettine di limone e altre verdure a piacere.

Questo "gran piatto" quasi emblema della cucina ligure, deve il suo nome (per altro fuorviante!) al periodo in cui esso veniva preparato. Quando infatti per necessità, soprattutto religiosa, non era possibile cucinare il cappone vero e proprio. Benché possa essere anche definita "insalata" è più precisamente un piatto di magro, riccamente architettato che racchiude tutti i colori e i sapori della terra e del mare.

CONIGLIO ALLA SANREMESE

SECONDI PIATTI

1 coniglio di circa 1.3 kg. 100 g di olive nere in salamoia. 1 cipolla rossa. 1 rametto di rosmarino. 2 foglie di alloro. 1 pizzico di timo, anche secco. 1 costa di sedano. 1 bicchiere di vino rosso tipo Rossese. 40 g di gherigli di noce. 1 l di brodo vegetale (vedi ricetta a pagina 282). 1 cucchiaio di farina, olio.

Affettate la cipolla finemente, tritate il sedano e le foglie di rosmarino, unite timo e alloro e soffriggete gli ingredienti in una casseruola con 4 cucchiai di olio, a calore medio. Fate a pezzi il coniglio – dopo averlo lavato sotto acqua corrente – e unitelo alla casseruola. Spezzettate grossolanamente i gherigli di noce – meglio se ne lasciate alcuni interi! – uniteli alla carne, alzate un po' la fiamma e sfumate con il vino rosso. Aggiustate di sale e pepe cuocendo a calore medio per 1 ora. Bagnate spesso con il brodo ben caldo, per non fare asciugare troppo il sugo, e unite le olive quasi a fine cottura. Prima di portare in tavola, legate il fondo di cottura del coniglio con un cucchiaio di farina, in modo che sia una salsa abbastanza soda, e versatela sulla carne.

TASCA O CIMA DELLA RIVIERA DI LEVANTE 📷

800 g di pancetta stesa. 100 g di cervello di vitella. 80 g di animelle di vitella. 50 g di polpa di vitella macinata. 100 g di piselli sgranati. 1 cipolla e mezzo rossa. 3 uova. 60 g di Parmigiano Reggiano grattugiato. 30 g di burro. 1 ciuffo di basilico. 1/2 cucchiaino di maggiorana essiccata. 1 costola di sedano. 1 carota. 1 ciuffo di prezzemolo. olio. sale. pepe.

Preparate un brodo vegetale ponendo 2,5 l di acqua in una capace pentola con la mezza cipolla, il sedano, la carota e il ciuffetto di prezzemolo. Fate sobbollire. Nel frattempo preparate la "cima": tagliate la pancetta a mo' di tasca con un coltello affilato, salate e pepate e fate riposare la carne in un luogo fresco. Scottate brevemente il cervello e le animelle in poca acqua, scolatele con delicatezza e togliete la pellicina. Fatele a pezzetti e ripassatele nel burro messo in una padellina, facendo cuocere per 10 minuti a calore basso. Lessate anche i piselli in acqua salata. Scolateli e raccoglieteli in una ciotola. Rosolate la cipolla tritata in una casseruola, con 2 cucchiai di olio, uniteci la polpa di vitella macinata, insaporite con la maggiorana e un pizzico di sale e pepe. Cuocete per 5 minuti, bagnando con un cucchiaio di brodo caldo. Togliete quindi dal fuoco e fate freddare. Unite poi la carne ai piselli, aggiungete le animelle e il cervello e insaporite con il Parmigiano. Sbattete le uova e unitele al composto, girando con un cucchiaio per amalgamare gli ingredienti. Fate riposare in luogo fresco per 5 minuti. Farcite ora la tasca: inserite il ripieno con un cucchiaio, facendo attenzione a non rompere la "cima". Cucite l'apertura con ago e filo da cucina. Cuocete nel brodo bollente per 1 ora e mezzo, scolatela e fatela un po' raffreddare prima di tagliarla a fette. Si accompagna a salse delicate a base di maionese e capperi.

CANESTRELLI DI TORRIGLIA

300 g di farina di grano tenero. 150 g di zucchero. 150 g di burro.
3 uova. 20 g di zucchero a velo vanigliato.

Ponete la farina a fontana e fate il cratere. Aggiungeteci lo zucchero, il burro a temperatura ambiente e le uova. Impastate con le mani fino a ottenere una pasta soda e omogenea ma non lavorate troppo a lungo l'impasto, per non far scaldare il burro. Fate una palla, avvolgete nella pellicola da cucina e mettete in frigo per 20 minuti. Stendete una sfoglia alta 1 dito e confezionate i biscottini con gli appositi stampini (dai quali il nome "canestrelli"), di alluminio a forma di tortine di circa 3 cm di diametro, con un foro centrale e il perimetro smerlato. Rimpastate i ritagli e continuate così fino a esaurire la pasta. Poneteli su una placca ricoperta con l'apposita carta e cuocete nel forno, a calore basso, per 20 minuti. Fate raffreddare e spolverate con zucchero a velo.

PANDOLCE

350 g di farina bianca. 1 panetto di lievito di birra (25 g). 150 g di zucchero. 100 g di burro. 70 g di uva sultanina. 70 g di pinoli.
1 cucchiaio di cedro candito in pezzetti. 1/2 bicchiere di latte.

Disponete la farina a fontana. Stemperate il lievito nel latte tiepido, e lavorate fino a ottenere una pasta soda ed elastica. Coprite e lasciate lievitare per 1 ora. Unite il burro a fiocchi e a temperatura ambiente, lo zucchero, l'uva sultanina (ammollata e strizzata), il cedro candito e i pinoli. Lavorate a lungo il composto. Sistematelo, diviso in panetti non più grandi di un'arancia, a lievitare per 1 ora, al coperto. Su ogni pandolce fate 3 tagli a triangolo e cuocete in forno a calore medio per 40 minuti.

SACRIPANTINA

1 Pan di Spagna (vedi ricetta a pagina 282). 2 bicchieri di Marsala. 250 g di burro. 180 g di zucchero a velo. 1 cucchiaio di cacao amaro. 4-5 biscotti secchi. 3 amaretti. 4 cucchiai di caffè ristretto. 4 cucchiai di brandy.

Incorporate 150 g di zucchero con il burro, per ottenere un composto morbido. Incorporate 4 cucchiai di caffè e 4 di brandy, mescolando bene. Dividete in 2 ciotole la crema, aggiungendo in una il cacao amaro. Se necessario aggiungete un cucchiaio di brandy. Rivestite con la pellicola da cucina uno stampo dai bordi alti, del diametro del Pan di Spagna. Tagliate il dolce in 6 dischi regolari e mettetene uno sul fondo. Con un pennello da cucina bagnato di Marsala spalmatelo con 1/3 della crema di caffè (lasciatene un po' da parte). Sovrapponete un altro strato di Pan di Spagna, bagnate con il Marsala e spalmatelo con la crema al cacao. Così fino a esaurire gli ingredienti, lasciando per ultimo un disco di Pan di Spagna. Poggiateci un piatto del diametro del dolce in modo da comprimerlo leggermente. Tenete in frigo per 4 ore. Sformate la sacripantina su un vassoio. Decorate con la crema lasciata da parte e spolverate con i biscotti secchi e gli amaretti tritati insieme al restante zucchero a velo.

Lombardia

La Lombardia, con le sue pianure coltivate, le fitte nebbie delle città industriali e le cime innevate delle Alpi che la dividono dalla Svizzera, ci ha regalato piatti ormai internazionali che spesso, purtroppo, hanno perduto la loro autenticità.

La storia gastronomica di questa grande regione è stata attraversata da casate nobili, che hanno lasciato impronte regali (con la celebrazione di fastosi banchetti in cui lo scopo principale era quello di stupire l'ospite più che quello di sfamarlo), ma ha visto contemporaneamente svilupparsi, piano piano, una cucina povera ed essenziale, creata invece proprio per togliere la fame. Una cucina ricca e opulenta, quindi, che è andata sviluppandosi di pari passo con quella povera della "plebe" e degli agricoltori: il risotto alla milanese, accanto ai pizzoccheri o la ricca cazzoeula accanto alla trippa…

Le due cucine non hanno mai trovato una vera fusione se non quella di diventare, con gli anni e a poco a poco, l'una parte dell'altra. Spesso il filo conduttore che ha saputo legare queste tradizioni culinarie così diverse è stato l'utilizzo del burro e, specie nella produzione dolciaria, della frutta secca e delle spezie che, dosate con sapienza, hanno creato capolavori unici come il (fin troppo conosciuto!) panettone.

Anche la geografia del territorio, del resto, ha contribuito a questa cucina "separata", presentando piatti tipici per ognuno dei suoi territori; ecco dunque che sarebbe più giusto parlare di una cucina bresciana, o cremonese, o milanese, citando via via le specialità di ciascuna città. Certo una denominazione comune lega queste tradizioni: la curiosità nello sperimentare nuove tecniche culinarie e l'utilizzo di nuovi ingredienti, importati da lontani Paesi. Non è un caso che il famoso cuoco chiamato Maestro Martino – che nel XV secolo, per la prima volta nella storia gastronomica del nostro Paese, redasse un diario di cucina – annotasse nella preparazione dei piatti dell'epoca l'impiego dei prodotti provenienti dalla "lontana" Spagna e dalla "lontanissima" Inghilterra…

INVOLTINI DI BRESAOLA

4 caprini freschissimi. 8-10 fette di bresaola tagliate non troppo fini. olio.

Impastate i caprini con olio, sale e pepe, ottenendo una morbida crema. Spalmate con questa le fette di bresaola e arrotolatele. Mettetele in frigo prima di servirle su di un vassoio disposte a raggiera e guarnite con lattughino fresco. Questo salume, amato nella provincia di Sondrio e confezionato con magatello – parte del manzo ricavato da fesa, sottofesa e punta d'anca – non dovrebbe esser definito tale in quanto non nasce da carne di maiale. La sua fortuna sul territorio nazionale è recente; se lo cercate su un dizionario del periodo precedente la seconda guerra mondiale, non lo trovate proprio! A quei tempi, al di fuori della Lombardia, in pochi sapevano cosa fosse. Il nome è di origine dialettale: pare sia il diminuitivo di "bresada", ma deriva più probabilmente da "brasa" (brace), forse perché veniva appeso al camino a stagionare. La prima certa testimonianza della sua esistenza risale a un grande banchetto organizzato nel 1571 da Gian Giacomo Pusterla, Arciprete di Sondrio, durante il quale fu servita della carne "salsa", suo probabile nome di allora.

MONDEGHILI

ANTIPASTI

500 g di lesso avanzato. 1 uovo. mollica di 1 michetta rafferma. 1 tazza di latte. 50 g di burro. 1 ciuffo di prezzemolo. 1/2 limone. noce moscata. 30 g di pangrattato.

Tritate nel mixer (o sul tagliere con la mezzaluna) la carne lessa avanzata e ponetela in una ciotola. Mettete la mollica a bagno nel latte, quindi strizzatela bene con le mani prima di aggiungerla alla carne. Sbattete brevemente l'uovo, aggiungete la scorza del limone grattugiata, il prezzemolo tritato, un pizzico di sale e una grattata di noce moscata. Sbattete per amalgamare gli ingredienti. Aggiungete quindi il composto alla carne e lavorate l'impasto con le mani. Aggiustate di sale e pepe. Fatelo riposare per 5 minuti. Formatene quindi delle palline di 5 cm di diametro, schiacciatele leggermente e passatele nel pangrattato da ambo i lati. In una padella fate fondere il burro. Quando è un po' scuro friggeteci le polpette a fuoco moderato, avendo cura che si dorino da ambo le parti. Scolatele, asciugatele su carta gialla e gustatele calde.

Nelle famiglie contadine questo "riciclaggio" degli avanzi rispondeva a una necessità: non buttare via nulla! In tempi più moderni la ricetta sostituisce le carni lesse avanzate, con il muscolo di manzo, lessato per 1 ora in acqua con cipolla e sedano, raffreddato e poi tritato. Anche l'aggiunta di formaggio grattugiato appartiene alla ricetta più moderna, che somiglia però a polpette di carne di altre regioni!

MOSTARDA DI CREMONA

ANTIPASTI

2 piccole pere, 2 mandarini, 10 ciliegie, 2 mele piccole e sode, 2 arance rosse, 200 g di miele millefiori, 2 bicchieri di vino bianco secco, senape in grani.

Pulite e scottate brevemente la frutta e mettetela ad asciugare su di un panno. La frutta di piccole dimensioni, mandarini e ciliege, lasciatela intera, mentre l'altra fatela a grossi pezzi, sempre però senza buccia. Preparate in un pentolino uno sciroppo sciogliendo il vino con il miele (facendolo fondere a temperatura molto bassa, e non bollire!), ponete la frutta in un capace barattolo di vetro sovrapponendola delicatamente, versateci lo sciroppo fino a ricoprirla e aggiungete i grani di senape per aromatizzare. Richiudete il vaso e mettetelo a riposare per una settimana prima di gustare questa deliziosa versione di frutta "speziata". Abbiate cura di girare spesso il vasetto per fare sì che la senape profumi tutta la frutta.

Accompagnata a carni lesse, oggi questa mostarda è stata riscoperta anche come delizioso accostamento ai formaggi, quali quelli erborinati.

MOZZARELLE DI MILANO

2 mozzarelle di bufala, 1 uovo, 50 g di pangrattato, 100 g di burro, sale.

Tagliate a grosse fette le mozzarelle e disponetela su carta da cucina ad asciugare. Sbattete brevemente l'uovo con un pizzico di sale, passateci le fette di mozzarella, fatele sgocciolare e quindi passatele nel pangrattato, che farete aderire in giusta quantità, pressando lievemente con le mani. Fate sciogliete il burro in una padella e friggeteci le mozzarelle, facendole dorare da ambo i lati. Portate in tavola ben calde. Si accompagnano molto bene a un'insalata di Soncino.

NUSECC

ANTIPASTI

Foglie di verza, 350 g di pangrattato, 4 uova, 150 g di formaggio grattugiato, 1 l di brodo di verdura, misto di bietole e radicchi di campo non amari.

Eliminate dalla verza le foglie esterne con le costole più dure e cuocetela quindi in abbondante acqua salata. Scolatele con delicatezza e ponetele ad asciugare, aperte, su di un panno. Cospargetele con metà del formaggio grattugiato. Lavate con cura le bietoline e i radicchi di campo. Scottateli nella stessa acqua della verza e scolateli bene. Tagliuzzateli grossolanamente e metteteli in una ciotola. Sbattete brevemente le uova con il pangrattato (aggiungendolo poco alla volta per ottenere un composto omogeneo e senza grumi) e il formaggio rimasto. Versate il tutto nella ciotola con le verdure e girate con cura per amalgamare bene gli ingredienti. Mettete due cucchiaiate di questo impasto su ogni foglia di verza e arrotolate in modo da ottenere degli involtini. Cuocete quindi aggiungendo il brodo di verdure per non farli risultare troppo asciutti. Teneteli per 15 minuti in cottura. Sono ottimi se accompagnati da fette di pane abbrustolite come il pangiallo del pavese.

PASTA E FAGIOLI ALLA MILANESE
(PASTA E FASEU)

• •

PRIMI PIATTI

350 g di fagioli secchi tipo borlotti, 150 g di pasta corta tipo ditaloni, 80 g di cotenna fresca di maiale, 1 cipolla rossa, 1 carota, 1 costola di sedano, 1 ciuffetto di prezzemolo, 80 g di burro, 1 cucchiaio di salsa di pomodoro, 1/2 cucchiaino di bicarbonato, olio, sale, pepe.

Ponete i fagioli in abbondante acqua fredda con il bicarbonato per una notte intera. Il giorno seguente sciacquateli sotto acqua corrente e poneteli a scolare. Nel frattempo tritate la carota, il sedano e la cipolla e versateli in una capace pentola di coccio, con il burro. Soffriggete a calore vivace per alcuni minuti, quindi abbassate la fiamma, aggiungete la cotenna di maiale fatta a striscioline e la salsa di pomodoro. Aggiustate di sale e pepe e girate con un mestolo per amalgamare gli ingredienti. Unite i fagioli e ricoprite il tutto con abbondante acqua fredda, circa 2 l, unite anche il prezzemolo tritato e un cucchiaio di olio. Fate cuocere, a calore dolce, per 1 ora e mezzo. Togliete poi dalla pentola circa metà della quantità di fagioli e riduceteli in una purea con il passaverdure. Alzate quindi la fiamma, unite la pasta e il passato di fagioli e cuocete per 10 minuti a fiamma moderata. A fine cottura fate riposare per 5 minuti e portate in tavola ben caldo. Questa nutriente zuppa veniva arricchita anche da fette di pane raffermo, agliate e abbrustolite. Nelle zone più a sud della regione, spesso viene sostituito il burro con 2 cucchiai di olio extra vergine di oliva.

PIZZOCCHERI CON LA VERZA

Per i pizzoccheri: 150 g di farina di grano saraceno, 80 g di farina bianca, 2 uova, 3 cucchiai di latte, 300 g di cavolo verza (le foglie più tenere), 1 grossa patata tipo bianco, 1 cipolla dorata, 1 spicchio di aglio, 1 ciuffetto di salvia, 50 g di burro, 50 g di Parmigiano Reggiano grattugiato, 150 g di formaggio magro Valtellina.

Versate le due farine su di una spianatoia e mescolate. Fate un cratere e mettete nel centro le uova scocciate, il latte, il sale e un pizzico di pepe. Con le dita incorporate velocemente gli ingredienti in modo da ottenere un impasto sodo e omogeneo, che lavorerete con le mani per alcuni minuti; se necessario durante la lavorazione aggiungete pochi cucchiai di acqua. Fatene una palla, avvolgetela in un panno e lasciatela riposare per mezzora in un luogo fresco. Stendetela quindi con un matterello infarinato fino a ottenere una sfoglia non troppo sottile, che taglierete a strisce larghe due dita e lunghe 5 cm. Mentre la pasta riposa, pulite le foglie della verza, togliendo la costa più dura e lavando sotto acqua corrente. Sbucciate la patata e mettete le due verdure in un tegame con acqua e sale per 15 minuti a fuoco moderato. La patata deve risultare disfatta e la verza tenera. Unite nel tegame i pizzoccheri e proseguite la cottura per alcuni minuti affinché rimangano al dente. Spegnete la fiamma e a parte fate appassire nel burro la cipolla tritata finemente, l'aglio schiacciato e le foglie di salvia. Aggiungetelo nella pentola con la pasta e finite di cuocere. Scolate quindi, con una schiumarola, i pizzoccheri e le verdure alternandoli in una zuppiera a strati di formaggio e di Parmigiano grattugiato. Portate in tavola caldissimo e servite a parte un po' di brodo di cottura, affinché ognuno ne aggiunga nel piatto a proprio gusto.

POLENTA TARAGNA

∙∙

PRIMI PIATTI

250 g di farina di grano saraceno macinata grossa, 2 cucchiai di farina gialla, 150 g di burro, 150 g di formaggio tipo Scimut della Valtellina o simile, sale grosso.

Unite le due farine, portate a ebollizione 1 l e mezzo di acqua con una manciata di sale, in una capace pentola. Appena bolle, fuori dal fuoco, aggiungete a pioggia la farina, girando velocemente con un mestolo. Cuocete quindi la polenta su fiamma media, girando continuamente per 1 ora e mezzo. Passato questo tempo, spegnete il fuoco, unite il burro a tocchetti, aspettate che sia assorbito completamente e aggiungete anche il formaggio, sempre a tocchetti, mescolate per farlo appena fondere e portate in tavola. Ottimo l'accompagnamento di cotechino della Valtellina lessato. Il segreto della riuscita di questo piatto sta nel fondere ma non sciogliere i pezzetti di formaggio, che anzi dovranno risultare ben visibili a cottura ultimata.

RISOTTO ALLA MILANESE 📷

∙∙

PRIMI PIATTI

250 g di riso tipo Vialone, 50 g di burro, 1 cipolla bianca, 1.5 g di zafferano meglio se in pistilli, 1 bicchiere di vino bianco secco, 80 g di Parmigiano Reggiano grattugiato, 1.5 l di brodo di carne. Per il brodo: 700 g di polpa di vitellone magra, 2 ossi di bistecca senza grasso, 1 osso nello stinco, 2 coste di sedano, 1 porro, 2 carote, 1 cipolla rossa (steccata a piacere con chiodi di garofano), 1 spicchio di aglio.

In una capace pentola ponete tutta la carne e le ossa. Coprite con abbondante acqua fredda e portate a ebollizione. Prima di unirvi gli odori, schiumate la superficie con una schiumarola a maglie fitte e fate sobbollire ancora per 3 ore coperto, fino a quando, bucando la carne con una forchetta, questa risulterà tenera. Filtrate il brodo e tenete a parte la carne per preparare polpette, sughi rustici e altro. In un tegame fate rosolare, a fuoco basso, la cipolla tritata col burro. Unite il riso e amalgamate il tutto con un cucchiaio di legno.

Aggiungete il vino, poco alla volta, fatelo evaporare, e aggiungete anche lo zafferano disciolto in un mestolo di brodo. Girate sempre il riso, mantenendo la fiamma bassa e aggiungendo, via via, il brodo ben caldo, ma aspettando ogni volta che quello precedente sia assorbito. Continuate così fino a quando il riso non sarà quasi cotto. Aggiungete a questo punto il Parmigiano e spegnete il fuoco, mantecate bene prima di portare in tavola ben caldo.

Quando questa preparazione milanese accompagna gli ossibuchi, il loro midollo viene sempre aggiunto durante la mantecatura del riso.

TORTELLI DI ZUCCA ALLA MANTOVANA

PRIMI PIATTI

Per la pasta: 300 g di farina di grano duro. 3 uova.
Per il ripieno: 1 kg di zucca gialla tipo Mantovano. 100 g di amaretti.
200 g di Parmigiano Reggiano grattugiato. 80 g di burro.

Disponete la farina a cratere, mettete nel centro le uova e un pizzico di sale. Iniziate a lavorare con le dita, incorporando poco alla volta le uova. Se necessario aggiungete un filo di olio, per rendere l'impasto più lavorabile. Quando avrete ottenuto un composto sodo e omogeneo, fatene una palla, avvolgetela nella pellicola per alimenti e fatela riposare per mezzora. Nel frattempo tagliate a grossi pezzi la zucca, privatela dei semi e della buccia, mettetela in forno su di una placca, a temperatura media per 20 minuti. Quando risulterà disfatta, passatela al setaccio, avendo cura di averla prima strizzata in un panno per eliminare l'acqua superflua. Raccoglietela in una ciotola e unite gli amaretti sbriciolati e 100 g di Parmigiano. Amalgamate fino a ottenere un impasto omogeneo, aggiustando di sale e pepe. A piacere potrete aggiungere un cucchiaio di mostarda non troppo piccante. Spianate la pasta in una sfoglia con un matterello infarinato. Fatene delle lunghe strisce, abbastanza larghe ma fini, sulle quali posizionerete delle palline di impasto, lasciando spazio sufficiente fra l'una e l'altra, per poter ripiegare i bordi. Richiudete delicatamente i tortelli, ripiegandoli su se stessi. Ritagliateli con l'apposita rotella per meglio sigillarli. Tuffateli in una pentola con abbondante acqua salata portata a ebollizione, scolateli dopo 7-8 minuti di cottura. Trasferiteli quindi su di un vassoio, spolverizzate con il rimanente Parmigiano e con il burro fuso e portate in tavola. Una gustosa variante consiste nello scolare i tortelli in una pirofila imburrata, cospargerli di formaggio e aggiungere il burro a fiocchi prima di passarli 5 minuti al forno caldissimo per gratinarli.

ALBORELLE IN SALSA DI MENTA DEL LAGO D'ISEO

. . . .

SECONDI PIATTI

800 g di alborelle, 1 mazzetto di bietole, 1 ciuffetto di menta, 2 cipolle bianche, 1/2 bicchiere di aceto di vino bianco, 3 uova, 1 l di brodo di pesce, 50 g di farina bianca, olio, sale, pepe.

Pulite con cura le alborelle e tenetele al fresco. Tritate finemente le cipolle e rosolatele in una casseruola con 3 cucchiai di olio. Pulite, sciacquate e scolate le bietole. Tagliatele a strisce e unitele alla cipolla rosolata. Aggiustate di sale e pepe, abbassate la fiamma e continuate la cottura a temperatura moderata. Sbattete le uova con l'aceto e un pizzico di pepe, versateli nella casseruola con le bietole insieme al brodo di pesce. Tenete il calore moderato e cuocete per 25 minuti. Nel frattempo infarinate le alborelle e friggetele in abbondante olio bollente. Tritate la menta e tenetela da parte. Via via che sono ben dorati trasferite i pesci su carta da cucina per farli asciugare. Poneteli quindi su di un vassoio rotondo, messi a raggiera. Versate nel centro e su parte dei pesci le verdure cotte, spolverate con la menta tritata e portate subito in tavola.

A Villa Vismara, a Marne in provincia di Brescia, si organizza nel mese di luglio una particolare sagra chiamata Sardinata, durante la quale vengono proposti pesci di mare e di lago, cucinati secondo le ricette tradizionali. Quella qui proposta è arricchita dalla presenza delle foglie di menta, facilmente reperibile in questa stagione lungo le rive del lago.

ANATRA AL FORNO CON LA ZUCCA

SECONDI PIATTI

1 anatra di circa 1.5 kg. 600 g di zucca gialla matura tipo mantovana.
2 cipolle bianche. 1 costola di sedano. 1 rametto di rosmarino.
150 g di pancetta stesa tagliata in 4 fette. 1 bicchiere di vino bianco.
2 spicchi di aglio. 80 g di burro. sale. pepe.

Pulite con cura l'anatra, privandola delle interiora, del collo e delle zampe, fiammeggiandola e sciacquandola sotto acqua corrente. Ponetela su di un panno ad asciugare. Fatela a pezzi, trasferiteli in una ciotola, insaporite con sale, pepe e aghetti di rosmarino, rigirateli con le mani per fare insaporire la carne e fatela riposare in un luogo fresco. Fate a grosse fette le cipolle bianche, tagliate a tocchetti il sedano e la pancetta. Trasferiteli in una capace teglia da forno con il burro, e rosolate, sul fuoco vivace, per 10 minuti. Togliete quindi dalla fiamma, aggiungete i pezzi di anatra e infornate, a calore forte, per 15 minuti. Aggiungete poi il vino bianco, girate con un mestolo, abbassate la fiamma, proseguendo la cottura a calore moderato, per 20 minuti. Nel frattempo private la zucca della buccia e dei semi, fatela in grossi pezzi e aggiungeteli all'anatra, insieme a 2 spicchi di aglio, amalgamate gli ingredienti, girandoli con un mestolo. Cuocete ancora per 45 minuti, sempre a calore moderato. La zucca dovrà risultare sfatta e la carne dell'anatra tenera. In un vassoio ponete da una parte i pezzi di anatra e dall'altra la zucca con gli altri ingredienti. Portate in tavola ben caldo.

Tipico piatto dei primi rigori invernali, è ricordato in una sagra che si tiene a Mantova e provincia da ottobre fino ai primi di novembre: è chiamata "Di zucca in zucca" e propone, spesso cucinati nelle corti contadine, piatti con la zucca mantovana.

CAZZOEULA

500 g di costine di maiale. 1 piedino di maiale. 200 g di cotenna fresca. 1 pezzetto di musetto con l'orecchio. 1 codino di maiale. 4 piccoli salamini (o salsicce ben stagionate). 50 g di burro. 5 g di pancetta stesa. 1 cipolla rossa. 1 gambo di sedano. 3 carote grosse. concentrato di pomodoro. 1 cavolo verza non troppo grosso.

In una casseruola, possibilmente di coccio e piuttosto capace, fate fondere il burro, aggiungete la cipolla tritata finemente e la pancetta tagliata a strisce sottili. Fate rosolare a fuoco vivace. Unite quindi le costine, il piedino di maiale diviso a metà (meglio se prima lo avete scottato per 15 minuti in acqua e alloro), la cotenna, il musetto e il codino. Girate con un mestolo gli ingredienti e rosolateli a fuoco vivo. Aggiungete ora il sedano e le carote tagliate a tocchetti. Rosolate ancora, girando in modo che tutti gli ingredienti si insaporiscano. Aggiungete un cucchiaio di concentrato di pomodoro disciolto in un bicchiere di acqua calda, salate e pepate e coprite con un coperchio. Regolate la fiamma sul fuoco moderato e cuocete per 2 ore, aggiungendo spesso acqua bollente. Pulite la verza privandola delle coste più dure e aggiungetele, tritate, con i salamini, anch'essi a tocchetti, al tegame. Cuocete ancora 40 minuti. Aggiustate di sale e pepe, e servite con accompagnamento di polenta, naturalmente caldissima!

Piatto milanesissimo, il cui nome deriva dallo spagnolo, non a caso rimasto dopo il governo dei Gonzaga. Ogni provincia Lombarda ha la sua versione personalizzata, accompagnandola spesso anche con il solo pane, invece che l'onnipresente polenta. Si alternano altri ingredienti quali pezzi d'oca, vino rosso, salsicce, vari altri tipi di verze... comunque proposta d'inverno è un curioso piatto "a sorpresa" per ingredienti così poveri e poco usati oggi, che però danno luogo a un insieme di profumi e sapori veramente unico.

COTOLETTE ALLA MILANESE

. . . .

SECONDI PIATTI

4 cotolette di vitella con l'osso. 120 g di burro. 40 g di pangrattato.
2 uova. 1 limone. 1 ciuffo di prezzemolo. sale.

Usando il batticarne, assottigliate le cotolette e riponetele in una ciotola con
le uova precedentemente sbattute. Aggiungete un pizzico di sale e lasciate
riposare la carne intrisa nell'uovo per 10 minuti, in un luogo fresco. Scolatele poi una alla volta e passatele nel pangrattato, che avrete disposto in un
vassoio. Premete con le mani per farlo ben aderire alla carne. In una capace
padella scaldate il burro e quando è ben caldo, friggeteci le milanesi, a temperatura moderata, facendo attenzione a non fare "bruciare" il burro. Fate
dorare bene le cotolette da ambo i lati. Trasferitele a questo punto su di un
piatto di portata e aggiungete un ultimo pizzico di sale. Servitele guarnite
con fettine di limone e ciuffetti di prezzemolo.

FAGIOLI CON L'OCCHIO CON LE COTENNE
(FASULIN DE L'ÖC CUN LE CUDEGHE)

. . . .

SECONDI PIATTI

250 g di fagioli con l'occhio. 400 g di cotenne di maiale.
200 g di salsicce tipo luganega. 1/2 zampa di bue. 1 ciuffo di salvia.
2 pomodori ben maturi. 3 spicchi di aglio. 1 cipolla bianca.
50 g di lardo. 1/2 cucchiaino di bicarbonato. 300 g di pane raffermo.
sale. pepe.

Ponete i fagioli con l'occhio a rinvenire in acqua fredda con il bicarbonato,
per una notte. Preparate poi le cotenne, riducendole a strisce larghe 1 dito,
tagliate la salsiccia in pezzi lunghi circa 4 cm. Tritate la cipolla con l'aglio e la
salvia e rosolatele con il lardo in una pentola, meglio se di coccio. Quando
le cipolle avranno preso colore, aggiungete i pomodori, sbucciati, privati dei
semi e fatti a pezzi, unite anche i fagioli, sgocciolati e sciacquati, la zampa

di bue, le salsicce e le cotenne. Coprite tutto con abbondante acqua fredda, aggiustate di sale e pepe e mettete a cuocere a fiamma moderata. Appena accenna a bollire, abbassate il fuoco e proseguite la cottura per 50 minuti. Scolate dalla pentola la zampe di bue e servite la zuppa ottenuta, ben calda, servita in ciotole individuali, meglio se accompagnate da fette di pane abbrustolito e agliato.

Questo antico piatto contadino è da sempre cucinato in occasione della festa dei morti, il 2 novembre ed è così ricco di ingredienti da poterlo proporre anche come piatto unico.

OSSIBUCHI ALLA MILANESE
(OSS-BUS)

SECONDI PIATTI

1.2 kg di stinco vitello compreso tra il ginocchio e il garretto tagliato in 4 tranci di circa 300 g. 100 g di burro. 1/2 cipolla dorata. 1 bicchiere di vino bianco. 500 g di pomodori pelati (facoltativo). 2 spicchi di aglio. 1/2 limone. farina bianca. 1 ciuffo di prezzemolo.

In un capace tegame fate imbiondire con il burro la cipolla tritata finemente. Aggiungete gli ossibuchi, leggermente infarinati, rosolateli da ambo i lati a fuoco vivo e spruzzateli col vino. Quindi versate i pomodori pelati tagliati a pezzetti e non del tutto sgocciolati dal loro liquido, aggiungete gli spicchi di aglio, aggiustate di sale e pepe e cuocete col coperchio, a fuoco molto basso, per circa 1 ora. A cottura ultimata togliete gli spicchi di aglio, cospargete col prezzemolo tritato e la buccia di limone grattugiata e portate in tavola ben caldo.

Questa versione degli ossibuchi è abbastanza recente; quella più tradizionale non prevedeva l'uso dei pomodori pelati e la carne veniva spolverata con prezzemolo e buccia di limone grattugiata con l'aggiunta di un'acciuga pestata. Questo accompagnamento prendeva il nome di "gremolada" e trova ancor oggi estimatori nella versione moderna. Il complemento ideale per accompagnare questo piatto è il risotto alla milanese, servito insieme alla carne nel piatto di ogni commensale, ben separato dal sughetto di cottura degli ossibuchi.

POLPETTE ALLA MANTOVANA

. . . .

SECONDI PIATTI

600 g di polpa di manzo, 200 g di fegato di vitella, 100 g di prosciutto cotto, 3 uova, 2 spicchi di aglio, 1 bicchiere di vino bianco secco, 1 ciuffo di prezzemolo, noce moscata, 50 g di pangrattato, olio, sale, pepe.

Fate a tocchetti la polpa di manzo e il fegato di vitella. In una padella ponete 3 cucchiai di olio e rosolateci le carni a fiamma vivace, aggiustando di sale e pepe. Girate con un mestolo e aggiungete il vino, sempre tenendo la fiamma alta. Cuocete in tutto per 10 minuti. Trasferite quindi la carne in una ciotola e fatela freddare. Passatela poi nel mixer da cucina, tritandola finemente. Unite nella ciotola la carne tritata con il prosciutto, il prezzemolo e l'aglio tritati anch'essi. Amalgamate gli ingredienti, aggiungete un uovo sbattuto, grattate la noce moscata e fate riposare in un luogo fresco per 10 minuti. Sbattete quindi le uova rimaste, porzionate con un cucchiaio la quantità di impasto sufficiente per confezionare una polpetta, passatela nelle uova sbattute e poi nel pangrattato. Friggete le polpette ottenute in abbondante olio ben caldo, facendole dorare. Scolatele e ponetele ad asciugare su carta da cucina.
Sono ottime sia calde che fredde, meglio se accompagnate da mostarda di Mantova.

ASPARAGI ALLA MILANESE

. . . .

CONTORNI

800 g di grossi asparagi, 40 g di burro, 4 uova (a piacere).
50 g di Parmigiano Reggiano grattugiato.

Raschiate il gambo degli asparagi con un coltellino e pareggiateli, privandoli della parte più dura, così che siano tutti della stessa lunghezza. Legateli con filo da cucina e cuoceteli in piedi in un tegame alto e stretto in acqua leggermente salata, facendo attenzione che le punte emergano dall'acqua. Scolateli quando saranno teneri nel gambo (i tempi di cottura sono legati alla qualità e al tipo di asparagi scelti), slegateli e scaldate a vapore il piatto sul quale li adagerete. Fondete il burro fino a renderlo di colore bruno nocciola. Spolverate gli asparagi con abbondante Parmigiano, versateci il burro ben caldo e portate in tavola. Non in tutta la Lombardia questo piatto è accompagnato da un uovo fritto nel burro e servito sugli asparagi.

La semplicità del condimento non necessiterebbe di un ulteriore apporto di sapore; infatti la leggenda racconta che serviti a Giulio Cesare, nella loro veste senza le uova, egli li trovò talmente deliziosi da proporli spesso in occasione di pranzi e convivi.

MILANESINI

DOLCI

Per circa 30 biscotti: 200 g di farina. 150 g di zucchero. 150 g di burro. 50 g di fecola di patate. 1 uovo. 1 tuorlo. 1 busta di vanillina.

In una ciotola montate con la frusta il burro, molto morbido, con lo zucchero e un pizzico di sale. Sbattete gli ingredienti finché non saranno gonfi e spumosi. Incorporate prima l'uovo intero poi, sempre sbattendo, il tuorlo. Fate riposare il composto, quindi unite poco alla volta la fecola e la farina, precedentemente setacciate insieme, e sbattete con movimenti regolari per non far smontare il composto. Mettetelo in una sacca da pasticciere con la bocchetta tagliata longitudinalmente e stendete su una placca, coperta da carta da forno, i biscotti formando delle "s". Distanziate bene ogni biscottino perché gonfiandosi durante la cottura non si attacchino l'un l'altro. Portate il forno a temperatura media e cuocete per 10-12 minuti. Staccateli dalla carta quando sono ben freddi.

Sono biscotti leggerissimi, che ben si accompagnano a un tè, e sono ancor oggi preparati frequentemente in molte parti di questa regione, non richiedendo una troppo elaborata esecuzione.

TORTIONATA DI LODI

DOLCI

100 g di mandorle dolci pelate di Castellana. 100 g di zucchero semolato. 100 g di burro. 200 g di farina. 1 rosso d'uovo. 1 limone.

Nel cutter tritate finemente le mandorle. Unitele in una ciotola allo zucchero. Aggiungete a fiocchi il burro ammorbidito, la farina setacciata, e per ultimo il tuorlo d'uovo. Girate con un mestolo gli ingredienti e profumate con la scorza del limone grattugiata. Lavorate con il mestolo tutti gli ingredienti per 10 minuti. Imburrate e infarinate una bassa tortiera e versatevi l'impasto, facendolo riposare per 15 minuti. Quando ha perso la sua consistenza appiccicosa, delineate con un colpo di forchetta i tradizionali solchi sulla faccia della torta. Cuocete quindi a calore moderato per 40 minuti. Una volta sformato su di un vassoio può essere spolverato con abbondante zucchero a velo, anche se la variante non trova riscontro nell'antica tradizione.

Il momento migliore per gustare la tortionata non è appena sfornata, ma dopo 4-5 giorni – conservata nell'alluminio – quando il gusto degli ingredienti è armonico e persistente. Questa "maturazione" consente anche di gustarla nel modo corretto: non tagliata col coltello, ma spezzata con le mani. Questo dolce tradizionale di fine Ottocento, riscosse già ai tempi tanto successo, che il suo inventore, tale Tacchinardi pasticcere, fu definito vanto della città sul giornale locale.

Trentino-Alto Adige

Questa regione può chiamarsi "di frontiera" non solo nello stretto
senso geografico del termine, ma anche dal punto di vista culinario,
perché assorbe le tradizioni gastronomiche care al nostro Paese
e quelle della vicina nazione austriaca. Dunque una cucina curiosa
nello sperimentare e fondere esigenze e tradizioni diverse.
Ricco di montagne, vallate e fiumi, il Trentino-Alto Adige offre prodotti
genuini, in gran parte derivati dalla sapiente lavorazione
dei suoi celebri latticini: gli indimenticabili formaggi,
l'ottimo burro, lo yogurt e la panna!
Anche l'usanza di affumicare le carni fresche, operazione resa necessaria
dall'isolamento di molte località nel periodo delle nevicate, ha dato
frutti incomparabili quali lo speck, il prosciutto di cervo e il cotechino.
La polenta, come su tutto il nostro arco Alpino, ha giocato un ruolo
dominante sulle tavole della cucina più povera della regione, spesso
associata ai crauti e al lardo ha fatto nascere piatti molto nutrienti,
che venivano alternati ai sempre proposti knodel, di cui quasi
ogni famiglia ha una sua interpretazione personale.
Le carni fresche, specie se di selvaggina, vengono tutt'oggi cucinate
con lontane ricordanze austroungariche, in cui le spezie e i frutti
di bosco svolgono un ruolo fondamentale.
La cucina di questa regione trova nella lunga serie di dolci una
profusione di preparazioni che, coniugando una cucina frugale
fatta delle poche cose coltivate nell'orto di famiglia a una cucina
di ricchi pranzi di corte, ha creato specialità che sotto una stessa voce
uniscono le semplici frittelle di mele con i succulenti strudel
o il fresco budino di lamponi col goloso krapfen.

FORMAGGIO DI CAPRA CON I CRAUTI E WÜRSTEL DI CAVALESE

ANTIPASTI

300 g di formaggio di capra (ziegerkase). 200 g di crauti già pronti. 400 g di würstel da cuocere arrostiti. 30 g di burro. 1/2 bicchiere di birra scura.

In una padella scaldate il burro, unite i crauti acidi, aggiungete la birra e cuocete a fiamma bassa per 10 minuti, girando. Arrostite i würstel sulla griglia. Dividete il formaggio nelle porzioni necessarie e sistematele nei piatti, sui quale metterete i würstel e un cucchiaio di crauti. Servite caldo.

Nel mese di luglio a Cavalese si celebra la "Desmontegata de le caore". Nell'occasione il borgo viene traversato da greggi di capre, ornate di fiori e abbellimenti, che celebrano il ritorno dagli alti pascoli. Questa tradizione, antica e di buon augurio, è allietata da stand gastronomici che propongono formaggi, soprattutto a base di latte ovino, come quello usato per la ricetta.

PECLIN

ANTIPASTI

4 aringhe salate. 1 l di latte. 125 g di cipolline bianche sottaceto. olio.

Pulite le aringhe, privatele della testa e della coda. Ponetele in un capace recipiente e ricopritele con 1/2 l di latte. Tenetele a bagno per una notte. Cambiate il latte, con la stesa quantità di latte fresco e tenetele a mollo per mezza giornata. A questo punto le aringhe risulteranno morbide. Scolatele, mettetele su di un tagliere e, con un coltello, privatele della pelle e sfilettatele. Ponete i filetti in un recipiente di vetro alternando con cipolline sottaceto, coprite di olio e fate riposare per 1 settimana prima di gustarle. Per la riuscita di questo piatto le aringhe devono essere salate e non affumicate.

SALSA DI BOLZANO
(BOZNER SOUCE)

8 uova sode. 2 cucchiai di senape. 2 limoni. 1 ciuffo di erba cipollina.
1 ciuffo di prezzemolo. 2 cucchiai di aceto di vino bianco. olio. sale. pepe.

Tagliate a metà nel senso della lunghezza, le uova sode sgusciate, togliete il tuorlo e passatelo al setaccio. Tenete la parte vuota degli albumi riponendola su di un vassoio. Raccogliete i tuorli setacciati in una ciotola, aggiungete via via la senape, il succo dei limoni, il prezzemolo e l'erba cipollina tritati finemente, 2 cucchiai di aceto e 1 di olio. Girate con un cucchiaio e fate poi riposare 5 minuti. Riempite con il composto gli albumi svuotati e portate in tavola decorando il piatto con foglie di crescione e fiori di tarassaco (se in stagione). Questa semplice ma gustosa salsa, che ben si addice a un antipasto, è una degli esempi della cucina tipica altoatesina, ancor oggi proposta in occasione delle feste paesane o ricorrenze religiose.

SMACAFAM

ANTIPASTI

250 g di farina di grano saraceno. 2 salsicce stagionate dette luganega.
1 l di latte. 1 cipolla. 100 g di lardo + un pezzetto per ungere.

Fate intiepidire il latte in un recipiente, nel quale verserete a pioggia e lontano dalla fiamma, la farina, girando con una frusta. Ottenuto un impasto piuttosto fluido, aggiungete la cipolla tritata finemente, il lardo in pezzetti, sale e pepe, mescolando per ben amalgamare gli ingredienti. Ungete con il lardo una tortiera dal bordo piuttosto alto, versate il composto ottenuto, fate a piccoli pezzi la salsiccia (detta "lucanica") stagionata e spargetela sulla superficie, cuocete in forno a media temperatura per 40 minuti. Gustatela caldissima.
Di questa antica ricetta esiste anche la versione "dolce" dove, al posto della salsiccia, vengono usati uva sultanina in abbondanza, noci e pinoli. È tipica del periodo del Carnevale.

KNÖDEL ALLO SPECK

PRIMI PIATTI

300 g di pane bianco raffermo, 150 g di speck in 4 fette, 2 uova, 1 tazza di latte, 1/2 cipolla bianca, 30 g di burro, 1 ciuffo di prezzemolo, 30 g di farina, 30 g di pangrattato, 1.5 l di brodo di magro, pepe.

Tritate finemente lo speck, che avrete scelto nella parte più grassa. Affettate la cipolla e rosolatela nel burro. In una ciotola raccogliete il pane raffermo, fatto a pezzetti con le mani, aggiungeteci lo speck, la cipolla, il latte, il prezzemolo tritato e una spolverata di pepe. Mescolate delicatamente gli ingredienti, facendo attenzione a non schiacciare troppo il pane, che deve rimanere consistente, e non diventare "papposo". In questo caso aggiungete 1/2 cucchiaio di pangrattato. In una capace pentola fate bollire abbondante acqua; formate, con le mani infarinate, delle palle prendendo dall'impasto una quantità pari a un'albicocca e tuffatela nell'acqua. Scolatela dopo una cottura di circa 15 minuti, a fuoco sufficiente a far sobbollire e trasferiteli nelle ciotole individuali; aggiungete abbondante brodo di carne bollente.

KNÖDEL DI GRANO SARACENO DI SAN MICHELE

PRIMI PIATTI

350 g grano saraceno, 50 g di farina grano tenero, 3 uova, 2 fette di pane bianco raffermo, 50 g di burro, 80 g di speck in 2 fette, 1 ciuffo di prezzemolo, 1 ciuffo di erba cipollina, 1.5 l di brodo di magro, sale.

Fate a tocchetti lo speck e tagliate in piccolissimi pezzi il pane. Trasferite gli ingredienti in una padella e rosolateli con il burro, facendo prendere colore, per 5 minuti a fiamma vivace. Setacciate le due farine, mescolate su di una spianatoia e fate il cratere. Unite le uova, le erbette tritate finemente, un pizzico di sale e lo speck rosolato con il pane. Impastate tutti gli ingredienti, senza lavorarli troppo a lungo con le mani. Ottenuto un impasto omogeneo e non troppo asciutto, riponetelo in una ciotola e fate riposare per 15 minuti.

Portate a bollore una pentola con il brodo di magro, staccate dall'impasto delle piccole quantità pari a un'albicocca, arrotolatele con le mani leggermente infarinate e tuffatele nel brodo. Fate bollire, a fiamma sufficiente ma non troppo alta, per 15 minuti. Portate poi in tavola e servite in ciotole fonde con abbondante brodo. Vanno gustati caldissimi. A parte si può accompagnare con formaggio tipo Vezzena da grattugiare.

Questo saporito piatto, nato dall'ingegno popolare per combattere la fame ma anche il freddo di queste valli molto pungenti in inverno, è spesso proposto nella cucina di San Michele, paese famoso non solo per i prodotti gastronomici, ma anche per il mistero che avvolge le sue "caverne gelate" fenomeno di cui non si hanno spiegazioni certe, lasciando quindi libera la fantasia… In Trentino, insomma, anche la natura sa dare forti emozioni, prorio come la gastronomia!

A Vipiteno (Bolzano), a metà luglio, si svolge la Knodeltage cioè la festa dei Knodel (letteralmente "Il giorno dei Knodel"). Durante questa festosa sagra, viene allestita una lunga tavolata che occupa le vie della città nuova e della città vecchia. Naturalmente il piatto principale è composto dai Canederli (Knodel) proposti nelle più svariate ricette tradizionali.

POLENTA SMALZATA

PRIMI PIATTI

200 g di farina gialla non troppo fine. 200 g di farina di grano saraceno. 150 g di burro. 5 acciughe sotto sale. 100 g di grana grattugiato. olio.

Portate a ebollizione una pentola con circa 2 l di acqua salata e versateci a pioggia, lontano dalla fiamma, le due farine (che avrete in precedenza mescolato setacciandole in una ciotola). Mescolate spesso e cuocete questa polenta per 40 minuti, aggiungendo due cucchiai di olio e il vino, poco alla volta. Versatela quindi su di un tagliere di legno e fatela rapprendere e freddare per 5 minuti. Nel frattempo mettete le acciughe, prima sliscate e lavate sotto acqua corrente, in un pentolino con il burro e, a fiamma molto bassa, fatele disfare, aiutandovi con una forchetta. Tagliate poi la polenta in grosse fette che metterete nel piatto di ogni commensale, condite con abbondante grana grattugiato e con il burro all'acciuga ben caldo.

TAGLIATELLE SMALZATE
(TAGLIATELLE SMALZÃÃ)

400 g di farina di grano tenero, 200 g di farina di grano saraceno, 5 uova, 1 cucchiaio di panna liquida, 140 g di ricotta affumicata, sale.

Setacciate le farine su di una spianatoia e fate il cratere. Aggiungete le uova, un pizzico di sale e impastate aiutandovi, se serve, con 1 o 2 cucchiai d'acqua tiepida. Lavorate con forza il composto per ottenere una pasta soda ed elastica che farete riposare in un luogo fresco, avvolta da pellicola da cucina, per 15 minuti. Quindi, su di una spianatoia, tirate una sfoglia finissima con un matterello leggermente infarinato. Fate asciugare la sfoglia per 20 minuti. Fatene poi delle strisce larghe quanto una mano, arrotolatele su se stesse e, con un coltellino, tagliate le tagliatelle larghe circa 1,5 cm. Allargatele sopra un panno leggermente infarinato. Lessatele poi in abbondante acqua leggermente salata e scolatele al dente. Raccoglietele in una ciotola e conditele con panna, riscaldata in precedenza, e abbondante ricotta affumicata. Una variante è condirle con sugo d'arrosto di carne e formaggio Grana del Trentino al posto della ricotta.

ZUPPA D'ORZO
(GERSTENSUPPE)

200 g di orzo perlato, 150 g di prosciutto in una fetta, 30 g di burro, 50 g di grana grattugiato, 1 cipolla, 1 costa di sedano, 1 rametto di alloro, 1 bicchiere di panna liquida, 1 l e mezzo di brodo vegetale (vedi ricetta a pagina 282), timo in polvere (a piacere).

Mettete l'orzo in ammollo in acqua fredda per 2 ore. Nel frattempo tritate le verdure e soffriggetele nel burro fino a farle appassire. Unite quindi il prosciutto a dadini e rosolate, mescolando bene. Scolate l'orzo e aggiungetelo al tegame con il soffritto, unendo le foglie di alloro e, a piacere, un pizzico di timo. Versate il brodo, aggiustate di sale e pepe e cuocete a fiamma moderata per 1 ora e 15 minuti. Una volta ultimata la cottura, unite la panna liquida e il formaggio. Portate in tavola ben caldo, accompagnato da pane di segale tostato.

CAPRIOLO AI MIRTILLI

SECONDI PIATTI

1.3 kg di polpa di capriolo. 150 g di lardo. 20 g ginepro. 1 rametto di alloro. 1 rametto di rosmarino. 1 cipolla rossa. 150 g di farina bianca. 1 l di vino rosso. 1 tazza di panna liquida. 1 vasetto di marmellata di mirtilli. olio.

In una capace ciotola mettete la carne a marinare, per un'intera giornata, nel vino con le foglie di alloro, bacche di ginepro e il rametto di rosmarino. Tritate quindi il lardo con la cipolla e rosolatelo in un capace tegame con due cucchiai di olio. Sgocciolate e infarinate la carne, unitela al soffritto e rosolate per 5 minuti a fuoco vivace. Abbassate quindi la fiamma, aggiustate di sale e pepe, e proseguite la cottura, con il coperchio, aggiungendo poco alla volta, il vino della marinata, che avrete filtrato con un colino. Cuocete il capriolo per 1 ora a fuoco moderato. Portate in tavola la carne accompagnata dal sughetto passato al setaccio e legato con la panna liquida. Accompagnate con marmellata di mirtilli servita a parte e knòdel ben caldi.

CARNE ALLA BOLZANESE
(BOZNER HERRNGRÖSTL)

SECONDI PIATTI

700 g di fesa di vitella. 1.5 kg di patate a pasta gialla. 2 cipolle bianche. 200 g di burro. 3 foglie di alloro. 1 cucchiaino di maggiorana essiccata. 1 ciuffo di prezzemolo. sale. pepe.

Tritate le cipolle e fatele rosolare, in una capace casseruola, meglio se di coccio, con 100 g di burro. Dopo 5 minuti di cottura a fuoco vivace, aggiungete la carne, fatta a tocchetti e insaporite con sale e pepe. Sbucciate e fate a tocchetti la patate, lessate prima al "dente" in abbondante acqua fredda, e poi rosolatele in una teglia col rimanente burro, fate prendere colore, tenendo la fiamma moderata per 8 minuti. Girate delicatamente con un mestolo per farle dorare in modo omogeneo. Adesso aggiungetele alla carne, tenendo sempre la fiamma moderata e proseguite la cottura per altri 10 minuti, aggiungendo le foglie di alloro, la maggiorana e una generosa quantità di pepe macinato al momento.

Trasferite la carne e le patate su di un vassoio ben caldo; versate un bicchiere di acqua calda nella casseruola, riponetela sul fuoco a calore vivace e, con un cucchiaio, grattate il fondo per staccare il sugo di cottura, che verserete, ben caldo, sulla carne e le patate poste sul vassoio. Spolverate il tutto con il prezzemolo tritato e servite in tavola. Questo piatto richiama vagamente la preparazione del gulash, anche se molto alleggerito nelle spezie e nella cottura. Ambedue i piatti appartengono alla tradizionale influenza della cucina austro-ungarica.

CARNE DI GALLINA CON ERBE DI CAMPO

SECONDI PIATTI

1 gallina lessata. 800 g di erbe di campo fra cui: bietoline, cicorie, radicchi. 1 bicchiere di panna liquida. 80 g di burro. 1 pizzico di semi di cumino. 5 o 6 pomodorini ciliegia, olio, sale, pepe.

Come prima cosa pulite, lavate e asciugate le erbette di campo. In una capace padella fate fondere il burro a bassa temperatura, uniteci le erbette, insaporite con sale, pepe e con i semi di cumino. Cuocete per 15 minuti a calore basso. Unite a questo punto la panna liquida e proseguite la cottura per altri 10 minuti. Mettete quindi a riposare al caldo. Disossate la gallina lessata (il cui brodo vi potrà servire per altre preparazioni) e fatela a pezzetti; raccogliete i pezzi in un recipiente, insaporite con sale e pepe e irrorateli con 3 cucchiai di olio. Lasciate a riposare per 10 minuti. Sul fondo di un largo vassoio disponete le erbette cotte, ricopritele con i pezzetti di gallina e irrorate il tutto con la salsa delle verdure; guarnite infine con i pomodori ciliegia e portate in tavola. Questo ottimo piatto di carne si presta a essere proposto, volendo, anche come gustoso e ricco antipasto estivo.

COSTOLETTE DI MAIALE CON I MARRONI

6 costolette di maiale di circa 200 g l'una. 1 rametto di rosmarino. 3 foglie di alloro. 600 g di marroni. 1 mazzetto di finocchio selvatico essiccato. 1 tazza di panna. 1 bicchierino di grappa. 60 g di burro. sale. pepe.

Lessate le castagne in abbondante acqua fredda con le foglie di alloro e il ciuffetto di finocchio selvatico. Cuocete a calore moderato per 40 minuti. Spengete la fiamma, scolate i marroni e fateli freddare. Sbucciateli delicatamente, cercando di non romperli e raccoglieteli in una ciotola. In una capace padella fate fondere il burro e aggiungete le costolette di maiale, con un piccolo rametto di rosmarino infilato nella carne dalla parte vicina all'osso. Aggiustate di sale e pepe. Alzate la fiamma e cuocete, a calore moderato, per 5 minuti per lato, facendo prendere colore. Aggiungete poi i marroni, bagnate con la panna, 1 bicchierino di grappa e fate ritirare il liquido cuocendo 2 o 3 minuti a calore vivace. Trasferite la carne in un vassoio, irrorate con il sughetto e guarnite con i marroni. Portate in tavola ben caldo.

COTECHINO VESTITO

SECONDI PIATTI

1 cotechino di circa 600 g. 350 g di polpa di vitella in una fetta. 1 cipolla rossa. 1 carota. 1 costola di sedano. 1 ciuffetto di prezzemolo. 2 spicchi di aglio. 1 bicchiere di vino bianco secco. 1 tazza di brodo vegetale. 40 g di burro. olio. sale. pepe.

Con il batticarne allargate la fetta di vitella, fino a renderla abbastanza grande da rivestire il cotechino (privato della buccia o "vescica"). Legatelo quindi con dello spago da cucina, per farne una sorta di grosso salsicciotto. Ponetelo in una capace casseruola, meglio se di coccio. Aggiungete il burro, 3 cucchiai di olio, la cipolla, il sedano, la carota e il prezzemolo tritati e gli spicchi di aglio interi. Rosolate la carne a calore forte per alcuni minuti, girandola per farle prendere colore su tutti i lati. Aggiungete quindi il vino, fate evaporate, aggiustate di sale e pepe e continuate la cottura per 10 minuti. Adesso aggiungete il brodo, abbassate la fiamma, coperchiate e proseguite la cottura per 40 minuti, tenendo sempre il fuoco basso. Fate riposare con il coperchio per 5 minuti, a fiamma spenta. Togliete quindi il cotechino vestito dalla casseruola, fatelo stiepidire e tagliatelo in grosse fette che adagerete su di un vassoio. Irrorate con la salsa ben calda e setacciata, ottenuta dal fondo di cottura. Si accompagna bene alla polenta mista di mais e grano saraceno.

GRÖSTL ALLA TRENTINA

SECONDI PIATTI

1 kg di patate a pasta gialla. 650 g di carni avanzate (bollite o quant'altro). 1 cipolla rossa. 30 g di pancetta stesa in una fetta. 30 g di burro. 1 rametto di alloro. 1 ciuffo di erba cipollina. 1 ciuffo di prezzemolo. olio. sale. pepe.

Lessate le patate sbucciate, in abbondante acqua salata e toglietele quando sono ancora al "dente". Nel frattempo fate a dadini la pancetta e trasferitela in una capace padella con la cipolla tritata e il burro. Soffriggete a calore moderato per 5 minuti. Unite poi la carne, fatta in piccoli pezzetti, fate insaporire, tenendo la fiamma bassa e girando con un mestolo. In un'altra padella soffriggete, in 2 cucchiai di olio, le patate affettate con l'aggiunta delle foglie di alloro. Cuocete a fuoco vivace per 8 minuti, facendo prendere colore. Togliete quindi le foglie di alloro e unite le patate alla carne, aggiungete un trito fatto con le erbette aromatiche e girate per fare insaporire gli ingredienti. Tenete a calore moderato per 10 minuti. Portate poi in tavola ben caldo. Tra le molte varianti, di questo piatto della cucina povera del Trentino, c'è quello di aggiungere alcune gocce di aceto di vino rosso, poco prima di servire.

TROTELLE AFFUMICATE CON SALSA DI CREN

SECONDI PIATTI

400 g di filetti di trota affumicata. 10 g di grani di pepe nero.
10 g di grani di pepe verde. 1 ciuffo di prezzemolo. 30 g di radice
di rafano (cren). 1 tazza di panna liquida. 1 cucchiaio di zucchero.
1 cucchiaino di peperoncino rosso piccante. olio.

Mettete i filetti di trota in un contenitore di qualsiasi materiale, ma possibilmente non di plastica, ricoperti con olio e insaporiti con i grani di pepe verde e nero e con il prezzemolo tritato. Fate riposare in un luogo fresco per almeno 2 ore. Nel frattempo grattugiate la radice di cren, raccogliendola in una ciotola, aggiungeteci poco alla volta la panna, lo zucchero e il peperoncino, amalgamate gli ingredienti fino a ottenere una salsa densa e omogenea, che accompagnerà i filetti di trota, ben sgocciolati dall'olio della marinatura (che riporrete per altre preparazioni) disposti su di un vassoio. È un ottimo accompagnamento la pagnotta della Val Venosta (Vinschger) – preparata con 3 tipi di farina: segale, frumento, integrale – che esalta in modo particolare il gusto di questo piatto.

CAVOLO ROSSO IN AGRODOLCE CON LE MELE 📷

CONTORNI

1 cavolo rosso di media grandezza. 5 mele tipo Morgendurf (Royal Gala).
1 cipolla rossa. 1 bicchiere di aceto di vino rosso. 40 g di strutto.
1 cucchiaio di zucchero. olio. sale. pepe.

Affettate finemente il cavolo rosso, liberandolo delle foglie più esterne, che sono troppo dure. Sciacquatelo sotto acqua corrente e fatelo asciugare, usando la centrifuga da insalata. Trasferitelo quindi in una ciotola, condite con 3 cucchiai di olio, l'aceto, salate e pepate e fate riposare, in un luogo fresco, per 40 minuti. In una casseruola, meglio se di coccio, fate sciogliere lo strutto, aggiungetevi la cipolla affettata finemente e anche il cavolo, mettete il coperchio e proseguite la cottura a fuoco basso, per 30 minuti, bagnando se necessario con 1 o 2 cucchiai di acqua calda. A fine cottura, aggiungete le mele, sbucciate e affettate, lo zucchero e, se necessario, ancora un cucchiaio di aceto. Coprite di nuovo e fate cuocere con il solo calore della casseruola di coccio per 10 minuti. Portate in tavola ben caldo.

È consuetudine accompagnare questa pietanza con la tipica bevanda ottenuta dalle mele, l'Apfelsaft. Questo succo, preparato ancor oggi nelle caratteristiche pentole di alluminio, viene prodotto da molte famiglie in larga quantità nel periodo estivo, quindi imbottigliato e poi consumato, in inverno, come accompagnamento di piatti robusti e saporiti, come quello ora proposto.

CRAUTI O CAPPUCCI ACIDI

CONTORNI

2 kg di cavolo cappuccio, 20 bacche di ginepro, 1 cucchiaio di semi di coriandolo, sale grosso.

Pulite il cavolo cappuccio: tagliatelo a metà, fatelo poi in fette sottilissime e sciacquatelo bene sotto acqua corrente. Fatelo sgocciolare bene per 30 minuti, in modo da frgli perdere gran parte dell'acqua di lavaggio. In un capace tegame di coccio, alternate gli strati di cavolo, insaporiti con bacche di ginepro e coriandolo e ricoperti di sale. Esauriti tutti gli ingredienti, pressate il tutto con un disco di legno, o di un altro materiale che possa stare a contatto col cibo. Poneteci quindi un peso sopra e lasciate riposare (fermentare) per 50 giorni. Una volta trascorso questo tempo, ogni volta che ne volete usare, prelevatene la quantità che vi sarà necessaria, sciacquandoli bene sotto acqua corrente e utilizzandoli quindi per le varie preparazioni nelle quali vi cimentate.

Se usati come contorno ai famosi salumi tipici della regione (dallo speck, al cacciatorino d'alce, ai tanti tipi di würstel) i crauti vengono cotti insieme a cipolle, carote, pancetta affumicata, un po' di brodo e lo strutto di maiale. Possono essere serviti sia caldi che freddi.

BUDINO FREDDO DI LAMPONI

DOLCI

250 g di lamponi freschi ben maturi. 6 uova. 70 g di mandorle pelate.
100 g di zucchero. 80 g di pangrattato. 100 g di burro. 1 limone.
1 mazzetto di menta fredda.

In una casseruola ponete i lamponi sciacquati brevemente, con un cucchiaio di zucchero. Girate sul fuoco a fiamma bassa con un mestolo e cuocete per 15 minuti fino ad avere una composta; fatela raffreddare in un luogo fresco. In una ciotola mettete le uova, lo zucchero rimasto, le mandorle in polvere, il pangrattato e 80 g di burro a temperatura ambiente. Sbattete con una forchetta, aggiungete la scorza di limone grattugiata e lavorate l'impasto amalgamandolo bene senza fare grumi. Aggiungete la composta, girate delicatamente e fate riposare per 5 minuti. Imburrate uno stampo da budino, versateci il composto e cuocete a bagnomaria nel forno caldo per 30 minuti. Dopo 10 minuti di cottura, estraete lo stampo, copritelo con carta di alluminio sigillando bene i bordi, riponete in forno e terminare la cottura: questo serve a evitare che si formi una crosta troppo dura sulla superficie del budino. Toglietelo dal forno e attendete 10 minuti prima di sformarlo. Fate raffreddare bene prima di servire: guarnite con foglie di menta fresca, ciuffetti di panna montata e lamponi freschi.

STRUDEL DI MELE 📷

DOLCI

Per la pasta: 300 g di farina bianca. 70 g di burro. 1 uovo. 1 tuorlo.
1 cucchiaino di zucchero. 1 pizzico di sale. Per il ripieno: 1 kg di mele tipo
Golden o Delicious. 100 g di burro. 100 g di zucchero. 70 g di uvetta.
70 g di pinoli. 1 pizzico di cannella. 1 limone. 2 cucchiai di pangrattato.

Su di una spianatoia impastate la farina col burro morbido, l'uovo intero, lo zucchero e un pizzico di sale. Lavorate con forza gli ingredienti fino a ottenere una pasta soda ed elastica. Per aiutarvi potete aggiungere uno o due cucchiai di acqua tiepida mentre lavorate la farina. Fatene una palla e ponetela a riposare coperta. Sbucciate le mele, fatele a sottili fettine e mettetele in una ciotola con acqua e succo di limone. Soffriggete in 60 g di burro il pangrattato, unite l'uvetta, precedentemente ammollata in acqua tiepida e poi ben strizzata. Stendete su un panno infarinato la pasta, con un matterello, fino a renderla una sfoglia molto sottile. Pennellatela col restante burro disciolto, cospargete la superficie con il pangrattato e l'uvetta, quindi mettete le mele (ben scolate e disposte distese), i pinoli, la cannella e la buccia del limone grattugiata. Spolverate per ultimo con lo zucchero. Con l'aiuto del panno, arrotolate il dolce su se stesso, richiudendo all'interno il composto di frutta. Sigillatene bene le estremità con le dita e disponetelo, ripiegato a forma di "U", su una placca con carta da forno. Pennellate la superficie con il rosso d'uovo e cuocete in forno a calore moderato per 50 minuti. Gustatelo ancora tiepido, spolverato con zucchero a velo.

ZELTEN ALLA TRENTINA

DOLCI

800 g di farina bianca. 1/2 l di latte. 120 g di gherigli di noce.
150 g di mandorle pelate dolci. 150 g di pinoli. 180 g di fichi secchi.
150 g di cedro candito in pezzetti. 50 g di uva sultanina.
150 g di burro. 100 g di zucchero. 50 g di lievito di birra. 4 uova.
1 pizzico di coriandolo. 1 arancia. 1 bicchiere di grappa.

Impastate in una ciotola 350 g di farina con il lievito sciolto in 200 ml di latte tiepido. Lavorate a mano per ottenere una pasta soda e consistente, fate una palla, incidetela a croce, copritela con un panno e fatela lievitare fino a raddoppiare il volume. Fate rinvenire nella grappa allungata con poca acqua l'uvetta e la frutta secca tritata finemente, lasciando qualche pezzo intero per decorare. Lavorate la pasta con le mani su di una spianatoia infarinata: sgonfiatela, unite poco alla volta 250 g di farina e 100 ml di latte tiepido e fate lievitare per altri 30 minuti, poi aggiungete 100 g di burro morbido sbattuto con i rossi d'uovo, lo zucchero e un pizzico di sale. Unite la restante farina e il latte tiepido, lavorando bene l'impasto e unendo a poco a poco la frutta sgocciolata, la buccia di arancia grattugiata, il coriandolo e il cedro candito. Imburrate una tortiera, meglio se con la cerniera, e infarinatela; metteteci il composto, decorate con la frutta intera che avete da parte e fate lievitare ancora per 30 minuti prima di infornare a calore moderato per 50 minuti. Secondo un detto, questo classico dolce natalizio dovrebbe avere un peso della frutta uguale a quello della farina. Si può fare un'unica torta, o dividere l'impasto in grossi pani dalla forma ovale.

Veneto

La polenta di granturco, il riso e il pesce sono gli elementi principali
della storia culinaria di questa vasta regione che, affacciandosi sul mare
Adriatico da una parte, e propendendosi fino alla catena delle Alpi
dall'altra, offre prodotti eterogenei sia nella natura che nell'utilizzo.
I suoi abitanti, sempre eleganti e curiosi nel voler sperimentare
prodotti nuovi e nuove tecniche di cottura, furono i primi a introdurre
l'appellativo di "granturco" per il mais. Nel 1554, sulle mense della
laguna apparve la prima polenta prodotta con mais coltivato nella
regione. Da allora la tradizione ha tramandato piatti indimenticabili
come gli gnocchi della miseria, preparati anche con la più pregiata
polenta bianca. Anche il riso, abbondantemente coltivato, è stato
utilizzato con sapienza, accompagnato spesso da saporite verdure come
gli incomparabili i piselli della regione, qui chiamati "bisi".
L'arte di lavorare le frattaglie e le rigaglie ha contribuito alla creazione
di piatti ormai entrati con forza nella tradizione culinaria veneta,
sempre legati al riso quale ingrediente principale: minestrone
di riso con i fegatini, riso con le trippe e così via.
L'abitudine di gustare verdure fresche ha reso florida una già ricca
produzione di radicchi e, soprattutto, di asparagi, che sono
tutt'oggi apprezzati e conosciuti ovunque.
L'abbondanza nella cucina della regione di preparazioni di pesce,
cucinato nei più svariati modi, è stata resa possibile oltre che
dalla pescosità del mare, anche dalla particolare natura del territorio,
ricco di superfici acquatiche salate non molto profonde e separate
dal mare e dalla terra ferma da paratie che ne consentono
il ricambio idrico, per un ottimo allevamento di pesce.
Per quanto riguarda i dolci, la regione ha attinto alla sua tradizione
contadina utilizzando ancora la farina gialla, come nei caramei
e nelle molte frittelle.

COZZE AL FORNO
(PEÒCI AL FORNO)

ANTIPASTI

1,5 kg di cozze (peoci). 3 spicchi di aglio. 1 bel ciuffo di prezzemolo. 150 g di pangrattato. 1/2 bicchiere di aceto di vino rosso. olio. sale. pepe.

Spazzolate e lavate le cozze sotto acqua corrente, togliendo loro anche il ciuffo, detto bisso. In una capace padella rosolate gli spicchi di aglio con un cucchiaio di olio, unitevi poi le cozze e fatele aprire, tenendo la fiamma alta. Quando si saranno completamente aperte, scolatele ed eliminate la valva rimasta vuota. Mettete la valva con il mollusco rivolte verso l'alto, su una teglia da forno; fate un composto con il prezzemolo e il pangrattato e, con questo, spolverate abbondantemente le cozze. Aggiungete sale e pepe e spruzzate con l'aceto. Irrorate con olio e infornate a calore alto per 10 minuti. Quando la superficie del pangrattato risulterà consistente e abbronzata, il piatto sarà pronto. È delizioso sia gustato caldo che freddo.

FRITTATA CO'L SALAME

ANTIPASTI

8 fette fini di "salame" (soppressa). 4 uova. 1 ciuffo di prezzemolo.

Soffriggete in una larga padella antiaderente le fette di soppressa tagliate fini. Queste cuoceranno con il loro grasso, senza l'aggiunta di altro condimento. Sbattete brevemente le uova con il prezzemolo tritato, alzate la fiamma e versatele nella padella, per confezionare una frittata. Si gusta calda, ma è molto apprezzata anche fredda, accompagnata da pane contadino di farina integrale. La soppressa è un tipico salume del Veronese, preparato tenendo le carni trite del maiale in una marinatura di alloro, ginepro e Amarone. Gli agricoltori del Polesine, nel mese di maggio, solevano recarsi in pellegrinaggio nell'oltre Po, alla Madonna della Galvana di Berra, portando con loro cibi adatti alle circostanze: uova, pane, torte salate e questa particolare frittata. Mentre il rituale del pellegrinaggio è andato perduto, l'usanza di preparare la frittata nel mese di maggio è tutt'oggi viva e coincide con il periodo delle prime scampagnate.

RADICCHIO CON I CICCIOLI
(LIDRIC CU LIS FRÌCIS)

• •

ANTIPASTI

500 g di radicchi di campo. 150 g di guanciale. 2 cucchiai di aceto di vino rosso. olio.

Fate a dadini il guanciale e soffriggetelo in un cucchiaio di olio, sfrigolando a fuoco vivace per farlo ben croccante. Aggiungete quindi l'aceto e, con la salsa ottenuta ancora ben calda, condite i radicchi, precedentemente ben lavati, asciugati e posti in una ciotola. Si può sostituire il guanciale con veri ciccioli di maiale, che però verranno aggiunti alla salsetta calda solo all'ultimo momento.

SALSA PEVERADA 📷

• •

SALSE

150 g di fegatini di pollo. 2 filetti di acciughe sotto sale. 1/2 limone. 30 g di sottaceti misti. 1 ciuffo di prezzemolo. 1 cucchiaio di grana grattugiato. 1 cucchiaio di pangrattato. 2 spicchi di aglio. 1/2 bicchiere di aceto di vino bianco. olio.

Tritate finemente i fegatini di pollo e i filetti di acciuga sliscati e passati sotto acqua corrente, e metteli in una ciotola. Aggiungete il prezzemolo tritato, la buccia del 1/2 limone grattugiata, uno spicchio di aglio e i sottaceti tritati. Amalgamate il tutto e legate il composto con il formaggio e il pangrattato. In una casseruola imbiondite in 3 cucchiai di olio lo spicchio di aglio rimasto. Toglietelo e versate il composto preparato, aggiungendo abbondante sale e pepe. Rosolate a fiamma vivace per pochi minuti, poi unite l'aceto e il succo di mezzo limone. Mescolate, sempre a fuoco vivace, per 5 minuti, quindi spegnete e usate la salsa per accompagnare faraone e colombi arrosto.

BÌGOLI

500 g di farina di grano duro. 50 g di burro. 4 uova.
1/2 bicchiere di latte. sale.

Setacciate la farina su un ripiano di legno. Ponete al centro il burro ammorbidito, le uova e un pizzico di sale. Iniziate a impastare, aggiungendo il latte necessario per ottenere una pasta soda ed elastica. Passate la pasta nell'apposito attrezzo – chiamato "bigolaro" – e ottenete i tipici bigoli. Fateli asciugare, ben distesi sulla spianatoia di legno infarinata, per 30 minuti, prima di prepararli nel modo desiderato.

GNOCCO DI VERONA

PRIMI PIATTI

600 g di patate a pasta gialla. 150 g di farina bianca. 30 g di formaggio grana grattugiato. 30 g di burro. 1 uovo. sale. cannella in polvere.

Lessate le patate in abbondante acqua lievemente salata. Pelatele e passatele con l'apposito attrezzo, raccogliendole in una ciotola. Setacciate la farina su di un ripiano di legno, fate il cratere e mettete al centro le patate schiacciate e l'uovo. Insaporite con un pizzico di cannella in polvere e il formaggio grattato. Impastate gli ingredienti fino a ottenere un composto sodo ed elastico. Con le mani infarinate, staccate delle piccole quantità e formate dei cordoli grossi quanto un dito, che taglierete in pezzi di circa 1,5 cm. Passateli sul dorso di una grattugia, con una lieve pressione. Lessateli poi in abbondante acqua salata e condite con il burro fuso. Questo semplice ma saporito prodotto trova la sua origine nel lontano 1532. La storia, mista un po' a leggenda, narra che proprio in quel tempo, a causa di una disastrosa inondazione dell'Adige e della carestia che ne seguì, la popolazione organizzò una sommossa contro l'aumento del costo di farina e pane. Per calmare l'ira e la fame del popolo, Tomaso da Vico, noto medico, inventò questo impasto povero, fatto di patate e farina. Oggi, durante il Carnevale dello Gnocco, una manifestazione che dura ben 40 giorni, il piatto viene proposto anche accompagnato da ragù di fegatini o di cacciagione.

"GRATTINI" DI CASTELNUOVO BARIANO

PRIMI PIATTI

200 g di pangrattato, 100 g di formaggio grana grattugiato
+ 50 g a piacere, 1 uovo, 30 g di burro, noce moscata, 1.5 l di brodo
di magro, sale.

Mescolate il pangrattato con il formaggio, insaporite con una grattugiata di noce moscata e un pizzico di sale. Impastate, aggiungendo l'acqua necessaria a ottenere un impasto piuttosto sodo e compatto. Fatene una palla, avvolgetela nella pellicola da cucina e lasciatela riposare per 15 minuti. Bollite nel frettempo il brodo di magro, precedentemente preparato; grattugiatevi l'impasto dei "grattini" servendovi di una grattugia dai fori larghi. Cuocete per 2 minuti e portate in tavola molto caldo, servendo, a parte, altro formaggio grattugiato.

POLENTA DI ROSAURA

PRIMI PIATTI

350 g di farina gialla, 200 g di Parmigiano Reggiano grattugiato,
150 g di burro.

Portate a bollore 2 l di acqua salata, toglietela dal fuoco, e versate a pioggia la farina gialla, girando con una frusta per non formare grumi. Ponete nuovamente sulla fiamma bassa e cuocete per 40 minuti, girando spesso. A cottura ultimata la polenta dovrà essere omogenea, densa ma non compatta e dovrà staccarsi bene sia dal cucchiaio che dal fondo della pentola. Toglietela quindi dal fuoco e, a cucchiaiate, distribuitela nei piatti. Cospargete con abbondante Parmigiano e condite poi con il burro fuso, portato sulla fiamma per farlo diventare di un bel colore nocciola.

RISI E BISI 📷

PRIMI PIATTI

400 g di piselli freschi. 300 g di riso tipo Vialone Nano.
1.5 l di brodo vegetale (vedi ricetta a pagina 282). 50 g di pancetta
stesa in una sola fetta. 1 cipolla rossa. 40 g di burro.
1 ciuffo di prezzemolo. 40 g di grana grattugiato. olio.

In una casseruola appassite, in una noce di burro e due cucchiai di olio, la
pancetta fatta a cubetti, il prezzemolo tritato e la cipolla tagliata finissima,
a fuoco medio per pochi minuti, girando spesso con un mestolo. Unite poi
i piselli, bagnate con un ramaiolo di brodo vegetale bollente, e cuocete per
10 minuti, con il coperchio. Aggiungete quindi il riso, il rimanente brodo e
portate a cottura, girando di tanto in tanto e aggiustando di sale e pepe. A
fine cottura questo piatto si deve presentare come una minestra molto densa
o come un risotto "all'onda". Portate in tavola caldissimo, cosparso di formaggio.
Usando i piselli freschi – quelli più teneri e piccoli – la ricetta prevede di
cuocere nel brodo vegetale anche i loro baccelli, naturalmente ben lavati, e
aggiungerli, passati al passaverdura, nella fase finale della cottura.

RISO E PATATE

PRIMI PIATTI

150 g di riso Arborio. 3 patate. 1 cipolla rossa. 50 g di burro.
1 ciuffo di prezzemolo. 2 l di brodo vegetale. 80 g di formaggio
grattugiato. sale.

Tritate la cipolla con il prezzemolo e rosolateli a calore moderato in un capace tegame, meglio se di coccio, dove avrete sciolto il burro. Sbucciate le
patate e fatele a tocchetti. Unitele al soffritto, aggiustate di sale e girate con
un mestolo. Unite il brodo bollente, quindi aggiungete il riso, cuocendo per
15 minuti a calore moderato. Quando sarà cotto, servite spolverando con
abbondante formaggio grattugiato.

Il riso, le patate e il pane sono stati da sempre nella cucina povera di chi, come in queste terre, traeva dalla fatica nei campi il sostentamento. Le frequenti inondazioni, specialmente nelle zone della foce del Po, e i conseguenti periodi di carestia, hanno dato voce a molte cantate popolari, che dicevano la speranza per un avvenire più felice: «sperémo sperémo – speriamo speriamo che venga l'inverno e che tutte le disgrazie vadano all'inferno – speriamo speriamo che le zucche diventino prosciutti e che mangiare e bere ce ne sia per tutti – speriamo speriamo che i sassi diventino mangiare e che i poveretti possano vivere senza lavorare – speriamo speriamo che al mondo ci sia l'amnistia e che tutti possano stare in pace e libertà».

RISOTTO AL RADICCHIO ROSSO

PRIMI PIATTI

1 cespo di radicchio Trevisano. 1 cespo di radicchio di Chioggia. 2 spicchi di aglio. 1 bicchiere di vino bianco. 300 g di riso Carnaroli. 1.5 l di brodo vegetale. 80 g di burro. 50 g di Asiago stagionato grattugiato.

Pulite e lavate il radicchio; fatelo scolare e tagliatelo a strisce fini, che raccoglierete in una ciotola. Fate rosolare, in un capace tegame il burro con l'aglio e uniteci il radicchio, tenendo la fiamma alta. Sfumate poi con il vino bianco e abbassate il fuoco. Unite ora il riso, facendolo ben tostare a calore vivace, girando spesso con un mestolo. Aggiungete quindi 2 ramaioli di brodo vegetale, tenuto bene in caldo. Proseguite la cottura del riso, circa 20 minuti, aggiungendo brodo caldo quando questo viene assorbito dal riso. A fine cottura fate riposare alcuni minuti. Aggiungete il formaggio e girate il tutto, mantecando il risotto.
Tipico piatto invernale, proprio quando questo radicchio offre il massimo del suo sapore, viene spesso abbinato a fagottini di carne di manzo, ripieni anch'essi di questo ortaggio.

TAGLIATELLE ASCIUTTE CON I FAGIOLI DI LAMON

PRIMI PIATTI

350 g di tagliatelle. 200 g di fagioli di Lamon. 1 ciuffo di salvia. 1 spicchio di aglio. 1 pomodoro ciliegino. 1 cipolla bianca. 2 cucchiai di passata di pomodoro. 80 g di formaggio tipo Spress. 1/2 cucchiaio di bicarbonato. olio. sale.

Mettete i fagioli a mollo in acqua fredda con 1/2 cucchiaio di bicarbonato, per una notte intera. Quindi scolateli, sciacquateli e metteteli in una pentola, meglio se di terracotta, copriteli con acqua fredda e cuoceteli con il ciuffo di salvia, lo spicchio di aglio con la buccia e il pomodoro, a calore moderato, per farli sobbollire e non cuocere troppo velocemente. Continuate la cottura per 40 minuti. Nel frattempo affettate finemente la cipolla e soffriggetela in una casseruola con 2 cucchiai di olio. Rosolate a fuoco vivace per 5 minuti, quindi aggiungete la passata di pomodoro e aggiustate di sale. Unite adesso i fagioli, sgocciolati dalla loro acqua di cottura e sobbollite ancora, a calore basso, per 10 minuti. Spengete poi il sugo e fate riposare. Condite poi le tagliatelle, lessate al dente, e portate in tavola spolverando di formaggio Spress, grattugiato al momento.
Lamon (Belluno) celebra la Sagra del fagiolo nel mese di luglio, proponendo anche ricette ispirate al periodo dei Dogi.

BACCALÀ ALLA VICENTINA

SECONDI PIATTI

1 filetto di baccalà. 2 cipolle bianche. 50 g di farina bianca. 1 ciuffo di prezzemolo. 3 cucchiai di Parmigiano Reggiano grattugiato. 1/2 l di latte. olio. sale. pepe.

Mettete in ammollo il baccalà per 2 giorni in acqua fredda corrente. Trascorso questo tempo asciugatelo bene e tagliatelo in sei pezzetti che passerete nella farina e friggerete poi in una padella, con 4 cucchiai di olio ben caldo.

Fateli dorare da ambo i lati, quindi metteteli ad asciugare su carta gialla. Tritate le cipolle e il prezzemolo e soffriggeteli nella stessa teglia del baccalà, cuocendo per 5 minuti a fiamma vivace. In una pirofila da forno leggermente unta alternate uno strato di baccalà a uno strato di cipolle e prezzemolo, spolverando poi con il Parmigiano. Salate e pepate ogni strato. Esauriti tutti gli ingredienti ricopriteli con il latte. Mettete nel forno e cuocete a calore moderato, per 1 ora, fino a formare sulla superficie una bella crosta dorata. È ottimo solo se gustato ben caldo.

BÓNDOLA CON POLENTA BIANCA

SECONDI PIATTI

800 g di bondola (salume tipico). 500 g di farina bianca di mais tipo fine (fioretto). 50 g di burro. 1/2 cipolla rossa. sale. foglie di alloro. bacche di ginepro.

Lessate la bondola in abbondante acqua fredda, aromatizzata con 2 foglie di alloro, qualche bacca di ginepro e 1/2 cipolla. Cuocete a calore moderato, facendo sobbollire per 2 ore. Nel frattempo preparate la polenta bianca: in una capace pentola portate a ebollizione 2,5 l di acqua lievemente salata. Togliete dal fuoco e versateci a pioggia la farina bianca, girando velocemente con un mestolo per non creare grumi. Rimettete quindi sul fuoco e, sempre a calore moderato, cuocete la polenta per altri 40 minuti, girando di tanto in tanto. Portate poi in tavola la bondola, fatta freddare per 5 minuti e tagliata quindi a fette, servita si di un vassoio e accompagnata dalla polenta bianca, che per tradizione deve essere vicentina. Servite a parte il burro fuso, che verrà versato, a piacere, sulla polenta.

CAPRETTO DEL DOGE

. . . .

SECONDI PIATTI

1 kg di carne di capretto possibilmente nell'anca e nella coscia.
100 g di pancetta in fette. 100 g di burro. 3 uova. 1 ciuffo di salvia.
2 bicchieri di latte. 150 g di farina bianca. 80 g di pangrattato.
noce moscata. aceto. sale. pepe.

Tagliate a tocchetti la carne di capretto, sciacquatela brevemente in una ciotola con acqua fredda e 2 cucchiai di aceto. Scolatela e mettetela su carta da cucina ad asciugare. Passatela poi nella farina, nelle uova sbattute, salate e pepate, e nel pangrattato. In una capace casseruola, meglio se di coccio, rosolate la pancetta tagliata finemente e la carne di capretto nel burro, insaporite con le foglie di salvia e cuocete a calore vivace per 10 minuti, girando spesso la carne per farla ben dorare. Aggiungete un pizzico di sale e una generosa grattugiata di noce moscata. Sempre cuocendo a calore moderato, unite il latte caldo, mettete il coperchio e continuate a fuoco più basso per 20 minuti. Fate riposare per 10 minuti, sempre con il coperchio, prima di servire, ancora ben caldo.

GAMBERI DI SAN POLO

. . . .

SECONDI PIATTI

800 g di gamberi di fiume freschissimi. 1 cipolla rossa.
1 costa di sedano. 1 carota. 1 ciuffo di prezzemolo. 1 bel pizzico di origano.
1 pizzico di paprika dolce. 1 bicchiere di vino bianco. olio.

Sciacquate a lungo e attentamente i gamberi, poi cuoceteli in un pentolone d'acqua bollente insieme a carota, cipolla, sedano e un pizzico di sale. Scolateli dopo una breve cottura, quando avranno assunto un bel colore rosso vivo. Preparate un soffritto con 3 cucchiai di olio, prezzemolo, origano, la paprika dolce e sfumate il tutto con l'aggiunta del vino bianco. Soffriggete a fiamma vivace per 5 minuti, aggiungete i gamberi, e finite così di cuocere per altri 10 minuti a fuoco moderato, aggiungendo un ramaiolo di acqua di cottura dei gamberi. Portate in tavola ben caldo, meglio se accompagnato da una polenta gialla.

GRANSEOLA ALLA VENETA

SECONDI PIATTI

4 granseole (1 di circa 500 g l'una per persona). 4 foglie di alloro. pepe nero in grani. 1 limone e mezzo. 1 ciuffo di prezzemolo. olio.

Spazzolate bene le granseole sotto l'acqua corrente. Lessatele in acqua fredda con le foglie di alloro, i grani di pepe, il 1/2 limone e una piccola quantità di sale. Fate cuocere per 10 minuti, dal momento in cui inizia l'ebollizione. Quindi scolatele e togliete loro le zampe, rompendole alle giunture per permettere alla polpa di uscire. Staccate anche la polpa attaccata al guscio, aiutandovi con un cucchiaio. Sistemate la polpa e il resto in una ciotola, unendo anche il "corallo", ovvero le uova, che sono la parte più pregiata della granseola. Mescolate, condite con pepe, olio, succo di limone e prezzemolo tritato e riempite i 4 gusci capovolti. Sistemate su di un vassoio che avrete ricoperto di insalata verde.

SARDINE DORATE
(SARDÉLE INDORÀ)

SECONDI PIATTI

600 g di sardine. 2 uova. 100 g di pangrattato. 1 limone. 1 ciuffo di prezzemolo. olio. sale. pepe macinato al momento.

Pulite con cura i pesci, privandoli della lisca centrale, delle interiora e della testa. Passateli sotto acqua corrente, poi asciugateli su carta da cucina. Sbattete brevemente 2 uova con un pizzico di sale, passateci le sardine che ripasserete anche nel pangrattato. Pressate con delicatezza i pesci che dovranno assorbire la giusta quantità di pangrattato, per una perfetta doratura. In una capace padella portate abbondante olio alla giusta temperatura e friggeteci, man mano, tutte le sardine, che dovranno risultare dorate e croccanti. Portate in tavola accompagnando con spicchi di limone e pepe da macinare, e spolverando con prezzemolo tritato. Gustatele ancora calde.
Quando nei tempi di carestia, questo piatto serviva a sfamare gran parte della popolazione costiera, le sardine avevano un ruolo importante sulla tavola dei veneti, tanto che nell'immaginario avevano quasi il posto della carne.

STINCO DI VITELLO
(STINCO DE VEDÈL)

SECONDI PIATTI

1 stinco di vitello circa 2.5 kg, 1 cipolla rossa, 2 spicchi di aglio, 1 rametto di rosmarino, 1 cuffo di salvia, 1 cuffo di timo, 1/2 ℓ di brodo vegetale (vedi ricetta a pagina 282), 1 bicchiere di vino bianco secco, 70 g di burro, olio.

Pulite con cura lo stinco di vitello da scarti e pellicine, lavatelo, asciugatelo e strofinatelo con la cipolla tagliata a metà e un po' di sale. Ponetelo in una pirofila con il burro, una spolverata di pepe e un filo di olio e cuocetelo in forno a calore moderato per 40 minuti. Nel frattempo preparate un misto aromatico, tritando finemente l'aglio, le foglie di salvia, il timo e il rosmarino. Bagnate lo stinco con il vino bianco, copritelo con il trito di aromi e aglio e cuocete ancora per mezzora. Bagnate con altro vino bianco se il sugo tende ad asciugarsi. Lo stinco a fine cottura dovrà risultare ben colorito e con una sufficiente quantità di sugo per condire la carne. Portate in tavola accompagnando con verdure lesse, che condirete con lo stesso sughetto.

ASPARAGI DI BASSANO

CONTORNI

600 g di asparagi bianchi di Bassano, 6 uova, 1 cucchiaio di capperi piccoli in salamoia, 3 accughe sotto sale, 2 cucchiai di aceto di vino bianco, olio, sale, pepe.

Pulite gli asparagi, raschiate con un coltello le basi e legateli a mazzi di 10-15. Cuoceteli nell'apposito tegame (a pareti alte che permette alle cime di stare fuori dall'acqua) per 15 minuti. Scolateli e preparateli in un vassoio, disponendo le punte rivolte verso il centro. Lessate le uova, sgusciatele e separate il tuorlo dall'albume. Fatele freddare e riponetele in una ciotola. Togliete la lisca e passate sotto acqua corrente le acciughe, asciugatele con carta da cucina, tritatele insieme ai capperi e mettete il composto in un altra ciotola con aceto, olio e pepe. Tritate il rosso delle uova e unitelo alla salsetta. Conditeci gli asparagi, spolverando con gli albumi tritati. In aprile-maggio a Bassano del Grappa viene allestita una rassegna gastronomica con protagonista l'asparago bianco proposto con il Vespaiolo che ne esalta il sapore.

BAÌCOLI DI VENEZIA 📷

DOLCI

500 g di farina bianca. 50 g di zucchero. 50 g di burro a temperatura ambiente. 1/2 panetto lievito di birra (15 g circa). 1 albume. 1 tazza di latte.

Setacciate la farina sulla spianatoia e mescolatela con lo zucchero; fate il cratere e uniteci il burro morbido, l'albume montato a neve ferma e il lievito, sciolto nel latte appena tiepida. Iniziate con l'aiuto delle dita a incorporare gli ingredienti; lavorate l'impasto ottenuto con il palmo delle mani, aggiungendo 1 o 2 cucchiai di latte se tende ad asciugarsi troppo. Ottenuta una pasta consistente fatene una palla, coprite con un telo e fate lievitare per 2 ore. Dividete la pasta in 5 panetti a cui darete una forma allungata. Disponeteli su una placca da forno ricoperta con l'apposita carta. Lasciate sufficiente spazio tra l'uno e l'altro. Fate lievitare ancora, in luogo asciutto, per 2 ore. Cuocete nel forno ben caldo per 10 minuti, fino a ottenere una bella doratura sulla superficie dei panetti, ma senza che si formi una crosta. Fate riposare per un giorno. Con un coltello a lama piatta, tagliateli in sottili fette, usando un taglio di sbieco. Fatele biscottare con il forno portato a temperatura moderata e tenendo lo sportello aperto. Per fare questi biscotti, indispensabile è la pazienza che, assieme alla passione è l'ingrediente mai citato ma sempre presente per la riuscita di ogni piatto!

CARAMEI

DOLCI

10 mandorle non pelate dolci. 10 noci. 10 nocciole. 10 prugne secche snocciolate. 10 albicocche secche snocciolate. 10 fichi secchi. 10 datteri. 20 chicchi di uva da tavola. 10 cucchiai di zucchero. olio di mandorle.

Lavate in acqua tiepida le prugne, le albicocche, i datteri e l'uva. Asciugate bene, e togliete il nocciolo ai datteri. Alternate i frutti, infilandoli in stecchini di legno. Sciogliete lo zucchero e quando sarà biondo, immergeteci uno ad uno gli stecchi. Riducete in granelli le mandorle, le noci e le nocciole e con queste spolverate bene i caramei, che appoggerete su una spianatoia unta di olio di mandorle per farli freddare.

ROSADA O CREMA ALLA CATALANA

1/2 l di latte. 100 g di zucchero. 5 rossi d'uovo. 1 baccello di vaniglia.

Versate il latte in una casseruola, aggiungete il baccello di vaniglia, che togliete dopo la cottura, e fate bollire; lasciate stiepidire. Ponete in una ciotola i tuorli e lavorateli con lo zucchero, sbattendo con una frusta, fino a ottenere un composto soffice, ma consistente. Unite il latte tiepido, girando sempre nello stesso senso. Versate la crema in un pentolino che metterete a bagnomaria, evitando di portare l'acqua a ebollizione e mescolando sempre nello stesso senso. Togliete dal fuoco quando la crema si sarà rassodata, fatela freddare e servite accompagnando con piccoli biscotti.

TORTA CONTADINA

DOLCI

Per la pasta: 1 kg di farina bianca. 2 uova + 1 rosso. olio.
Per il ripieno: 120 g di burro. 250 g di panna liquida. 100 g di noci tritate. 220 g di zucchero. 80 g di semi di papavero. 2 bicchieri di rhum. 300 g di ricotta fresca. 70 g di uva sultanina. 1 bicchierino di maraschino. 1 kg di mele Golden.

Su una spianatoia impastate la farina, le uova, l'acqua e una presa di sale. Quando l'impasto sarà liscio e omogeneo, dividetelo in 5 parti facendolo riposare coperto per 1 ora. Imburrate uno stampo da torta dai bordi alti, tirate una sfoglia a un'altezza di 1/2 cm e con una ricoprite il fondo dello stampo. Ponete sulla pasta dei fiocchi di burro, 1/2 bicchiere di panna, le noci tritate e 2 cucchiai di zucchero. Coprite con un secondo disco di pasta sfoglia su cui metterete i semi di papavero, qualche ricciolo di burro, 2 cucchiai di panna e un bicchierino di rum. Aggiungete il terzo disco di pasta sul quale metterete la ricotta lavorata con la forchetta con 3 cucchiai di zucchero, bagnate col maraschino e aggiungete 2 cucchiai di panna. Coprite con un altro disco di pasta sul quale distribuirete le mele grattugiate, il rimanente zucchero, l'uvetta ammollata nel secondo bicchierino di rum diluito con poca acqua. Terminate con l'ultimo disco che spennellerete con il burro sciolto. Cuocete per 1 ora in forno moderato. Fate un po' freddare prima di sformarlo e gustatelo appena tiepido. È ottimo anche dopo alcuni giorni, se conservato in frigo, avvolto nella pellicola.

Friuli-Venezia Giulia

Non a caso, ancora oggi molte case coloniche di questa regione hanno come insegna la sagoma di una frasca, simbolo di una terra fortemente legata al suolo e ai suoi prodotti. Tuttavia, accanto a una cucina negli ingredienti legata all'anima povera e contadina di questi territori, si può seguire una storia gastronomica di antiche tradizioni aristocratiche, prodotto delle molte ingerenze esercitate dai popoli che li hanno attraversati. Ecco allora grandi piatti, come il cotechino nel brodo (muset de brovade), il gulash (di lontano sapore ungherese) o i crauti acidi (di chiara origine austriaca).

La polenta resta comunque l'alimento fondamentale di questa terra: preparata con farina di mais, accompagna un po' tutti i cibi e viene usata anche nella panificazione; ne è un esempio la "grispolenta" un pane tipico della zona di Udine dalla forma di grissino fragrante e friabile.

Un altro piatto che non manca mai sulle tavole dei friulani è il frico, con o senza patate: una specie di frittata che viene consumata sia come antipasto che come vera e propria portata.

Per quanto riguarda il pesce, sicuramente sono Triestre e Grado le zone con la maggior quantità di ricette tipiche, alcune molto semplici sia come preparazione che come ingredienti, altre più elaborate e ricche, e, come sempre in questa regione.

Fra i dolci, uno ha un nome di origine slovena, patrimonio indiscusso di tutta la regione: gubana, tipico dolce di pasta lievitata simbolo dei prodotti da forno friulani, con la caratteristica forma a chiocciola compatta. Con questo dolce un tempo le famiglie contadine pagavano l'affitto dei campi.

FRICO

350 g di formaggio tipo Montasio. 1 cipolla bianca grande. 50 g di burro.

Tagliate a fette la cipolla e appassitela con il burro a fuoco molto basso. Nel frattempo tagliate finemente il formaggio, meglio metà quantità fresco e l'altra metà stagionato. Quando la cipolla sarà ammorbidita, unite il formaggio, sovrapponendo le fette una su l'altra, alzate per 1 minuto la fiamma e muovete la padella perché non attacchi. Aggiustate di sale e pepe. Abbassate la fiamma e fate sciogliere il formaggio, che si amalgamerà alla cipolla. Muovete spesso la padella per non fare attaccare al fondo. Dorate la frittata da un lato, giratela con l'aiuto di un coperchio, e doratela dall'altro.
È il tradizionale piatto "di ingresso" friulano, del quale si trovano ricette già nel lontano XV secolo, nelle quali il formaggio veniva grattugiato e poi fritto in un sottile strato; gli veniva data poi una forma cilindrica, arrotolandolo ancora caldo intorno a una bottiglia. La tradizione povera aggiungeva anche le patate per risparmiare il formaggio.

EL PAPAROT FRIULANO

PRIMI PIATTI

1 kg di bietole di campo selvatiche. 100 g di pancetta stesa in una fetta.
150 g di farina bramata di mais. 100 g di farina di mais. 80 g di burro.
2 l di brodo di magro. 2 spicchi di aglio. olio. sale. pepe in grani.

Lavate con cura le bietole di campo, passandole più volte sotto acqua corrente. Lessatele quindi con la sola acqua di lavaggio, cuocendo per 5 minuti. Scolatele e strizzatele, riponendole poi in una ciotola. In una pentola, meglio se di coccio, rosolate l'aglio con il burro e 2 cucchiai di olio, togliendolo quando diventa di colore bruno. Aggiungete a questo punto il brodo e le bietole. In una ciotola mescolate con cura le 2 farine indicate e aggiungetele alla pentola quando il brodo comincia a bollire. Versatele a pioggia e mescolate con una frusta, come nella preparazione di una comune polenta.

Cuocete a fuoco bassissimo per 40 minuti, ricordandovi di girare spesso. Tagliate ora a cubetti la pancetta e rosolatela in 1 cucchiaio di olio, quindi aggiungetela alla polenta a fine cottura. Girate per amalgamare bene gli ingredienti e fate riposare per 5 minuti prima di portare in tavola, spolverando con abbondante pepe, macinato al momento. Le bietoline di campo, che si raccolgono in primavera, possono essere sostituite, in inverno, con gli spinaci.

JOTA

PRIMI PIATTI

250 g di fagioli secchi (già tenuti in ammollo). 250 g di crauti acidi. 150 g di carne di maiale tagliata a pezzetti. 1 cotenna di maiale fresca. 40 g di farina bianca. 60 g di lardo. 1 cipolla rossa. 1 spicchio di aglio. 1 ciuffo di prezzemolo. 1 ciuffetto di foglie di salvia. 90 g di pancetta. 150 g di farina gialla. olio.

Tagliate a listarelle la cotenna di maiale e riunitela, in una casseruola, con i fagioli e la carne di maiale. Coprite il tutto con acqua fredda e mettete a cuocere, aggiustando di sale e pepe. Calcolate 1 ora e mezzo da quando staccherà il bollore. Rosolate la farina in un cucchiaio di olio e, quando è scura, unitela alla zuppa, a metà cottura circa. Nel frattempo fate un trito con la cipolla, il lardo, l'aglio, il prezzemolo e la salvia, mescolate il tutto e mettete in un tegame, rosolando con un cucchiaio di olio. Unite quindi la farina gialla, rosolate ancora qualche minuto e unite il tutto alla zuppa con i fagioli. Aggiungete, se necessario, un ramaiolo di acqua bollente. Rosolate a parte la pancetta tagliata a cubetti e i crauti, quindi unite anche questo preparato alla zuppa. Tenete ancora sul fuoco per finire la cottura. Aggiustate nuovamente di sale e pepe e portate in tavola ben calda.
Nella jota triestina, ai fagioli viene aggiunto un passato di patate, crauti, cotenne e costolette di maiale affumicato. Sono piatti unici, energetici e la loro esecuzione è ancor oggi spesso riproposta, non solo nelle tipiche trattorie, ma anche all'interno delle stesse famiglie, come piatto casalingo.

MINESTRA DEL GOLFO DI TRIESTE

PRIMI PIATTI

1.2 kg di scampi, 2 spicchi di aglio, 1 cipolla bianca, 3 cucchiai di pangrattato, 1/2 l di brodo di pesce, 1 bicchiere di vino bianco secco, 4 fette di pane raffermo, olio, sale, pepe.

Pulite gli scampi, privandoli della corazza, della testa e delle chele. Sciacquateli con cura sotto acqua corrente. In una casseruola soffriggete in 3 cucchiai di olio la cipolla tritata con l'aglio. Fate rosolare per 5 minuti a fiamma vivace, quindi unite gli scampi. Girate con un mestolo e spolverateli col pangrattato, tenendo sempre il fuoco vivo. Bagnate con il vino bianco e aspettate che sia evaporato prima di aggiungere il brodo di pesce. Abbassate la fiamma, aggiustate di sale e pepe e continuate la cottura per 10 minuti. Tostate le fette di pane, ponetene una per ciotola e versateci sopra la minestra ben calda. È deliziosa anche con la variante delle fette di pane fritte nel burro e non abbrustolite, trovo però, che la prima versione, esalti meglio il profumo degli scampi e del brodo di pesce.

Anche in questa preparazione è presente il vino come prodotto essenziale per esaltare il sapore degli ingredienti, in questo caso gli scampi. Il Friuli, terra di grandi vini, pare raccogliere tutto l'amore verso questo frutto della vite nel detto: "A chi che no bevi vin, che Dio cavi l'acqua!".

ZUPPA DI FAGIOLI DI SUTRIO
(ZUPPA DEL '17)

500 g di fagioli borlotti secchi. 1 kg di patate a pasta bianca.
80 g di pancetta stesa puttosto grassa. 1 ciuffo di salvia. 1 spicchio
di aglio. 1 ciuffo di timo. 1 cucchiaio di bicarbonato. olio. sale.

Tenete i fagioli borlotti a mollo in acqua fredda e bicarbonato per una notte. Sciacquateli più volte sotto acqua corrente, quindi poneteli in una pentola, meglio se di coccio, ricoperti di acqua fredda con la salvia, lo spicchio di aglio con la buccia e un giro d'olio. Fate staccare il bollore, poi continuate a cuocere a fiamma bassa, per 15 minuti. A questo punto sbucciate, lavate e fate a tocchetti le patate e aggiungetele ai fagioli, cuocendo ancora per 20 minuti, sempre a calore basso e col coperchio. A fine cottura rosolate la pancetta tritata in una padella con 2 cucchiai di olio e le foglioline del timo. Fate prendere calore e versate nella pentola a fuoco spento. Coprite e fate riposare per 10 minuti prima di portare in tavola.

Questa zuppa deve il suo curioso nome – noto soprattutto nella zona di Sutrio (Udine) – all'anno della guerra con l'Austria, il 1917. Chiamarla ancor oggi con questo nome permette di tenere viva, nelle nuove generazioni, l'eco di cose passate, ma mai dimenticate. Proposta spesso ancor oggi sulle tavole è gustosissima anche preparata con i fagioli bianchi, che non devono essere passati al setaccio ma lasciati interi. Si usa accompagnare questo piatto con il pane, chiamato "Hausproat", prodotto con farina di mais e di grano saraceno.

BACCALÀ ALLA TRIESTINA

. . . .

SECONDI PIATTI

600 g di baccalà già bagnato. 1 bicchiere e mezzo di latte. 1 limone. 2 ciuffi di prezzemolo. 1/2 bicchiere di vino bianco. olio.

Bollite il baccalà in una capace pentola con acqua fredda, un ciuffetto di prezzemolo e il vino bianco. Lasciatelo bollire a calore moderato per 15 minuti, fino a quando la carne non risulta tenera. Quindi scolatelo, fatelo un po' freddare e sliscatelo, togliendo anche la pelle. Raccogliete la polpa in una ciotola e sbriciolatela con il frullatore a immersione. Travasate quindi l'impasto ottenuto in una teglia con 2 cucchiai di olio. A fuoco moderato, girando con un mestolo, fate incorporare il latte fino a rendere il composto soffice. Aggiungete alla fine il succo di 1/2 limone e il ciuffo di prezzemolo tritato. Trasferite su di un vassoio rotondo, dandogli la forma di una cupola. Guarnite con il rimanente limone fatto a fette sottilissime.
Se presentate questo delizioso piatto in estate, potete guarnirlo con l'aggiunta di pomodorini ciliegia e foglie di insalata. È ottimo gustato con il pane di segale o il pane di farina integrale aromatizzato con il cumino.

COTECHINO IN BRODO
(BROADE E MUSER)

. . . .

SECONDI PIATTI

1 muset (cotechino Friulano) di circa 800 g. 500 g di rape acide (broade). 70 g di lardo. 1 cipolla rossa. 1 spicchio di aglio. 1 ciuffo di salvia. 1 ciuffo di prezzemolo. 2 foglie di alloro. olio.

Bucherellate il cotechino e lessatelo, disteso, in un tegame con acqua fredda, facendo attenzione che non bolla, ma solamente "borbotti". Dopo 1 ora di cottura sostituite tutta l'acqua con altrettanta ben calda, aggiungete le foglie di alloro, continuando così a cuocere per altre 2 ore sempre a fiamma bassa. Tritate la cipolla, il lardo, la salvia, il prezzemolo e l'aglio, poneteli in un tegame, meglio se di coccio, e rosolate con un cucchiaio di olio. Scolate bene la broade, strizzatela e aggiungetela al soffritto. Rosolate a fiamma vivace per 5 minuti, quindi bagnate con il brodo del cotechino, ponete il coperchio e proseguite la cottura, a fiamma bassa, per 2 ore. Aggiungete via via che si asciuga altro brodo di cotechino, fino a ottenere un composto omogeneo, cremoso e di color bruno. Scolate il muset e aggiungetelo alla salsa, cuocendo il tutto per altri 10 minuti, sempre a calore basso. Affettate quindi il cotechino e accompagnatelo con la salsa ottenuta, portando in tavola su di un bel vassoio con patate lessate e presentandolo come piatto unico.

GULASH DI TRIESTE 📷

SECONDI PIATTI

800 g di polpa di manzo nel muscolo. 2 cipolle rosse. 1 cucchiaino di paprika dolce. 2 foglie di alloro. 1 rametto di rosmarino. 500 g di passata di pomodoro. olio. sale.

Ripulite da eventuali callosità e nervetti il muscolo di manzo; riducetelo a tocchetti, tritate finemente le cipolle e trasferitele in un capace tegame, meglio se di coccio, con 3 cucchiai di olio. Fate appassire dolcemente le cipolle e quando si saranno quasi disfatte, aggiungete la carne, le foglie di alloro, il rametto di rosmarino e un pizzico di sale. Cuocete sempre a fiamma bassa, per far ammorbidire la carne. Proseguite per 30 minuti, girando con un mestolo. Unite ora la paprika, disciolta in un cucchiaio di acqua calda, e di seguito la passata di pomodoro. Alzate un po' il fuoco e cuocete per 1 ora, aggiungendo 2 o 3 cucchiai di acqua calda se il gulash tende ad asciugarsi troppo. Fate riposare, con il coperchio, per 5 minuti.
È usanza portare il gulash in tavola direttamente nel "prezioso" tegame di coccio. In molte famiglie triestine è tradizione tramandare, molto gelosamente, da madre a figlia il tegame per la preparazione del gulash.

ROMBASICCI

600 g di carne macinata fra maiale e manzo. 1 cipolla bianca. 1 cavolo verza. 1/2 l di brodo vegetale. 30 g di burro. 1 spicchio di aglio. 1 cucchiaino di paprika dolce. 1 cucchiaio di pangrattato. 40 g di pecorino del Pian di Vas. olio.

Eliminate dal cavolo le foglie esterne troppo dure, lavate quelle che risultano abbastanza tenere, ma non di colore chiaro. Sbollentatele in acqua lievemente salata, per pochi minuti. Scolatele con cura e ponetele, allargandole, ad asciugare su un telo. Tagliate la cipolla con l'aglio e rosolate a calore dolce in una padella con il burro e 2 cucchiai di olio. Aggiungetevi le carni macinate, insaporite con un pizzico di sale e la paprika. Girate con un mestolo e cuocete a fiamma moderata per 15 minuti. Bagnate, se necessario, con 2 o 3 cucchiai di brodo. Spengete quindi la fiamma. Farcite ogni foglia di verza con un cucchiaio di impasto, richiudendo a mo' di valigetta. Se necessario fermate i bordi delle foglie con 2 stecchini di legno. Ponete gli involtini, così ottenuti, in una casseruola con 2 cucchiai di olio e il brodo rimasto. Cuocete coperto per 20 minuti a calore basso. A cottura quasi ultimata spolverate con pangrattato e pecorino grattugiato. Trasferite in un ampio vassoio e portate in tavola ben caldo, bagnando con il liquido di cottura.

PATATE IN UMIDO FRIULANE

CONTORNI

1 kg di patate a pasta bianca, 1 cipolla bianca, 50 g di lardo stagionato in una fetta, 1 pizzico di semi di cumino, 1/2 cucchiaino di paprika forte, 1 dl di brodo di magro, 300 g di salsa di pomodoro, sale.

In una capace casseruola, meglio se di coccio, sciogliete il lardo fatto a pezzetti, a fiamma bassa. Affettate finemente la cipolla e fatela appassire nella casseruola. Sbucciate, lavate e fate a tocchetti le patate, versatele insieme alla pancetta e alla cipolla appassita e insaporite con il sale. Cuocete a calore moderato per 10 minuti, bagnando con il brodo caldo. Unite la salsa di pomodoro, la paprika e i semi di cumino. Cuocete a calore basso per 20 minuti, fino alla cottura delle patate, che dovranno risultare quasi disfatte. Va gustato caldo e che ben si accompagna a piatti di selvaggina.

RAPE ROSSE ALL'AGRODOLCE

CONTORNI

2 mazzi di barbabietole rosse, 2 cipolle rosse, 1/2 bicchiere di aceto di vino rosso, 80 g di burro, 1 cucchiaio di zucchero, 1 ciuffetto di prezzemolo, sale.

Pulite le barbabietole, lessatele al dente in acqua salata e sbucciatele ancora calde; fatele a tocchetti e versatele in una padella con il burro. Insaporite con un pizzico di sale, lo zucchero e l'aceto. Cuocete a calore vivace per 5 minuti. Lessate anche le cipolle intere, sbucciate e lavate. Cuocetele al dente, in acqua salata, scolatele e riponetele al centro di un vassoio, distribuendo intorno le barbabietole in agrodolce con il loro sughetto, guarnite con ciuffetti di prezzemolo e servite. Sono davvero ottime gustate fredde. Si può arricchire il piatto con l'aggiunta di uva passa tenuta a mollo in acqua calda e poi strizzata e cosparsa sulle verdure prima di portare in tavola.

BUDINO DI SEMOLINO
(EL COCH DI GRIES)

250 g di semolino. 1 l di latte intero. meglio se di malga. 100 g di burro. 70 g di zucchero. 4 uova. 1 cucchiaio di farina. 1/2 limone.

Mettete il latte in una casseruola con l'aggiunta della scorza del limone e fatelo bollire. Toglietelo quindi dal fuoco, versateci il semolino, incorporandolo con una frusta per non formare grumi. Fatelo cuocere ancora per 15 minuti, mescolando spesso, a calore basso. Fate stiepidire. Intanto montate, con la frusta il burro, lasciandone una noce per imburrare, e aggiungete, sempre sbattendo, lo zucchero, i tuorli, incorporandoli uno alla volta. Aggiungete per ultimi gli albumi montati a neve ben ferma. Ottenuto un composto omogeneo amalgamatelo con cura al semolino e versate il tutto in uno stampo da budini, imburrato e infarinato. Cuocete a bagnomaria, nel forno a calore moderato, per 40 minuti. Aspettate almeno 15 minuti, che si raffreddi, e che non si rompa nella delicata operazione di sformarlo su di un vassoio.
Nella zona di Spilimbergo è spesso accompagnato da una composta di albicocche, che preparata senza zucchero, esalta il gusto del budino di semolino.

CHIFELETI TRIESTINI

DOLCI

1 kg di patate. 300 g di farina bianca. 150 g di zucchero. 80 g di burro. 2 uova. 100 g di zucchero a velo. 1 pizzico di cannella in polvere. olio.

Lessate le patate con la buccia, fino a quando non risultano morbide, ma non disfatte. Sbucciatele ancora calde e passatele allo schiacciapatate, raccogliendole poi in una ciotola, nella quale aggiungerete un pizzico di sale. Fondete il burro e unitelo alle patate; sbattete brevemente le uova con lo zucchero semolato e la farina e unite il composto ottenuto nella ciotola. Impastate gli ingredienti fino a ottenere una pasta omogenea, e fate riposare per mezzora. Stendete quindi una sfoglia alta mezzo dito, ritagliate delle mezze lune e friggetele in abbondante olio a giusta temperatura, facendole dorare bene da ambo i lati. Portate subito in tavola e spolverateli con abbondante zucchero a velo e cannella in polvere.

GUBANA 📷

DOLCI

600 g di farina. 30 g di lievito di birra. 2 cucchiai di latte. 3 uova. 150 g di zucchero. 100 g di burro. 2 bicchierini di grappa.
Per il ripieno: 150 g di noci sgusciate e tritate. 150 g di mandorle pelate dolci e tritate. 100 g di uva sultanina. 1 bicchiere di grappa. 50 g di cedro candito in pezzetti. 50 g di pinoli. 2 cucchiai di cacao in polvere. 150 g di zucchero. 1 bicchierino di rhum. 1 pizzico di cannella in polvere. odor di noce moscata. 2 rossi di uovo. 40 g di burro.

Preparate la pasta amalgamando prima 150 g di farina con il lievito disciolto in due cucchiai di latte tiepido. Ponete il composto, lavorato brevemente con un mestolo, a riposare per 20 minuti, coperto da un panno umido. Quando sarà ben lievitato unite la rimanente farina, lo zucchero e le uova sbattute, lavorate con le mani aggiungendo il burro in fiocchi a temperatura ambiente e la grappa. Se necessario, per dare all'impasto la giusta consistenza, aggiungete ancora qualche cucchiaio di latte. Lavorate con le mani su di una spianatoia infarinata fino a ottenere una pasta soda e omogenea, che farete riposare per 15 minuti, coperta da un panno. In una capace ciotola ponete via via tutti gli ingredienti della farcia: le noci sgusciate e tritate, le mandorle anch'esse tritate, l'uvetta (fatta rinvenire nel bicchierino di grappa, quindi aggiunta appena strizzata), i pinoli e lo zucchero. Mescolate con un cucchiaio, quindi aggiungete poco alla volta la grappa e il rhum, amalgamando bene e unendo anche il cacao in polvere e il cedro candito in piccolissimi pezzetti. Aromatizzate con una grattata di noce moscata e con un pizzico di cannella. Aggiungete, se risulterà troppo asciutto, ancora un po' di grappa. Stendete quindi la pasta sopra un grande tovagliolo, che ne faciliterà l'arrotolamento e, usando un matterello ben infarinato, lavoratela fino a ottenere una sfoglia alta 1/2 cm. Coprite col ripieno in modo uniforme, ponendo qua e là qualche fiocchetto di burro, quindi arrotolate il dolce, aiutandovi con il tovagliolo, avvolgendo pasta e ripieno in un rotolo e dandogli la caratteristica forma a chiocciola. Spennellate con i rossi d'uovo e cuocete in una forma da dolci, ben imburrata e infarinata, a calore moderato in forno per 50 minuti. Sformate e portate in tavola ben fredda, meglio se accompagnata da grappa friulana.

Emilia-Romagna

In questa regione tutto sembra parlare di tradizione e di cucina.
Cucina intesa qui come arte del saper vivere, che coinvolge
chi la prepara e chi la degusta.

Anche la geografia ha contribuito a formare una tradizione
gastronomica complessa e strutturata. A sud gli Appennini filtrano
gli influssi della sobria Toscana, a nord le opulente influenze
della cucina lombarda e veneta hanno fatto sì che Bologna, Parma,
Ferrara e Modena (per citarne solo alcune) abbiano creato una cucina
personale, all'interno della più grande e complessa cucina
emiliano-romagnola; e il litorale adriatico completa il panorama
gastronomico con una ricca tradizione ittica.

Il piatto per eccellenza è la pasta fatta in casa, arte trasmessa ancora oggi
di madre in figlia. Nascono così le indimenticabili tagliatelle, le lasagne,
i molti tortelli, i tortellini, i cappelletti, gli anolini... tutte paste legate
da un comune ingrediente: una sottile sfoglia di farina e uova.

La regione si distingue per preparazioni che, gustose e mai banali,
abbondano di condimento e aromi; uno fra tutti l'aceto balsamico
tradizionale che, unico nel suo genere, ha fatto conoscere piatti
quali la lepre cucinata con miele, burro, timo
e di cui è un ingrediente fondamentale.

La produzione casearia annovera l'inimitabile Parmigiano Reggiano
e tra i salumi c'è la Mortadella bolognese, che solo in questa regione
trova il giusto equilibrio di spezie e aromi, il salame di Felino,
il culatello e i molti zamponi e cotechini...

Anche nella produzione dolciaria questa regione si distingue
per una grande varietà di preparazioni: dai semplici amaretti
ai più complessi dolci delle ricorrenze religiose come il panpepato,
la torta degli addobbi e la spongata.

CIACCI DI MODENA

250 g di farina bianca. 400 g di ricotta. 1/2 tazza di latte. 20 g di lievito di birra. 150 g di coppa piacentina affettata. 100 g di lardo. sale.

Setacciate la ricotta e raccoglietela in una ciotola. Aggiungetei la farina, un pizzico di sale e il lievito di birra precedentemente disciolto nel latte tiepido. Amalgamate gli ingredienti fino a ottenere un composto omogeneo, fate poi riposare per 20 minuti. Ungete una padella di ferro e cuoceteci, porzionando con un piccolo ramaiolo, i ciacci girandoli da ambo i lati man mano che sono asciutti. Gustateli ancora caldi, ripiegati in 2 e farciti con la coppa affettata.

PIADINA ROMAGNOLA 📷

600 g di farina bianca. 60 g di strutto. 1 pizzico di bicarbonato. acqua. sale.

Setacciate la farina sulla spianatoia e fate il cratere. Unitevi lo strutto, il bicarbonato e l'acqua necessaria per amalgamare gli ingredienti. Lavorate con le mani fino a ottenere un impasto omogeneo. Dividete la massa in quantità pari a un pugno e metteteli a lievitare su di una teglia in un luogo asciutto coperti da un panno per 40 minuti. Lavorateli poi sulla spianatoia infarinata stendendoli con il matterello in una sfoglia alta 1/2 cm e dando una forma circolare di circa 25 cm di diametro. Cuocete la piadina sull'apposito testo (una piastra di ferro arroventata). Se non lo avete potete usare una teglia antiaderente. Punzecchiate la piadina con i rebbi di una forchetta e giratela spesso per non far formare troppe bolle sulla superficie. Gustatela ben calda, farcita a piacere. È gustosissima con i salumi tipici della regione: coppa, prosciutto, culatello e mortadella, accompagnati da squacquerone o robiola. La storia di questa preparazione risale all'epoca prima di Cristo, quando gli abitanti delle palafitte sul Po mangiavano pagnotte impastate con varie farine e cotte su lastre arroventate. Il poeta Giovanni Pascoli, nato in terra di Romagna, ricorda in una poesia quel profumo dimenticato sprigionato dalla cottura della piadina:"Io la giro, e la attizzo con le molle / Il fuoco sotto, finché stride invasa / Dal color mite e si rigonfia in bolle / E l'odor di pane empie la casa…".

SCHIACCIATA UNTA CON I CICCIOLI

PANI

600 g di farina bianca, 500 g di ciccioli freschi, 30 g di lievito di birra, olio, sale.

Ponete la farina a cratere su una spianatoia; versateci il lievito disciolto in un bicchiere di acqua tiepida, e un pizzico di sale. Impastate gli ingredienti aggiungendo pochi alla volta i ciccioli. Ottenuto un composto omogeneo, fatene una palla, coprite con un panno e fate lievitare in un luogo asciutto per 1 ora e mezzo. Quando avrà raddoppiato il suo volume, lavorate ancora la pasta sulla spianatoia e stendetela con il matterello infarinato dando una forma rotondeggiante e uno spessore di 1 cm. Trasferite la schiacciata su una teglia da forno lievemente unta di olio e pizzicottatene la superficie. Condite con 2 cucchiai di olio. Infornate a fiamma moderata cuocendo per 30 minuti. È ottima sia calda che fredda. Questa antica preparazione, ricorda altri semplici pani tipici della regione. È usanza prepararla nei mesi invernali durante il periodo di macellazione del maiale, quando i ciccioli in commercio sono morbidi e gustosi, e si possono più facilmente lavorare per amalgamare agli altri ingredienti.

BASSOTTO DI ROMAGNA

PRIMI PIATTI

250 g di carne macinata di manzo, 1 cipolla, 1 costola di sedano, 1 carota, 1 bicchiere di vino rosso, 300 g di pelati, 1/2 l di brodo di carne (vedi ricetta a pagina 281), 50 g di Parmigiano Reggiano grattugiato, olio.

Su di una spianatoia preparate le tagliatelle stendendo la pasta (vedi pagina 283) il più sottile possibile e ponendole ad asciugare su di un panno spolverato di semolino. Intanto preparate un ragù di carne. Tritate la cipolla, il sedano e la carota e rosolateli per 5 minuti con 4 cucchiai d'olio. Aggiungete la carne macinata, aggiustate di sale e pepe e, sempre a fuoco vivace, unite il vino rosso, girando con cura, poi i pelati ben sgocciolati, abbassate la fiamma e fate sobbollire per 40 minuti. Lessate le tagliatelle in abbondante acqua salata, scolatele, conditele con il ragù, mettetele in una pirofila da forno un po' allungata e bagnate con il brodo di carne. Spolverate con il Parmigiano e tenete in forno a calore molto basso per 30 minuti, prima di servire.

LASAGNE VERDI ALLA BOLOGNESE 📷

Per la salsa: 400 g di farina. 300 g di spinaci. 3 uova.

Per il sugo: 100 g di polpa di maiale. 150 g di carne di manzo.

100 g di prosciutto crudo. 150 g di fegatini di pollo. 100 g di burro.

1 cipolla rossa. 1 carota. 1 costa di sedano. 1 bicchiere di vino rosso.

300 g di passata di pomodoro. odor di noce moscata. 1/2 bicchiere di panna

liquida (a piacere). Per la besciamella: (vedi ricetta a pagina 281).

150 g di Parmigiano Reggiano grattugiato.

Tritate la carota, il sedano e la cipolla e metteteli in una casseruola a rosolare in 100 g di burro. Tritate abbastanza finemente le carni di manzo e di maiale, compreso il prosciutto, e unitele al battuto, rosolando a fuoco vivace per 5 minuti. Girate con un mestolo, aggiustate di sale e pepe e aggiungete anche il vino tenendo sempre la fiamma vivace per alcuni minuti. Grattugiateci la noce moscata e aggiungete la passata di pomodoro, proseguite la cottura col coperchio, a fuoco moderato, per almeno 1 ora. Nel frattempo preparate le lasagne verdi: sciacquate ben gli spinaci, dopo averli ripuliti da ogni impurità, quindi lessateli nella sola acqua che rimane dopo il lavaggio. Scolateli non appena pronti e fateli freddare in un colino; strizzateli poi con forza per far perdere loro la maggior quantità di acqua, passateli nel mixer, riducendoli in purea. Ponete la farina a fontana, mettete nel centro le uova e la "palla" di spinaci; iniziate così a lavorare con le mani incorporando man mano la verdura. Lavorate con forza la pasta per almeno 10 minuti, così da ottenere un impasto sodo ed elastico (aggiungete poca farina se risultasse troppo appiccicosa). Con un matterello ben infarinato stendete la pasta in una sottile sfoglia, cercando di ottenere dei pezzi larghi quanto il recipiente nel quale preparerete le lasagne. Fatela quindi asciugare ponendo le sfoglie ottenute su di un panno asciutto. Aggiungete al ragù i fegatini ben tritati e, a piacere, la panna liquida; girate con un mestolo e finite la cottura. Ponete il ragù a stiepidire in un luogo fresco. Preparate quindi la besciamella. Portate a ebollizione una capace pentola con acqua salata; aggiungete un cucchiaio di olio, affinché la pasta, cuocendo, non si appiccichi a se stessa. Lessate le sfoglie di pasta poche alla volta, scolatele e tuffatele in un recipiente con acqua fredda, per non farle scuocere, e mettetele ad asciugare sul panno ben distese. Esaurita la quantità di pasta preparata, imburrate accuratamente la base di una larga teglia rettangolare e distendete con cura una sfoglia verde. Sopra mettete un po' di sugo e qualche cucchiaiata di besciamella e una leggera spolverata di Parmigiano grattugiato. Ricoprite con altra pasta e proseguite così fino a esaurire gli ingredienti, facendo attenzione di porre sull'ultimo strato di pasta uno strato solo di besciamella. Spolverate con il Parmigiano rimasto e cuocete in forno, a calore moderato, per 40 minuti. Fate riposare per 5 minuti prima di tagliarle e gustarle ben calde. Naturalmente esiste anche la versione senza spinaci.

Questa specialità di Bologna, è uno dei prodotti della nostra gastronomia che fanno un po' da emblema alla cucina italiana. La Romagna è terra della "pasta ripiena", dove tra tortellini, anolini, cappelletti, tortelli, ravioli c'è da perdere veramente la testa. Al profano sembrerà impercettibile la differenza che c'è nella confezione di un cappelletto e di un tortellino; il buon piacentino lo guarderà sorridendo e scuotendo la testa come dire: "Non ha capito nulla". Lasciando alle dispute locali la difesa delle proprie specialità di pasta ripiena, rimane da sottolineare l'esuberanza che emiliani e romagnoli mettono nella loro cucina... ricordando, sorridendo, che la forma tortellino nacque forse dallo sbirciare l'ombelico di Venere – come riporta il Tassoni nel suo **La secchia rapita** – da parte di un oste guercio e bolognese che "vedendo di Venere il bellico/l'arte di fare il tortellino apprese/".

PASSATELLI ROMAGNOLI

PRIMI PIATTI

100 g di pane grattato fine. 150 g di Parmigiano Reggiano grattugiato. 3 uova. 1 noce di burro. 1.5 l di brodo di carne (vedi ricetta a pagina 283). odor di noce moscata.

In una ciotola mescolate con cura le uova, leggermente sbattute, il pangrattato, il Parmigiano, il burro e insaporite il tutto con una generosa grattugiata di noce moscata. Mescolate bene fino a ottenere un impasto omogeneo. Fate riposare per 20 minuti. Mettete poi il composto nell'apposito utensile e fatene uscire tanti cilindretti che staccherete con la lama di un coltello. Fateli bollire nel brodo di carne fino a quando non galleggeranno. Versate il tutto in una zuppiera da portare in tavola, con il coperchio, e aspettate 10 minuti prima di gustarli, magari con l'aggiunta di altro Parmigiano grattugiato.

Differiscono da quelli marchigiani per l'assenza di carne, benché in alcune zone venga ugualmente aggiunta all'impasto.

TAGLIATELLE ALL'EMILIANA

• •

PRIMI PIATTI

350 g di tagliatelle fresche (vedi ricetta a pagina 283).
PER IL RAGÙ: 150 g di carne di vitellone tritata. 150 g di polpa
di maiale macinata. 100 g di prosciutto crudo tritato. 350 g di pomodori
pelati. 50 g di burro. 1 costa di sedano. 1 carota. 1 cipolla rossa.
1 bicchiere di vino rosso. 1 bicchiere di brodo. 50 g di funghi porcini secchi.
100 g di fegatini di pollo. 50 g di Parmigiano Reggiano grattugiato. olio.

Tritate finemente la cipolla con la carota e il sedano e rosolateli in una casseruola con il burro e due cucchiai di olio. Aggiungete quindi le carni tritate,
aggiustate di sale e pepe e bagnate con il vino rosso e il brodo. Cuocete a
fiamma vivace per 5 minuti. Unite i funghi secchi, precedentemente am-
mollati in acqua calda, quindi strizzati e tritati, e i fegatini di pollo tagliati
grossolanamente. Rosolate per pochi minuti a fiamma vivace. Unite poi i
pomodori ben sgocciolati e proseguite la cottura abbassando la fiamma, per
1 ora e mezzo. Il ragù dovrà risultare ben ritirato. Con questo condite generosamente le tagliatelle, che avrete lessato in abbondante acqua salata.
Portate in tavola ben spolverate di formaggio grattugiato.

TRIPPA NEL BRODO

• •

PRIMI PIATTI

800 g di trippa. 2 l di brodo vegetale (vedi ricetta a pagina 282).
1 carota. 1 cipolla rossa. 1 costola di sedano. 2 spicchi di aglio. 1 ciuffo
di prezzemolo. 100 g di lardo. 100 g di formaggio Grana Padano DOP
grattugiato. sale. pepe.

Fate a listerelle la trippa – acquistata già pronta per essere cucinata – e sciacquatela sotto acqua corrente. Ponetela poi a scolare in uno scolapasta, in un
luogo fresco. Nel frattempo tritate la cipolla, la carota, il sedano e l'aglio e
rosolateli in una capace casseruola, meglio se di coccio, con il lardo a pezzetti. Fate prendere colore cuocendo a fiamma moderata per 15 minuti. Unite
quindi la trippa e aggiustate di sale e pepe. Cuocete, girando con un mestolo,

per 10 minuti, sempre a fiamma moderata. Unite quindi il brodo vegetale ben caldo e proseguite la cottura per 1 ora e mezzo a fiamma bassa. Portate in tavola caldissimo, accompagnando con il formaggio grattugiato. Per avere una zuppa più gustosa e saporita si può sostituire il brodo vegetale con un uguale quantità di brodo di pollo (vedi ricetta a pagina 281).

Questa antico piatto viene proposto in molte sagre che celebrano ricette tre-dizionali della regione, come quella che si tiene a Ponticelli (Bologna) nel mese di luglio.

BELECOTT CON LE BIETE SALTATE

SECONDI PIATTI

1 belecott (salame tipo cotechino). 1 kg biete costolute. 2 spicchi di aglio. 1 bicchiere di vino rosso. 80 g di burro. sale.

Punzecchiate con una forchetta il belecott e cuocetelo in abbondante acqua fredda, come fosse un cotechino. Lessatelo a fiamma moderata per circa 1 ora. Nel frattempo pulite le biete, tagliando le costole che cuocerete a parte. Lessate la parte verde in poca acqua lievemente salata e scolatele dopo 10 minuti di cottura a calore basso. Cuocetete anche i gambi, tagliati in pezzi larghi 2 dita, in sufficiente acqua lievemente salata, scolandoli dopo 12 minuti di cottura. Tritate gli spicchi di aglio e rosolateli in una casseruola con 80 g di burro. Appena prendono colore uniteci le costole bollite e cuocete a fiamma moderata, aggiustando di sale, per 5 minuti. Unite poi le foglie delle biete, strizzate e tritate grossolanamente, cuocendo sempre a fiamma moderata per altri 5 minuti. Aggiungete il vino rosso mescolando tutti gli ingredienti con un mestolo. Aggiungete quindi il belecott e proseguite la cottura per pochi minuti, con il coperchio e a fiamma bassa. Fate riposare tenendo in caldo, quindi trasferite la carne su di un vassoio, tagliatela a fette alte 1 dito e contornatela con le biete cotte. Guarnite con rondelle di limone e portate in tavola ancora caldo. Questo salume tipico di Russi, vicino Ravenna, può essere gustato anche freddo.

A Berra (Ferrara) nel mese di dicembre una sagra chiamata "Oss dal maial" celebra piatti della tradizione contadina, perlopiù di origine povera come il bollito di ossa di maiale, servito con una salsa di cren (o rafano). Qui vengono anche proposte degustazioni di insaccati tipici come il belecott o il mani-cotto e il gambon.

CONIGLIO ALLA CACCIATORA ALLA MODA ROMAGNOLA

SECONDI PIATTI

1 coniglio, 1 cipolla rossa, 1 costola di sedano, 1 carota, 2 spicchi di aglio, 300 g di pomodori, 1 ciuffo di prezzemolo, 1 rametto di salvia, 1 bicchiere di vino rosso, 180 g di lardo, sale, pepe.

Sciacquate il coniglio e fatelo a pezzi. Ponete il lardo in una casseruola, meglio se di coccio, con un trito di cipolla, carota e sedano. Fate prendere colore a fiamma moderata, soffriggendo per 10 minuti. Aggiungete il coniglio, insaporite con sale e pepe, il prezzemolo e la salvia tritati, l'aglio schiacciato. Cuocete a fiamma moderata per 10 minuti girando di tanto in tanto. Nel frattempo lavate e fate a pezzi, privandoli dei semi, i pomodori, uniteli al coniglio e proseguite la cottura a fiamma bassa per 30 minuti. Unite il vino rosso, facendo sobbollire per gli ultimi 10 minuti. Portate in tavola ben caldo, accompagnando con patate arrostite con strutto, burro e rosmarino.

COTECHINO CON I FAGIOLI 📷

SECONDI PIATTI

1 cotechino di circa 700 g, 300 g di fagioli borlotti secchi, 1 cipolla rossa, 1 costola di sedano, 2 spicchi di aglio, 50 g di concentrato di pomodoro, 1 rametto di rosmarino, olio, sale, pepe.

Ponete a mollo in acqua fredda i fagioli per una notte. Scolateli poi e lessateli in una pentola con acqua, un pizzico di sale, 1 spicchio di aglio e 1 cucchiaio di olio. Lessate anche il cotechino, bucherellato in più punti con una forchetta, in abbondante acqua fredda, cuocendo a fiamma bassa per 30 minuti. Soffriggete la cipolla tritata con l'aglio, il sedano, la carota e il ramerino in una casseruola con 2 cucchiai di olio. Appena le verdure prendono colore, unite il concentrato diluito in 1 bicchiere di acqua calda. Cuocete per 15 minuti a fiamma bassa, aggiungete i borlotti scolati, il cotechino lessato e cuocete per pochi minuti a fiamma vivace, aggiustando di sale e pepe. Trasferite il cotechino su di un vassoio circondato con i fagioli nella salsa e portate in tavola ben caldo. Nel mese di novembre a Brisighella (Ravenna) si svolge una sagra chiamata "Le delizie del Porcello" durante la quale si può assistere al lavoro dei norcini e alla preparazione dei rinomati insaccati.

COTECHINO IN GALERA

SECONDI PIATTI

1 cotechino di circa 800 g. 350 g di manzo in un'unica fetta. 150 g di prosciutto crudo affettato. 1 cipolla. 1/2 l di brodo di carne (vedi ricetta a pagina 281). 2 bicchieri di Lambrusco. olio.

Lessate in abbondante acqua il cotechino, quindi scolatelo a metà cottura, togliendo con delicatezza la pelle. Con un batticarne appiattite leggermente la fetta di manzo, stendeteci sopra le fette di prosciutto e mettete nel centro il cotechino. Avvolgetelo, legando con spago da cucina. Tritate la cipolla e soffriggetela, in una casseruola, con tre cucchiai di olio. Quando sarà colorita aggiungete il cotechino rivestito, bagnate col brodo e col vino, cuocendo poi a fiamma bassa e col coperchio per circa 1 ora. Toglietelo dalla fiamma, fatelo raffreddare un po' prima di tagliarlo in larghe fette, dopo aver eliminato il filo da cucina. Portate in tavola ben coperto con il sugo di cottura. Ricetta tradizionale modenese, certo deriva il curioso nome dalla sua preparazione, che vede il cotechino completamente "rinchiuso" in un involucro di carne.

PICAIA RIPIENA

SECONDI PIATTI

1.5 kg di picaia (la pancia del vitello acquistata in forma di sacca). 1/2 l di brodo vegetale (vedi ricetta a pagina 282). 2 carote. 1 costa di sedano. 2 cipollotti. 150 g di Parmigiano Reggiano grattugiato. 150 g di pangrattato. 2 uova. 1 cucchiaio di salsa di pomodoro. odore di noce moscata. 1 panino raffermo. 1 tazza di latte. olio.

Tritate grossolanamente le carote con il sedano e i cipollotti, rosolando poi in una casseruola con 2 cucchiai di olio. Quando il colore sarà dorato, aggiun-

EMILIA-ROMAGNA ❋ Ricette 113

geto il panino, fatto rinvenire nel latte e ben strizzato, aggiustando di sale e pepe. Fate riposare per 1-2 ore lontano dal fuoco. Aggiungete quindi le due uova, il formaggio grattugiato, il pangrattato, la salsa di pomodoro, insaporite con noce moscata, sale e pepe. Battete col batticarne la sacca (picaia), farcitela con il composto ottenuto amalgamando bene gli ingredienti. Cucite con filo da cucina la "bocca" della tasca e cuocetela in 6 cucchiai di olio, rosolando a fuoco vivace e bagnando spesso col brodo di verdura. Cuocete col coperchio per 40 minuti, a fuoco basso. Fatela raffreddare prima di tagliarla a fette che passerete nel sugo di cottura.

Questo piatto anziché cotto nell'olio può anche essere bollito in acqua aromatizzata con foglie di alloro e grani di pepe nero. In questo caso, dopo una prima cottura a fuoco basso (dovrà sobbollire per 2 ore), si serve la carne, scolata e tenuta in frigo, fredda e a fette sottili, accompagnata con varie salse, e profumata con poche gocce di aceto balsamico tradizionale.

SCALOPPINE ALLA BOLOGNESE

SECONDI PIATTI

6-8 scaloppine (costolette) di vitella. 3 uova. 150 g di pangrattato. 150 g di burro. 100 g di prosciutto crudo dolce affettato finemente. 100 g di formaggio tipo fontina. 150 g di salsa di pomodoro. 1 cipolla bianca. 50 g di strutto. 30 g di tartufo bianco (se in stagione). sale. pepe.

Con l'apposito utensile battete leggermente le costolette, per appiattirle. Passatele quindi nelle uova sbattute con un pizzico di sale, quindi nel pangrattato, pressandole con le mani per farlo ben aderire alla carne. Friggetele in una capace padella con il burro a giusta temperatura, scolatele e distribuitele su carta da cucina ad asciugare. Soffriggete la cipolla tritata con lo strutto in una casseruola. Fate prendere colore, quindi unite la salsa di pomodoro, aggiustate di sale e pepe e cuocete a fiamma moderata per 10 minuti. Ponete su ogni costoletta una sottile fetta di prosciutto e ricopritela con una di formaggio, che fermerete con l'aiuto di uno stuzzicadenti di legno. Trasferite la carne in una pirofila, irrorate con la salsa di pomodoro e passate nel forno, a fiamma vivace, per 5 minuti. Portate in tavola ben caldo e, se in stagione, accompagnato con lamelle di tartufo bianco.

Il tartufo entra sovente nelle preparazioni – per altro già sostanziose e saporite – di questa regione. La raccolta di questo prezioso tubero si svolge prevalentemente nella valle del Reno, del Lamone, del Serchio e pur essendo bianco non è paragonabile al **Tuber Magnatum Pico**, o trifola bianca, raccolta in Toscana e in Piemonte. Comunque anche il tartufo nero ha molti estimatori nella regione, tanto che a Calesano (Parma) nei giorni tra ottobre e novembre si tiene una fiera nazionale dedicata al prezioso tartufo nero di Fragno.

VALIGETTE DI REGGIO EMILIA

SECONDI PIATTI

500 g di fesa di vitella tagliata a fette. 80 g di pangrattato. 100 g di burro. 120 g di formaggio Parmigiano Reggiano Dop grattugiato. 1 cipolla bianca. 2 spicchi di aglio. 150 g di salsa di pomodoro. 1 ciuffo di prezzemolo. 2 uova. 10 bacche di ginepro. 1 bicchiere di vino rosso Lambrusco. olio. sale. pepe.

Con l'apposito utensile appiattite le fette di vitella e fatele riposare su un vassoio, in un luogo fresco. Fate sciogliere il burro in una casseruola. Quando sarà liquido versatene metà in una ciotola e aggiungeteci il prezzemolo tritato con l'aglio, il pangrattato, il formaggio, le uova, e un pizzico di sale e pepe. Amalgamate gli ingredienti unendo per ultime le bacche di ginepro schiacciate. Ottenuto un composto sodo, distribuitelo sulle fette di vitella, che arrotolerete per formare gli involtini (le valigette). Richiudetene le estremità con 2 stuzzicadenti. Trasferite il restante burro, con l'aggiunta di 2 cucchiai di olio, in una capace casseruola in cui soffriggerete la cipolla tritata, cuocendo per 5 minuti a fiamma moderata. Unite la salsa di pomodoro, aggiustate di sale e pepe, e cuocete per altri 10 minuti. Unite le valigette e cuocete ancora per 20 minuti, a fiamma bassa e con il coperchio. Versate il Lambrusco e portate a cottura cuocendo il tutto per altri 10 minuti. Fate riposare prima di portare in tavola.

È usanza preparare questo piatto in inverno, accompagnato con fette di polenta gialla, ma è gustosissimo anche in estate servito freddo con contorno di insalate miste.

CARDI ALLA PARMIGIANA

1.5 kg di cardi. 300 g di carne trita di manzo. 1 cipolla rossa. 1 carota. 1 costola di sedano. 150 g di polpa di pomodoro. 80 g Parmigiano Reggiano grattugiato. 40 g di tartufo bianco (a piacere). 100 g farina bianca. 1.5 l di latte. 100 g di burro. 1 limone. sale. pepe. noce moscata. olio.

Fate un trito di carota sedano e cipolla e rosolateli in una casseruola con due cucchiai di olio. Unite dopo una breve cottura la carne tritata, aggiustate di sale e pepe e cuocete a fiamma moderata per dieci minuti, girando con un mestolo. Unite i pomodori pelati, abbassate la fiamma e cuocete per altri 30 minuti, girando di tanto in tanto. Pulite i cardi, privandoli delle foglie esterne più filamentose. Tagliate le rimanenti foglie in pezzetti lunghi 5 cm e sciacquatele sotto acqua corrente. Lessatele poi in acqua leggermente salata e acidulata con il succo del limone per non fare annerire le foglie durante la cottura. Scolate i cardi quando saranno ben cotti, distendeteli su carta da cucina ad asciugare posti in luogo fresco. Fate fondere in una casseruola il burro, quindi uniteci la farina, avendo cura di non creare grumi. Aggiungete il latte a filo e fate cuocere, girando con un mestolo, a fiamma bassa fino a quando la salsa non sarà diventata consistente. Aggiustate di sale e pepe e, a piacere, con una grattugiata di noce moscata. Fate poi riposare in un luogo fresco. Ungete con poco olio il fondo di una capace pirofila da forno, distribuite sul fondo uno strato di cardi lessati, condite con 2 cucchiai di ragù di carne e un ramaiolo di besciamella. Aggiungete a piacere anche il tartufo tagliato a lamelle sottili. Proseguite fino all'esaurimento degli ingredienti, facendo in modo che l'ultimo strato sia ricoperto di besciamella. Spolverate con il Parmigiano grattugiato e cuocete nel forno a fiamma moderata per 30 minuti. Portate in tavola dopo aver fatto riposare per 10 minuti. Potete proporlo anche come piatto unico.
Nella versione più leggera della preparazione, viene omessa l'aggiunta del ragù di carne e l'utilizzo del tartufo.

DOLCE AL SASSOLINO

150 g di amaretti, 150 g di biscotti secchi, 3 uova, 220 g di burro, 250 g di savoiardi, 200 g di zucchero, 200 g di cioccolata fondente, 1 bicchiere di liquore Sassolino, 1 bicchiere di Alchermes.

Grattugiate a scaglie il cioccolato fondente con i biscotti secchi e gli amaretti tritati. Raccogliete gli ingredienti in una ciotola e bagnateli con il liquore Sassolino. Montate a neve ben ferma gli albumi e teneteli in un luogo fresco. A parte montate i tuorli con lo zucchero e con il burro, tenuto a temperatura ambiente. Una volta ottenuto un composto soffice, incorporate con delicatezza gli albumi, amalgamando bene tutti gli ingredienti. Aggiungete anche poco alla volta i biscotti e il cioccolato intriso di liquore, fino a ottenere un composto omogeneo, quindi riponetelo in un luogo fresco per 30 minuti. Foderate poi uno stampo da budino con i savoiardi bagnati nel liquore Sassolino. Versate il composto ottenuto nello stampo, livellandone la superficie con una spatola bagnata di acqua fredda. Mettete quindi il dolce in un luogo fresco per 2 ore. Capovolgete lo stampo su di un vassoio rotondo e sformatelo, guarnite con ciuffetti di panna montata e scaglie di cioccolato.

Questa tipica specialità reggiana è tutt'oggi preparata per le grandi occasioni. Si può sostituire l'Alchermes a uguale quantità di Sassolino per bagnare i savoiardi. In questo caso si accompagna bene una crema pasticciera fredda, da servirsi a parte, per ammorbidire il sapore liquoroso del dolce.

EMILIA-ROMAGNA ❋ ❀ Ricette

117

SPONGATA DI BRESCELLO 📷

800 g di farina bianca. 300 g di zucchero. 250 g di burro. 2 bicchieri di vino bianco secco. 800 g di miele millefiori. 600 g di gherigli di noci. 120 g di cedro candito e arancio a pezzetti. 150 g di pinoli. 1 pizzico di cannella in polvere. 4 chiodi di garofano. 1 cucchiaino di zucchero a velo vanigliato. 150 g di pane biscottato in polvere. 50 g di mandorle dolci pelate. 50 g di uva sultanina. 3 cucchiai di brandy.

In una casseruola unite il miele a un bicchiere di vino bianco e, a fuoco bassissimo, portate a leggera ebollizione. Togliete dalla fiamma e aggiungete, mescolando, la cannella e i chiodi di garofano; fate raffreddare un po', quindi aggiungete, tritate non troppo finemente, le noci, la frutta candita, i pinoli (questi naturalmente lasciati interi), le mandorle pelate e amalgamate il tutto con cura. Fate riposare per 10 minuti in un luogo fresco. Nel frattempo mettete in ammollo l'uva sultanina in poca acqua tiepida, quindi strizzatela e aggiungetela al composto, girando delicatamente. Unite ora il pane biscottato, ben sbriciolato, e i cucchiai di brandy, girando il composto fino a ottenere un impasto piuttosto sodo ma omogeneo. Ricoprite la ciotola con pellicola e mettete in un luogo fresco per l'intera giornata. Preparate la pasta: su di una spianatoia ponete la farina a fontana, mescolate lo zucchero al bicchiere di vino bianco e cominciate a lavorare, aggiungendo il burro a temperatura ambiente, poco alla volta, a fiocchi. Ottenete una pasta soda ed elastica, che terrete avvolta in un telo umido, per 1 ora a riposare. Dividetela in due parti, stendetele poi, col matterello ben infarinato, formando due dischi alti 1/2 cm. Appoggiate su un disco il ripieno che spalmerete bene con una spatola bagnata. Posateci sopra l'altro disco e premete leggermente col matterello la superficie della Spongata. Sigillate bene i bordi con i rebbi di una forchetta e cuocete, in forno su di una placca leggermente infarinata, per 40 minuti a calore moderato. Fatelo ben raffreddare prima di spolverarlo con lo zucchero vanigliato. È ottimo anche gustato dopo alcuni giorni.

Tradizionale dolce emiliano – le cui radici affondano forse nella tradizione ebraica – viene preparato specie durante le festività natalizie. Le sue antiche origini risalgono al lontano 1450 e, pare, il suo nome deriva da "Sponga", per l'aspetto della sua superficie da cotto che può richiamare l'immagine di una spugna.

TORTA BUONISSIMA
(TORTA BUNÈSMA)

* *

DOLCI

500 g di pasta frolla (vedi ricetta a pagina 283). 250 g di gherigli di noce. 200 g di miele di acacia. 2 bicchierini di rum. 1 tuorlo. 100 g di cioccolato amaro per copertura. 2 cucchiai di panna liquida.

Tritate grossolanamente le noci e unitele al miele e al rhum posti in una ciotola. Mescolate bene gli ingredienti, quindi stendete la pasta frolla, dividendola in due parti. Ottenuti due dischi dello spessore di 1/2 cm, ponetene uno nello stampo da dolci, ben imburrato e infarinato, ricopritene la superficie con l'impasto preparato, stendendolo con cura con una spatola. Coprite con l'altra pasta, sigillando con cura i bordi premendo con le dita e spennellatene la superficie con il tuorlo d'uovo. Cuocete in forno per 40 minuti a calore moderato. Nel frattempo sciogliete il cioccolato a bagnomaria, aggiungendo due cucchiai di panna liquida. Quando sarà completamente fuso, mettete la torta su una grata per dolci e versate il cioccolato di copertura, stendendolo bene con l'aiuto di una spatola da pasticcieri. Fate freddare in un luogo fresco e portate in tavola ben guarnito con eventuali ciuffi di panna montata. In alternativa potete guarnire con glassa bianca di zucchero a velo.

Il curioso nome di questa torta, emblema di Modena, va ricercato in una credenza popolare, avvolta tutt'oggi nel mistero. "Bonissima" è la statuetta, alta appena 130 cm, di una donna ben vestita, probabilmente nobile, nella cui mano destra è posta una borsa. La statua si trova su di una mensola all'angolo del palazzo comunale in Piazza Grande, fin dal 1468. Ma chi sia stata la "Bonissima" è avvolto nel più fitto mistero: è una figura simbolica della giustizia che con le intemperie negli anni ha perduto spada e bilancia, o un ritratto di Matilde di Canossa? Sicuramente la figura ritratta apparteneva a una donna caritatevole verso i poveri, i quali nei momenti di carestia si rivolgevano a lei per ottenere un po' di cibo. Seguendo questa leggenda popolare, le massaie hanno dedicato, a questa figura simbolica, una torta chiamata, appunto, con il suo soprannome: Bonissima.

TORTA DEGLI ADDOBBI

· ·

DOLCI

150 g di zucchero. 250 g di riso tipo Vialone nano. 80 g di mandorle dolci pelate. 80 g di cedro candito in pezzetti. 25 g di mandorle amare. 1 noce di burro. 6 uova. 1 l di latte. 1 cucchiaio di pangrattato. 1/2 bicchierino di liquore tipo amaretto. 25 g di zucchero a velo.

In una pentola portate a ebollizione il latte, toglietelo dalla fiamma e aggiungete il riso, cuocendo ancora sul fuoco molto basso, finché il liquido non sarà del tutto assorbito dal riso. Fate poi raffreddare in un luogo fresco. Tritate nel frattempo le mandorle riducendole quasi in polvere, unitele alle uova brevemente sbattute e incorporate il composto ottenuto al riso già freddo. Unite uno alla volta anche lo zucchero il cedro amalgamandoli con cura. Imburrate e spolverate di pangrattato una forma da dolci; versate l'impasto e livellatelo bene, cuocendo poi la torta nel forno a temperatura moderata per 40 minuti. Attendete 10 minuti prima di sformare la torta, per trasferirla su di un vassoio. Quando è completamente fredda irroratela di liquore e servitela cosparsa di zucchero a velo.

Questo dolce ha un'antica tradizione: ogni 10 anni (fino al 1960 era ancora in uso) le parrocchie usavano rimettersi "a nuovo", imbiancando e ridipingendo le proprie mura. Anche le case, per l'occasione si addobbavano e la gente partecipava alla processione dell'immagine religiosa che ogni parrocchia ostentava. Ogni famiglia preparava allora questa torta, offrendola al vicinato... Anche questa tradizione è andata persa. Ma la ricetta originale del dolce non ha subito mutamenti negli anni, conservando nel tempo anche il nome.

Toscana

Non si può pensare alla tradizione gastronomica di questa terra senza parlare del suo olio. Nella produzione olearia della nostra penisola, l'olio toscano è certamente tra i migliori (se non il migliore!).

Per i toscani, l'olio è qualcosa di più che un ingrediente con cui preparare gustose zuppe (la ribollita) o condire piatti di cacciagione (il cinghiale) o accompagnare merende di una generazione ormai lontana (la "fettunta" delle 5 del pomeriggio). L'olio significa tradizione, lavoro, famiglia, natura e vita. In molte piccole fattorie, dove per tradizione la coltivazione delle piante comprende varie qualità di olivo (leccino, frantoio, moraiolo ecc.), ancora oggi le olive sono raccolte a mano, operazione che inizia abitualmente la prima settimana di novembre. Tutta la famiglia è occupata nella raccolta e anche i piccoli e gli anziani hanno le loro mansioni: stendere il telo sotto l'albero, raccogliere i frutti che i più validi, dall'alto, fanno cadere usando un piccolo attrezzo simile a un rastrello…

Le olive, poi, vengono fatte asciugare e, raccolte in balle, trasportate al frantoio, dove spesso nel cuore della notte, quando il turno della propria produzione viene chiamato per la spremitura, lo splendido e smeraldino olio nuovo nasce e sgorga profumato.

Anche l'olio "novo" è legato ad abitudini alimentari ormai consolidate da secoli: è buono con il pane (quello toscano senza sale!), a crudo, o con gustose verdure – il rito del pinzimonio con l'olio "novo" è ancora simbolo di allegria e buon augurio – o aggiunto su molte zuppe invernali di questa cucina elegante e parsimoniosa: la ribollita, l'acquacotta, il bordatino, il gran farro e tante altre.

Una cucina che dà grande importanza anche alla tradizione, alla simbologia degli elementi, alle sfumature dei sapori di ogni ingrediente. Da questa tradizione sono nati piatti impareggiabili e sobri, lasciando agli altri , come fanno sempre i toscani, giudicare la riuscita del loro operato, sia esso un sugo con le olive delle colline, un ricamo leggero e signorile su di una tovaglia di lino o una borsa in pelle dall'inequivocabile linea sobria ed elegante… alla fiorentina!

ARBADELA
(TORTA DI EBE DI CAMPO)

· ·

ANTIPASTI

400 g di farina gialla, 1,2 kg di cipolle rosse, 1 kg di erbe di campo, 1 mazzetto di finocchio selvatico, 200 g di ricotta di pecora, 1 bicchiere di latte, olio.

Lessate in acqua appena salata le cipolle e le erbe, ben ripulite e lavate precedentemente. Fate cuocere per 45 minuti, a calore moderato, affinché si riducano a pezzetti, disfacendosi un po'. Unite ora la farina gialla, la ricotta, il finocchio selvatico ben tritato, il latte e girate tutto con cura. Aggiustate di sale e pepe. Ungete una teglia da forno e versateci il composto, cuocendo a calore moderato per 40 minuti, dopo aver condito con un filo d'olio la superficie della torta.

FICATTOLE

· ·

ANTIPASTI

300 g di pasta di pane, olio di oliva, sale.

Fate bene lievitare la pasta di pane, con le mani, arrotolate delle piccole quantità ottenendo dei cilindretti. Friggete in abbondante olio d'oliva. Fate ben dorare, quindi scolate e asciugate le ficattole su carta gialla. Quindi salate leggermente, ma… dipende dai gusti: potete anche scegliere di cospargerle di abbondante zucchero e di consumarle come appetitosi dolcetti!
Nelle sere d'inverno servivano ai contadini per allungare la cena, a noi bimbi venivano date con lo zucchero per la festa della vendemmia… sono buonissime in entrambi i modi.

PANZANELLA 📷

ANTIPASTI

1/2 kg di pane raffermo. 1 cipolla rossa. 2 pomodori insalatari. 1 mazzetto di basilico. olio. sale. pepe. aceto di vino rosso.

Tagliate il pane raffermo a fette, bagnatelo in una ciotola con acqua fredda, asciugatelo poi, strizzandolo con le mani. Cercate di non formare una pappa, ma di fare in modo che pur essendo ancora umido non si attacchi fra sé. Ponetelo in una ciotola con la cipolla tritata finemente e le foglie di basilico intere. Unite anche i pomodori, ben lavati, sbucciati e tagliati a cubetti. Per ultimo unite 1/2 bicchierino di aceto di vino rosso, l'olio, sale e pepe. Mescolate con delicatezza e fate riposare almeno 1 ora, in un luogo fresco, prima di portare in tavola.

RAGÙ DI CINGHIALE ALLA MAREMMANA

ANTIPASTI

800 g di polpa di cinghiale non troppo adulto. 1 l di vino rosso robusto. 2 cipolle rosse. 1 carota. 1 costa di sedano. 1 rametto di alloro. 5 bacche di ginepro. 5 bacche di pepe nero. 1 rametto di timo (o 1 cucchiaino se secco). 600 g di pomodori pelati. 1 cucchiaio di concentrato. olio.

Mettete la carne di cinghiale a marinare per tutta la notte in una capace ciotola, coperta dal vino e aromatizzata con cipolla, sedano, carota, foglie di alloro, bacche di ginepro, di pepe e timo. Lasciate in infusione coperto da un panno umido. Il giorno seguente togliete la carne dal liquido, ponetela su di un vassoio, scolate le cipolle, la carota e il sedano e con questi fate un battuto, tritato grosso, che rosolerete in una casseruola con 5 cucchiai di olio. Fate intanto in grossi pezzi la polpa del cinghiale e unitela al battuto a fuoco vivace, bagnando con due bicchieri di vino dell'infusione. Cuocete così a fuoco moderato per 30 minuti, aggiungendo via via che evapora, il vino e aggiustando di sale e pepe. Togliete ora la carne dal tegame, passatela al tritatutto, e rimettetela al fuoco, alzando la fiamma e rosolando. Aggiungete i pomodori pelati, sgocciolati e fatti a pezzi, e un cucchiaio di concentrato. Unite anche la rimanenza di liquido di infusione, se ne è rimasto, compresi il timo e l'alloro. Cuocete a calore basso, il ragù deve infatti sobbollire, per 1 ora. Condite con questo ottimo condimento pappardelle e tortelli.

Il cinghiale, animale molto popolare in Maremma, ha creato intorno al suo allevamento un interessante artigianato che utilizza tutte le sue parti: anche la pelle infatti viene lavorata da abili artigiani, per la produzione di selle e paramenti, specie nella zona che va da Grosseto verso Roma.

SALVIA FRITTA

ANTIPASTI

Foglie di salvia belle grosse. 3 cucchiai di farina. 1 uovo. olio.

In una ciotola diluite con poca acqua la farina, con l'aggiunta di un pizzico di sale. Sbattete con una forchetta per non formare grumi. Unite per ultimo l'uovo, incorporandolo del tutto. Portate l'olio a giusta temperatura, quindi tuffate le foglie di salvia nella pastella e, tenendole per il picciolo, scolatele per togliere quella in eccesso. Friggete da ambo i lati fino a renderle belle croccanti. Scolatele e fatele asciugare su carta gialla, salandole prima di portare in tavola.

ACQUACOTTA DEI BUTTERI

PRIMI PIATTI

4 cipolle rosate. 400 g di pomodoro maturo. 1 costola di sedano. 1 ciuffo di basilico. 1/2 l di brodo vegetale (vedi ricetta a pagina 282). 1 uovo (per persona) freschissimo. fette di pane toscano raffermo. olio.

Tagliate in anelli le cipolle e fatele appassire in una casseruola con 4 cucchiai di olio. Cuocete fino quasi a disfarle, unite allora i pomodori, fatti a pezzi, e il sedano tritato fine. Aggiustate di sale e pepe e insaporite con le foglie intere di un bel ciuffo di basilico. Aggiungete il brodo vegetale e cuocete sobbollendo per 30 minuti. Abbrustolite le fette di pane e ponetele nelle scodelle, una per commensale. Versateci l'acquacotta, ben calda, rompendo con attenzione un uovo su ogni porzione. Fate rapprendere quest'ultimo con il calore della zuppa, quindi portate in tavola.

Zuppa povera dei butteri, che oggi viene proposta con mille aggiunte di ingredienti, ma che proprio per la sua semplicità è tipica della Maremma.

BORDATINO

PRIMI PIATTI

600 g di farina gialla. 300 g di fagioli cannellini secchi. 1 carota. 1 cipolla rossa. 1 costa di sedano. 1 cavolo nero. 1 spicchio di aglio. 150 g di pancetta stesa. 1 ciuffo di salvia. 1 bicchiere di salsa di pomodoro. olio.

Ponete in ammollo i fagioli per 1 ora in acqua fredda. Cuoceteli poi in abbondante acqua salata, con un ciuffetto di salvia e uno spicchio di aglio con la buccia. Tenete sul fuoco, a calore tale che i fagioli cuociano sobbollendo, ma senza rincorrersi, per 40 minuti. Scolateli, passateli al setaccio e diluiteli di nuovo con la loro acqua di cottura, che non avrete gettato. Aggiungete se necessario l'acqua sufficiente a raggiungere circa 2 l di liquido e portate a ebollizione. Fate a listarelle molto fini il cavolo nero, che avrete pulito, sfilandolo della sua costola troppo dura e legnosa, e unitelo alla passata di fagioli. Bollite per altri 10 minuti e nel frattempo fate un soffritto con la carote, il sedano, la cipolla, la pancetta fatta in pezzetti e 5 cucchiai di olio. Rosolate lentamente fino quasi a ridurre le verdure in poltiglia. Aggiungete la salsa di pomodoro e fate un ultimo bollore, aggiustando di sale e pepe. Incorporate il tutto alla pentola con i fagioli. Portate il tutto a ebollizione e versateci, fuori dalla fiamma, la farina gialla a pioggia, girando velocemente con un mestolo per non formare grumi. Cuocete poi a fiamma bassa, sobbollendo per 30 minuti. Portate in tavola bollente, accompagnato da aringhe affumicate.

Questo gustoso piatto deve il nome all'usanza che i pescatori livornesi avevano di prepararlo a bordo dei pescherecci.

GRAN FARRO DELLA LUCCHESIA

PRIMI PIATTI

150 g di farro decorticato. 1/2 kg di fagioli borlotti freschi. 1/2 cipolla rossa. 1 costola di sedano. 1 carota. 1 ciuffetto di salvia e maggiorana. 1 spicchio di aglio. 1 rametto di rosmarino. odor di noce moscata. 100 g di prosciutto crudo in 1 sola fetta. 1 bicchiere di salsa di pomodoro. olio.

Cuocete in una pentola i fagioli, passateli poi al setaccio, senza gettare l'acqua di cottura. Fate un battuto con la cipolla, il sedano, la carota, la salvia e la maggiorana, l'aglio e le foglie di rosmarino. Riducete a cubetti il prosciutto e rosolate il tutto in una capace pentola con 4 cucchiai di olio. Aggiustate di sale e pepe, unite la passata di pomodoro e cuocete a calore moderato per 15 minuti. Aggiungete i fagioli passati, la loro acqua di cottura, il farro e un pizzico di noce moscata e cuocete per 1 ora, girando spesso. Portate in tavola dopo aver fatto riposare il farro per 10 minuti, condito a crudo, con un filo di olio e una spolverata di pepe.

In Garfagnana è rimasta fortunatamente ancora viva l'usanza di cucinare questo cereale di antichissime origini; forse proveniente dalla Palestina ma sicuramente già coltivato dagli Egizi. Viene presentato in tavola in mille vesti, dall'antipasto al dolce; la ricchezza di glutine e il gustoso sapore ne fanno un cibo veramente sano e piacevole.

MALFATTI ALLE ERBETTE AROMATICHE E PARMIGIANO

PRIMI PIATTI

1/2 kg di ricotta freschissima di pura pecora. 1 ciuffetto di basilico. 1 ciuffetto di pepolino. 1 ciuffetto di mentuccia. 1 ciuffetto di origano. 1 ciuffetto di nepitella. 2 pomodori maturi. 1 spicchio di aglio. 2 cucchiai di Parmigiano Reggiano grattugiato. 3 rossi d'uovo. farina bianca. sale. pepe.

Ponete la ricotta a scolare su di un panno, in modo che possa liberare il siero. Pulite accuratamente tutte le erbette, sciacquatele sotto acqua corrente e asciugatele nella centrifuga da insalata. Tritatele poi finemente con l'aiuto del mixer da cucina. Trasferite la ricotta in una capace ciotola. Unite il trito di erbette, i rossi d'uovo, 2 cucchiai di Parmigiano e aggiustate di sale e pepe. Amalgamate gli ingredienti con delicatezza, con un cucchiaio di legno, fino a ottenere un impasto omogeneo. Riponetelo, coperto con carta di alluminio, nella parte più fredda del frigo, facendolo riposare per 2 ore. Portate poi a ebollizione una pentola d'acqua leggermente salata. Dal composto dei malfatti prendetene mezzo cucchiaio e, passandolo in abbondante farina, formate una pallina. Proseguite così con il resto dell'impasto e fatele bollire, tenendo la fiamma non troppo alta. Quando i malfatti verranno a galla, scolateli con una schiumarola e poneteli su di un piatto, condite con cubetti di pomodoro saltati in una padella con lo spicchio di aglio e 3 cucchiai di olio. Guarnite con foglioline aromatiche.

PAPPA AL POMODORO

PRIMI PIATTI

300 g di pane toscano raffermo. 700 g di pomodori tipo fiorentino ben maturi. 3 spicchi di aglio. 1 ciuffo di basilico. olio. sale. pepe.

Pulite, lavate e fate a pezzi non troppo grossi, i pomodori, privandoli dei semi. In una capace casseruola rosolate l'aglio intero con 3 cucchiai di olio. Appena prende colore unite i pomodori fatti a pezzi, le foglie di basilico, sale e pepe, cuocendo a fiamma moderata per 10 minuti. Unite un ramaiolo di acqua calda e il pane, tagliato in fette alte 1 dito, spezzettato con le mani. Girate con un mestolo, cuocendo sempre a fiamma moderata e ancora aggiungendo mezzo ramaiolo di acqua calda, se necessario. Portate in tavola ben calda (ma è gustosissima anche a temperatura ambiente) irrorando con abbondante olio delle colline toscane.

La semplicità di questa antica preparazione non deve trarre in inganno: solo con il genuino pane sciocco, i maturi pomodori fiorentini, il basilico profumato e l'olio delle colline toscane si ottiene un indimenticabile piatto che racchiude tutti i profumi dell'estate.

RIBOLLITA

PRIMI PIATTI

1 cipolla rossa. 2 carote. 1 costola di sedano. 4 patate a pasta bianca. 10 zucchine. 300 g di fagioli cannellini secchi. 1 mazzetto di bietola. 1/2 cavolo verzotto. 1 mazzetto di cavolo nero. 1 tazza di passata di pomodoro. 1/2 kg di pane raffermo toscano. 1 pomodorino ciliegino. 1 rametto di salvia. 1/2 cucchiaino di bicarbonato. olio. sale. pepe.

Mettete i fagioli in una pentola di acqua e 1/2 cucchiaino di bicarbonato per una notte intera. Il giorno dopo scolateli, sciacquateli e metteteli a bollire in una pentola con abbondante acqua leggermente salata, alcune foglie di salvia e 1 pomodorino ciliegia. Fate sobbollire per 40 minuti. Nel frattempo soffriggete in una pentola con 5 cucchiai di olio la cipolla tritata finemente. Aggiungete via via le carote e il sedano tritati, le zucchine e le patate fatte a dadini. Cuocete per 10 minuti, abbassate la fiamma a calore moderato e aggiungete il cavolo verzotto, il cavolo nero e la bietola fatte a striscioline, e ricoprite di acqua. Cuocete, aggiustando di sale e pepe, per circa 1 ora, poi aggiungete i fagioli cotti, metà interi e metà passati al setaccio. Fate sobbollire per altri 20 minuti girando spesso con un mestolo. Verso la fine della cottura aggiungete la salsa di pomodoro. In un capace recipiente alternate fette di pane raffermo con la zuppa di verdure, facendo ben intridere il pane. Continuate fino a esaurire gli ingredienti. Fate riposare per una nottata. Prelevate dal contenitore la quantità desiderata di zuppa di verdure e mettetela a "ribollire", con l'eventuale aggiunta di acqua tiepida. Servite con un giro di olio, se in stagione, di quello "nuovo".

TORTELLI MUGELLANI

PRIMI PIATTI

400 g di farina bianca. 4 uova. 1 cipolla rossa. 1 costola di sedano. 1 carota. 250 g di carne macinata di manzo. 200 g di pomodori pelati. 500 g di patate a pasta gialla. 2 spicchi di aglio. 1 ciuffo di prezzemolo. concentrato di pomodoro. 70 g di farina di mais. 100 g di grana grattugiato. olio. sale. pepe.

Ponete la farina sulla spianatoia e fate il cratere. Unite le uova, un pizzico di sale e lavorate con le mani fino a ottenere una pasta soda ed elastica. Fatene una palla, avvolgetela nella pellicola da cucina e mettete a riposare, in un luogo fresco, per 30 minuti. Lessate le patate in abbondante acqua fredda. Tritate la cipolla, la carota e il sedano e rosolateli in una casseruola con 3 cucchiai di olio, a fiamma moderata per 5 minuti. Unite la carne, aggiustate di sale e pepe e proseguite la cottura a fiamma più bassa per 15 minuti, girando di tanto in tanto. Aggiungete i pomodori pelati schiacciati con una forchetta e cuocete a fiamma bassa per 40 minuti. Scolate le patate quando saranno tenere, sbucciatele e schiacciatele con l'apposito utensile, raccogliendone la polpa in una ciotola. Rosolate gli spicchi di aglio tritati con il prezzemolo e con un cucchiaio di olio e aggiungete un cucchiaino di concentrato di pomodoro, per insaporire. Ponete a freddare in un luogo fresco. Aggiungete poi il composto alle patate schiacciate e amalgamate delicatamente gli ingredienti. Stendete la pasta con il matterello per ottenere una sfoglia sottile, che ritaglierete in strisce larghe 4 dita. Ponete il ripieno, nella quantità di un cucchiaino, sulle strisce ottenute distanziando 2 dita l'uno dall'altro. Coprite con un'altra striscia di pasta e con l'apposita rondella ritagliatene i bordi per confezionare i classici tortelli. Riponeteli via via su di un vassoio spolverato con farina gialla, per far sì che non si attacchino fra loro, e proseguite fino a esaurimento degli ingredienti. Lessate i tortelli in abbondante acqua salata, scolateli e riponeteli in una zuppiera. Conditeli ben caldi con il sugo di carne e portate in tavola accompagnando con abbondante formaggio Grana grattugiato.

ARISTA ALLA MEDICI

SECONDI PIATTI

1 kg di arista di maiale, odori misti fra cui: finocchio, ramerino, alloro, nepitella ecc.. 1 bicchiere di Vin Santo secco, 3 spicchi di aglio, 500 g di patate, 500 g di pere tipo Abate, 1 cucchiaio di uva passa, olio, sale, pepe.

Fate un trito fine con gli odori indicati e mescolateli in una ciotola. Unite anche un cucchiaino di sale e pepe nero appena macinato, amalgamateli bene. Mettete quindi l'arista su di un ripiano di lavoro, cospargetela con gli odori e arrotolatela sul ripiano, massaggiandola con le mani per far ben impregnare la carne con le spezie. Praticate dei fori nella carne con un coltellino e inseritevi gli spicchi di aglio. Ponetela in una teglia con 5 cucchiai di olio e infornate, a calore moderato per 1 ora e mezzo. Bagnate di tanto in tanto con il fondo di cottura. A metà cottura aggiungete le patate sbucciate e fatte a tocchetti. La ricetta originale prevedeva l'accompagnamento di pere sbucciate e fatte a grossi pezzi e l'uva passa al posto delle patate. Finite la cottura con l'aggiunta di Vin Santo, spruzzato via via sulla carne.

BACCALÀ CON I CECI IN UMIDO ALLA CECINESE

SECONDI PIATTI

2 filetti di baccalà già ammollato. 200 g di ceci secchi. 3 spicchi di aglio. 1 ciuffo di prezzemolo. 100 g di passata di pomodoro. 1/2 cipolla rossa. 1 carota. 1 pezzetto di cotenna di maiale. farina bianca. olio. sale. peperoncino in polvere.

Ponete i ceci, dopo un preventivo ammollo in acqua fredda, in una pentola con la cipolla, la carota e la cotenna di maiale, copriteli con abbondante acqua fredda e metteteli a cuocere, a calore moderato, per 1 ora. Nel frattempo dividete in tocchi lunghi 4 dita il baccalà. Infarinatelo e friggetelo in una capace teglia, meglio se di rame, con l'aglio e il prezzemolo tritati e 4 cucchiai di olio. A metà cottura, circa dopo 10 minuti, aggiungete la passata di pomodoro, il sale e il peperoncino in quantità desiderata. Unite i ceci cotti, ben scolati, alla teglia con il baccalà, portate a cottura a fiamma moderata per 15 minuti. Portate in tavola ben caldo.

BISTECCA ALLA FIORENTINA

SECONDI PIATTI

1 bistecca di manzo (di razza Chianina) di circa 1 kg. olio. sale.

Ponete la carne sulla graticola con sotto abbondante brace viva. "Segnate" la bistecca tenendola così a cuocere alcuni minuti, quindi giratela, senza bucarla per non farne uscire i gustosi umori, salatela e pepatela abbondantemente, ripetendo l'operazione quando la rigirerete di nuovo. In tutto richiederà 12-15 minuti di cottura. All'interno la carne rimarrà morbida e succosa, fuori ben colorita e dentro al sangue. Portate subito in tavola.
Raccomando di non bagnarla con olio, né di salarla in anticipo, ma di cuocerla così com'è appena acquistata. Controllate che sia stata fuori dal frigo almeno da 1 ora. Raccomando inoltre di acquistare carne Chianina, per non privarvi di un sapore indimenticabile.

CACCIUCCO ALLA LIVORNESE 📷

SECONDI PIATTI

200 g di pesci da zuppa (scorfano e gallinella). 200 g di palombo. 200 g di polpo. 4 cicale. 2 spicchi d'aglio. 200 g di pomodori pelati. brodo di pesce. un ciuffetto di prezzemolo. un bicchiere di vino rosso. peperoncino. pane raffermo. olio. sale. pepe.

In una pentola fate rosolare due spicchi di aglio con 5 cucchiai di olio, quindi unite il polpo, precedentemente lavato e fatto a pezzetti non troppo piccoli. Fate andare a fuoco alto per un paio di minuti, mescolando bene, quindi unite il bicchiere di vino e 3 bicchieri di brodo di pesce; quindi abbassate la fiamma, aggiustando di sale e pepe. Aggiungete i pomodori pelati e spezzettati. Fate cuocere ancora per 30 minuti. Aggiungete adesso i pesci da zuppa e il palombo. Fate cuocere ancora per 15 minuti girando lentamente, quindi mettete le cicale e, dopo aver cotto ancora per altri 5 minuti, spegnete coprendo con il coperchio. Dovrà risultare una zuppa piuttosto brodosa, aggiustatela eventualmente con passata di pomodoro e brodo di pesce. Tostate le fette di pane raffermo e agliatele leggermente. Preparate le scodelle, dove avrete messo le fette di pane e irrorate col cacciucco ben caldo, dopo averlo aggiustato di sale e pepe, e, a piacere, con polvere di peperoncino. Questa preparazione così ricca di ingredienti, può essere considerata anche un buon piatto unico.

LAMPREDOTTO AL VINO BIANCO

SECONDI PIATTI

1 kg di lampredotto freschissimo. 2 cipolle rosse. 3 carote. 1/2 l di vino bianco. 100 g di burro. 1 pizzico di pepolino secco o un ciuffetto fresco se in stagione. olio.

Lavate sotto acqua corrente il lampredotto (l'abomaso dei bovini, reperibile facilmente già trattato e debitamente sbollentato) e riducetelo in strisce larghe un dito e lunghe 10 cm. Ponetelo in un colino a sgrondare mentre preparate il soffritto: tritate le cipolle con le carote e cuocete, in una casseruola, con 4 cucchiai di olio e il burro. Quando sarà dorato unite il lampredotto, aggiustate di sale e pepe e rosolate a calore vivace per 5 minuti, girando con un mestolo. Abbassate la fiamma, unite il vino bianco, che coprirà quasi del tutto il lampredotto, e il pepolino e proseguite la cottura, a fuoco moderato, con il coperchio. Cuocete per 40 minuti abbassando ulteriormente la fiamma per fare lentamente assorbire il vino alla carne. Portate quindi in tavola ben caldo e profumato, accompagnando con salvia fritta.

Le "frattaglie" per i fiorentini sono state sempre un "gran bel mangiare" e, anche se queste facevano parte esclusivamente delle mense del popolino, venivano però cucinate con sapienza e accostamenti armonici di sapori – in questo caso vedi l'aggiunta del pepolino, che ne ingentilisce il gusto – che ne facevano un piatto ghiotto. Tutt'oggi la trippa alla fiorentina e il lampredotto fanno parte delle mense cittadine, spesso riproposte nelle tipiche trattorie storiche. Specialmente il lampredotto ha lasciato inalterata la sua caratteristica preparazione sotto forma di panino (il toscanissimo "semelle"), venduto dai sempre più rari (ahimè!) venditori ambulanti che fino a pochi anni fa popolavano il centro storico con i loro caratteristici carrettini.

TRIGLIE ALLA LIVORNESE

SECONDI PIATTI

12 triglie medie di scoglio. 1 cipolla rossa. 4 spicchi di aglio. 1 ciuffo di prezzemolo. 2 foglie di alloro. 50 g di farina. 1 bicchiere di vino bianco. 200 g di pelati. olio.

Pulite e sventrate le triglie (non togliete però completamente la squame, per non rovinare in questa operazione la delicata carne del pesce), lavatele e asciugatele. Infarinatele e ponetele in una larga padella con sei cucchiai di olio. Cuocete a calore moderato, girandole con delicatezza e aggiustando di sale e pepe. Unite quindi il vino, la cipolla tagliata a rondelle finissime, l'aglio intero e senza buccia e le foglie di alloro. Fate ritirare il tutto cuocendo per 5 minuti, poi aggiungete i pomodori pelati, sgocciolati e fatti a pezzi. Cuocete ancora qualche minuto a fuoco lento. Portate in tavola ben caldo, spolverato di prezzemolo tritato.

FAGIOLI ALL'UCCELLETTO

• •

CONTORNI

600 g di fagioli cannellini freschi (250 g se secchi). 4 pomodori maturi, meglio se del tipo Fiorentini. 1 bel ciuffo di salvia. 5 spicchi di aglio. olio.

Lessate i fagioli in acqua appena salata – se usate quelli secchi prima teneteli in ammollo per alcune ore – e cuoceteli, avendo cura che non si rincorrano ma che sobbollano piano piano. Spegnete la fiamma quando saranno cotti "al dente". Soffriggete in una casseruola l'aglio, sbucciato e schiacciato intero e unite i pomodori, sbucciati e fatti a pezzi. Sobbollite alcuni minuti a fuoco vivace aggiustando di sale e pepe. Unite le foglie di salvia e i fagioli, scolati dell'acqua di cottura ma non del tutto asciutti. Cuocete insieme per 10 minuti a calore moderato, girando con un mestolo. Aspettate qualche minuto con il recipiente con il coperchio prima di servire.

Il curioso nome di questa preparazione si perde nel tempo; forse la presenza della salvia, ingrediente fondamentale nella preparazione degli uccellini in Toscana, ha decretato questo curioso vezzeggiativo, "all'uccelletto".

ANICINI DI SERPIOLLE

• •

DOLCI

300 g di farina. 150 g di zucchero. 100 g di miele millefiori. 15 g di anice in semi. 2 uova. 15 g di lievito in polvere. burro.

Setacciate la farina in una ciotola e aggiungeteci il lievito. Sciogliete in un tegamino il miele a fuoco molto basso. Fatelo riposare un minuto fuori dal fuoco e unitelo alla farina, girando lentamente con un mestolo. Sbattete brevemente le uova e unite anch'esse al composto con lo zucchero e i semi di anice precedentemente tritati finemente nel cutter. Lavorate il tutto fino a ottenere un composto liscio e omogeneo. Imburrate una bassa teglia da forno rettangolare, versatevi l'impasto, e cuocete per 20 minuti a fuoco moderato. Fate quindi stiepidire il dolce, sformatelo e tagliatelo in tanti piccoli rettangoli. Questi biscotti vanno gustati in breve tempo, altrimenti perdono il loro pregio maggiore: l'aroma inconfondibile.

BISCOTTI DI PRATO 📷

800 g di farina. 700 g di zucchero. 250 g di mandorle dolci. 4 rossi d'uovo + 1 per spennellare. 4 uova intere. 1 arancia.

Mescolate a lungo le uova con lo zucchero. Quando il composto "scrive", cioè quando se ne fa cadere un filo dalla frusta, questo deve galleggiare un attimo, se invece affonda subito dovete ancora montare bene le uova. Aggiungete la farina a pioggia, le mandorle, la buccia dell'arancia grattugiata e lavorate ancora per 5 minuti. Formate adesso 2 filoncini alti circa 2 dita su di una teglia da forno unta o coperta con carta da forno. Fateli riposare per mezzora e infornate, dopo averli ben spennellati col rosso d'uovo. Cuocete per 15 minuti a 180°. Attenti però: spesso questo tempo è indicativo, poiché il segreto per la riuscita di questi biscotti sta molto nell'occhio di chi cuoce. Sfornateli e tagliateli di sbieco, ancora caldi. Gustateli freddi. Nel vecchio adagio "i biscotti e il Morellino ti danno l'ultimo ritocchino" è conservata quell'arguzia popolare che, nella sua spontaneità, rendeva conosciute cose semplici e vere, perfette e gustose proprio come i biscotti con il loro vino.

FRITTELLE DI RISO

DOLCI

1/2 kg di riso Arborio. 1/2 l di latte. 1/2 l di acqua. 1 arancia. 1/2 limone. 300 g di zucchero. 3 uova + 2 tuorli. 4 cucchiai di farina. 1 bicchierino di Vin Santo. 1 bustina di lievito. olio di oliva.

A freddo unite il riso all'acqua e al latte e mettere tutto sul fuoco insieme all'arancia e al limone tagliati a fette. Cuocete a fuoco lento per 3-4 ore girando spesso, fino a quando quasi tutto il liquido non sarà assorbito. Fatelo raffreddare, togliendo l'arancia e il limone. Sbattete le uova e i rossi, uniteli al composto e aggiungete pian piano il Vin Santo, la farina e il lievito. Lasciate riposare per mezzora e quindi friggete le frittelle in abbondante olio bollente, mettendole nell'olio a cucchiaiate. Fatele dorare da ambo i lati, girandole delicatamente con l'aiuto di un cucchiaio e di una forchetta, scolatele e fatele asciugare su carta gialla. Spolveratele con zucchero semolato e gustatevele ancora ben calde.

SCHIACCIATA ALLA FIORENTINA

DOLCI

500 g di farina bianca, 150 g di strutto, 20 g di lievito di birra, 150 g di zucchero semolato, 4 uova, 1 arancia, sale e zucchero vanigliato.

Sciogliete in acqua appena tiepida il lievito e versatelo in una ciotola con la farina. Lavorate con un mestolo di legno e, ottenuto un impasto omogeneo, fatelo riposare in un luogo asciutto fino a che non avrà raddoppiato il volume (circa 1 ora). Lavoratelo bene con le mani e unite via via lo zucchero, i tuorli, 100 g di strutto, un pizzico di sale e un'arancia grattugiata (solo la buccia!). Amalgamate bene gli ingredienti per alcuni minuti. Ungete con lo strutto avanzato una teglia rettangolare a bordi alti, versateci il composto e fatela lievitare in un luogo asciutto per altre 2 ore. Infornate poi a forno caldo per mezzora. Una volta freddata spolveratela con abbondante zucchero vanigliato.

Il segreto di questa delizia è nella lievitazione e nella qualità dello strutto... e non cedete alla tentazione di coprire il sapore con farciture più o meno fantasiose (ne ho viste farcite di mousse di cioccolata!). La schiacciata alla fiorentina va gustata così, semplice, leggera e gustosa.

Marche

Da molti decenni questa regione – che i più genuini abitanti chiamano
ancora al singolare collegandola alla zona in cui abitano,
cioè "marca anconetana", "marca fermana" e così via – si divide
in una non combattuta battaglia a suon di piatti tradizionali:
la costa, che propone mille e più varianti di brodetti di pesce
(da ricordare il gustosissimo brodetto all'anconetana) contro
l'entroterra, che offre mille e più varianti dei celeberrimi vincisgrassi
(tipici quelli di Macerata).
Lasciando irrisolta questa ormai tradizionale "sfida" ai fornelli,
la regione produce altri ingredienti di pregio, quali il tartufo
– sia bianco che nero – con cui spesso vengono proposti proprio
i vincisgrassi, le enormi olive coltivate nella zona di Ascoli Piceno
e i tanti insaccati, fra i quali il prosciutto della zona di Fabriano che
– prima salato, poi lavato in aceto, quindi insaporito con il pepe nero –
assume un gusto unico.
Agricoltori fin dall'antichità, i marchigiani hanno creato piatti
memorabili di verdure, come la parmigiana di gobbi (cardi), le fave
'ngrecce (raggrinzite) o i cavoli strascinati con le patate…
Tra i dolci primeggiano preparazioni lineari e non elaborate, spesso
frutto di pazienti lievitazioni, che uniscono uva passa a noci, mandorle
e altri ingredienti naturalmente reperibili nei boschi dell'entroterra:
la carlina (la radice di cardo di montagna), per esempio, con cui la
sapienza secolare delle massaie ha realizzato un prodotto delizioso
come la crostata con la carlina.
Da non dimenticare anche la produzione di formaggi ovini e vaccini,
tra i quali spiccano i pecorini prodotti nell'area di Montefeltro,
insaporiti con timo selvatico, e le molte forme di formaggi di capra
e le tome stagionate.

CRESCIA DI MONTEFELTRO

ANTIPASTI

500 g di farina bianca, 500 g di farina gialla finissima,
100 g di strutto, 150 g di grasso di prosciutto, olio.

Preparate con la farina gialla una polenta nel modo consueto: portate a ebollizione 2 l di acqua salata, quindi versate a pioggia, lontano dalla fiamma, la farina gialla, girando con una frusta per non formare grumi. Ponete di nuovo sul fuoco basso e, girando spesso, fate cuocere la polenta per 40 minuti. Fatela riposare per 1 ora, passatela quindi allo schiacciapatate. Raccogliete il passato su di una spianatoia e impastate insieme la farina bianca, poco alla volta, e due o tre cucchiai di olio. L'umidità della polenta assorbirà la farina necessaria a formare un impasto omogeneo. Tirate col matterello ben infarinato una sfoglia, ungetela con lo strutto, arrotolatela e fatela riposare avvolta nella pellicola per 2 ore. Staccate quindi dei piccoli pezzi di pasta, stendeteli con il matterello in piccole sfoglie (le cresce), ungetele sui due lati con il grasso di prosciutto e infine arrostitele sulla gratella. Gustatele ben calde, con verdure di campo saltate in padella con aglio e olio.

FRITTATA PASQUALE

ANTIPASTI

150 g di ciauscolo (tipico salume da spalmare), 4 uova, 1 noce di burro,
1/2 bicchiere di latte, 1 ciuffo di erba cipollina.

Schiacciate il ciauscolo con una forchetta, unite il latte e fate riposare per 10 minuti. Sbattete brevemente le uova, ungete con il burro una padella antiaderente e soffriggete per pochi minuti il salume, a calore moderato. Versate le uova e cuocete la frittata come di consueto. Spolverate di erba cipollina tritata finemente prima di portare in tavola ancora caldo.
Il ciauscolo è il tipico prodotto della salumeria marchigiana. Preparato con carne di maiale macinata finissima e impastato con grasso fino a ottenere una morbida consistenza, è un salume da spalmare sul pane, un caso quasi unico nella nostra tradizione gastronomica. In commercio esiste un tipo di ciauscolo aromatizzato al tartufo, che dà al salume un gusto particolare.

OLIVE ALL'ASCOLANA 📷

30 grosse olive verdi in salamoia. 1 cipolla rossa. 1 carota. 1/2 costola di sedano. 100 g di carni macinate (tra manzo e pollo). 100 g di prosciutto crudo. 100 g di mortadella. 100 g di grana grattugiato. 3 uova. 1 limone. 1 panino raffermo tipo rosetta. 1 pizzico di cannella in polvere 1 ciuffo di prezzemolo. odore di noce moscata. 150 g di pangrattato. 1 tazza di latte. 100 g di farina. olio.

In una casseruola tritate finemente la cipolla, la carota e il sedano, rosolando in due cucchiai di olio; aggiungete la carne macinata, aggiustate di sale e pepe e continuate la cottura, a fuoco moderato, per 15 minuti. Nel frattempo snocciolate le olive con l'apposito attrezzo. Mettete la carne cotta nel cutter, unite poco alla volta la mortadella e il prosciutto crudo in pezzettini. Riunite il composto in una ciotola, aggiungete le spezie, la scorza di 1/2 limone grattugiato, il prezzemolo tritato e la mollica del panino (che avrete tenuto in ammollo nel latte) ben strizzata. Unite per ultimo il formaggio grattugiato. Con molta cura farcite le olive. Passatele delicatamente nella farina, quindi nelle uova sbattute e nel pangrattato. Friggetele in abbondante olio a giusta temperatura. Scolatele su carta gialla e portate in tavola gustandole ancora calde, accompagnate da spicchi di limone.

Ricette

139

MARCHE

PAN NOCIATO

500 g di pasta di pane (vedi ricetta a pagina 282). 100 g di pecorino di montagna. 100 g di gherigli di noce pelati. 20 grani di pepe. 2 tuorli d'uovo. olio.

Lavorate sulla spianatoia la pasta di pane, precedentemente lievitata, impastando con le mani per fare incorporare completamente 5 cucchiai di olio. Formate una palla, coprite con un telo e ponete in un luogo asciutto per 30 minuti. Nel frattempo riducete in piccoli pezzetti i gherigli di noce e fate a tocchetti il pecorino. Riprendete la pasta e lavoratela nuovamente, aggiungendo un po' alla volta questi ingredienti, inclusi i grani di pepe. Staccate poi dalla massa delle quantità pari a un piccolo pugno, arrotolatele sulla spianatoia e sistematele su di una placca da forno coperta dall'apposita carta. Ponete i panini distanziati l'uno dall'altro e spennellatene la superficie con il rosso d'uovo. Fate riposare per 15 minuti in un luogo asciutto. A questo punto infornate, a fiamma moderata, per 20 minuti. Sfornateli e lasciateli freddare prima di portarli in tavola. Questi panini sono un ottimo accompagnamento ai famosi salumi di Fabriano.

Nel corso della manifestazione chiamata "Pane nostrum" che si svolge nel mese di settembre a Senigallia (Ancona), vengono proposte le più antiche preparazioni di pani regionali: il pan nociato è una delle più conosciute preparazioni della regione Marche.

RAGÙ DI AGNELLO ALL'URBINATE

ANTIPASTI

1.2 kg di carne della parte anteriore dell'agnello. 300 g di pomodori pelati sgocciolati. 2 cipolle rosse. 3 spicchi di aglio. 1 rametto di ramerino. 1 ciuffo di salvia. 130 g di burro, olio, sale, pepe.

Fate a pezzi l'agnello e rotolatelo più volte in un trito grossolano formato da aglio, salvia e ramerino. Trasferite i pezzi in una teglia da forno, insaporite con sale e pepe, condite con il burro in fiocchetti e 2 cucchiai di olio. Cuocete quindi nel forno a fiamma moderata per 40 minuti. Nel frattempo tritate le cipolle e trasferitele in un tegame, meglio se di coccio, dove le farete appassire a fiamma bassa, con 4 cucchiai di olio. Una volta cotto l'agnello, mettetelo a freddare in un luogo fresco. Spolpate la carne dalle ossa e raccoglietela su di un tagliere. Tritatela con un coltello, ottenendo dei pezzetti non troppo piccoli. Metteteli nel tegame con la cipolla, alzate la fiamma a calore moderato e cuocete, girando con un mestolo, per 15 minuti. Unite i pomodori sgocciolati e schiacciati con una forchetta e proseguite la cottura, a fiamma bassa. Prendete il tegame di cottura dell'agnello, versateci un ramaiolo di acqua ben calda, ponetelo sulla fiamma viva e staccatene il fondo con l'aiuto di un cucchiaio. Versate poi il sughetto ottenuto nella casseruola con la carne e il pomodoro. Cuocete altri 10 minuti e quindi servite su pasta fatta in casa o polenta.

BRODETTO ALL'ANCONETANA

- -

PRIMI PIATTI

2 kg di pesce assortito: passere, triglie, merluzzetti, piccole anguille, cefali, sgombri, gallinella, nasello, palombo, calamari, seppioline, scampi, gamberoni. 800 g di pomodori maturi, 1 cipolla rossa, 2 spicchi di aglio, 1 ciuffo di prezzemolo, 1/2 bicchiere di aceto di vino bianco, pane casalingo, olio.

Pulite il pesce con cura e fate molta attenzione: la tradizione vuole che siano almeno di 13 qualità diverse! Appassite ora in una capace casseruola con 5 cucchiai di olio, la cipolla affettata sottilissima e i 2 spicchi di aglio tritati, insieme a un bel ciuffo di prezzemolo fresco. Mentre il tutto soffrigge a calore moderato, pulite e private dei semi i pomodori e aggiungeteli al tegame. Aggiustate di sale e pepe e iniziate a unire i pesci: prima le seppie e i calamari; proseguite poi con gamberi e scampi, quindi con gli altri pesci, ricordandovi di lasciare per ultime le passere e i merluzzetti. Irrorate quindi con l'aceto di vino bianco, alzate la fiamma e cuocete tenendo il recipiente scoperto per 15 minuti. Abbrustolite nel frattempo le fette di pane casalingo, disponete una fetta nelle singole ciotole, una per ogni commensale e versateci sopra il brodetto col pesce, che sarà denso e saporito.

Il sugo di questa preparazione, se fatto restringere ulteriormente, può essere utilizzato anche per condire spaghetti, o altro tipo di pasta lunga. In questo caso, però, non viene aggiunto l'aceto, bensì del peperoncino, ma non in quantità eccessiva. La pasta condita con questo appetitoso sugetto, verrà poi spolverata di prezzemolo, tritato al momento, un attimo prima di gustarla.

PASSATELLI DI URBINO IN BRODO DI PESCE

- -

PRIMI PIATTI

800 g di pesce per il brodo (gallinella, piccoli scorfani, nasello ecc.). 3 sogliole grosse, 130 g di Parmigiano Reggiano grattugiato. 130 g di pangrattato, 4 uova, 1 ciuffo di prezzemolo, 1 cipolla rossa, 1 rametto di rosmarino, 1 costola di sedano, 1 bicchiere di vino bianco secco, 1 limone.

Pulite con cura tutti i pesci da brodo, poneteli quindi in una capace pentola con la cipolla, il sedano, il prezzemolo, il vino bianco, il rosmarino e qualche fettina di limone. Coprite con abbondante acqua fredda, aggiungete il sale e ponete al fuoco moderato per 1 ora e mezzo. Se il liquido tende a consumarsi troppo aggiungete via via acqua necessaria per ottenere a fine cottura circa 2 l di brodo che passerete e filtrerete. Nel frattempo bollite brevemente in poca acqua le sogliole, lavate sotto acqua corrente. Sfilettatele e trasferite la polpa in una ciotola. Schiacciatele, o meglio pestatele, fino a ottenere una polpa di pesce, aggiungete le uova sbattute, incorporandole poco per volta, e gli altri ingredienti: il formaggio, il pangrattato, la scorza di limone grattugiata. Amalgamate bene tutto fino a ottenere un composto sodo; fatelo riposare per 1 ora. Passate quindi l'impasto con l'apposito attrezzo per passatelli – in mancanza di questo sarà utile uno schiacciapatate – e ricavate dei cilindretti compressi di impasto, che raccoglierete ben distesi su di un foglio di carta da cucina. Appena il brodo di pesce passato bollirà, fateci scivolare i passatelli; quando riaffiorano in superficie saranno pronti da portare in tavola, accompagnati dal brodo stesso. Servite in ciotole di coccio, meglio se accompagnate da rustici cucchiai di legno.

RISO CURGO

PRIMI PIATTI

1.5 l di brodo di carne (vedi ricetta a pagina 281). 100 g di farina bianca. 1 cipolla rossa. 50 g di prosciutto crudo salato in una fetta. 100 g di riso tipo Arborio. 100 g di formaggio tipo Casec di San Leo. olio. sale. pepe.

Tritate la cipolla con il prosciutto e rosolateli in una pentola con 2 cucchiai di olio. Appena prendono colore versateci il brodo. Quando bollirà versateci la farina a pioggia, girando con un mestolo per non formare grumi. Cuocete per 10 minuti, a fiamma bassa, sempre continuando a girare. Unite poi il riso, aggiustate di sale e pepe e proseguite la cottura per altri 15 minuti, con il coperchio. Al momento di portare in tavola, servite a parte il formaggio da grattugiare abbondantemente su ogni porzione.

Questa ricetta era anticamente presentata come una polenta di farina piuttosto brodosa, quasi come una farinata; nel caso in cui venga preparata senza l'utilizzo del riso viene, invece, chiamata "frescarelli". Spesso prevede anche l'impiego di concentrato di pomodoro da diluire nel brodo.

VINCISGRASSI DI MACERATA

Per la pasta: 500 g di farina bianca, 350 g di semolino, 70 g di burro, 5 uova, 1 bicchierino di Vin Santo. Per il ragù: 350 g di rigaglie di pollo, 300 g di cervella e schienali, 200 g di animelle, 150 g di pancetta (o prosciutto crudo), 150 g di burro, 70 g di Parmigiano Reggiano grattugiato, 1 carota, 1 cipolla dorata, salsa di pomodoro, 1 l di brodo vegetale, 1 bicchiere di latte, 1 bicchiere di vino bianco, besciamella (vedi ricetta a pagina 281).

In un tegame con il burro mettete la pancetta a cubetti, la carota e la cipolla tagliate a metà, che farete appassire per poi togliere dal tegame. Aggiungete le rigaglie fatte a pezzetti, escluso i fegatini, che aggiungerete per ultimi. Alzate la fiamma e rosolate a fuoco vivace, sfumate con il vino bianco e quando sarà del tutto evaporato aggiungete la salsa di pomodoro diluita in poca acqua. Unite due ramaioli di brodo vegetale e cuocete a fiamma bassa per 1 ora e mezzo. Aggiungete ancora brodo oppure, se il sughetto si asciuga troppo, qualche cucchiaio di latte. Nel frattempo lavate sotto acqua calda le animelle, gli schienali e le cervella, per togliere loro la pellicina che li ricopre; tagliateli quindi in piccoli pezzi e aggiungeteli al ragù. A questo punto unite anche i fegatini. Aggiustate di sale e pepe e terminate la cottura. Disponete la farina, setacciata e mescolata al semolino, su di una spianatoia disposta a fontana. Mettete nel centro le uova, il burro, un pizzico di sale e un bicchierino di Vin Santo. Lavorate energicamente gli ingredienti fino a ottenere una pasta elastica e soda. Stendetela in una sfoglia sottile, dalla quale ricaverete delle strisce larghe quattro dita e lunghe quanto la teglia nella quale cuocerete i vincisgrassi. Lessateli in acqua salata, scolateli e tuffateli in acqua fredda, poi stendeteli su di un panno ad asciugare. Preparate quindi la besciamella come da ricetta. Imburrate la teglia rettangolare, stendeteci uno strato di pasta, un sottile strato di ragù, qualche cucchiaiata di besciamella, spolverate di formaggio e qualche fiocchetto di burro. Fate un secondo strato di pasta e proseguite fino a esaurire gli ingredienti. Fate riposare per alcune ore prima di cuocere al forno moderato per 40 minuti. Anche questo è un piatto tradizionale che richiede molto tempo, passione nel prepararlo e, soprattutto, orgoglio nel portarlo in tavola. Proposto come piatto unico, va eseguito rigorosamente con gli ingredienti indicati che lo rendono tipico (il semolino nella pasta e le animelle nel ragù) per non farlo assomigliare ad altre paste al forno. Presentato per una ricorrenza o una festività, come il Natale, sarà una gradevole scoperta gastronomica, un piatto gustoso e prezioso della nostra (talvolta purtroppo dimenticata) tradizione culinaria.

CALAMARETTI DEL PESCATORE

....

SECONDI PIATTI

1 kg di calamaretti piccoli. 4 spicchi di aglio. 1 ciuffo di prezzemolo. 1 bicchiere di vino bianco secco. olio. sale. pepe.

Sciacquate i calamaretti sotto acqua corrente (quelli così piccoli non necessitano di ulteriori puliture!) e fateli scolare in 2 colini separati, per fare sgrondare la maggior quantità di acqua di lavaggio. Tritate l'aglio con il prezzemolo e rosolateli con 3 cucchiai di olio in una casseruola. Unitevi i calamaretti, aggiustate di sale e pepe, unite il vino bianco e cuocete per 15 minuti, a fiamma moderata, con il coperchio. È consuetudine accompagnare questo semplice ma gustoso piatto con fette di pane raffermo, tostate e strofinate con pomodoro fresco.

CONIGLIO IN PORCHETTA

....

SECONDI PIATTI

1 coniglio con le interiora di circa 2 kg. 3 mazzetti di finocchio selvatico. 7 spicchi di aglio. 100 g di pancetta stesa. 100 g di prosciutto crudo. 100 g di salame di Fabriano. 4 fette di pancetta arrotolata non troppo grosse. 2 bicchieri di vino bianco secco. olio.

Pulite e lavate bene il coniglio con acqua e poco aceto. Scottate i mazzetti di finocchietto selvatico (in mancanza potete sostituire con la parte verde dei finocchi in commercio) in acqua con due spicchi di aglio, scolate e tenete l'acqua di cottura da parte. Tritate grossolanamente la pancetta arrotolata, il prosciutto e il salame, anch'essi tritati e rosolate a fuoco basso in una casseruola con tre cucchiai di olio. Fate in pezzetti le interiora del coniglio e unitele al soffritto, aggiungendo sale e pepe e il finocchietto che avete scottato. Cuocete per 10 minuti a fuoco basso. Stendete il coniglio su di un telo, salatelo, pepatelo e rivestitene l'interno con la pancetta stesa. Mettete all'interno il sugo ottenuto, l'aglio rimasto ben tritato, e una generosa grattugiata di pepe. Arrotolate con cura il coniglio, cucite l'apertura con filo da cucina e legatelo. Cuocete nel forno a calore moderato per 40 minuti, aggiungendo l'acqua di cottura del finocchietto e il vino bianco se tende ad asciugarsi troppo. Portate in tavola tagliato a pezzetti e servito con parte del sugo di cottura.

PEZZATA DI VISSO

SECONDI PIATTI

600 g di carne di pecora. 1 costola di sedano. 1 cipolla dorata. 2 carote. 2 peperoncini rossi. 3-4 patate. 1 mazzetto di mentuccia selvatica. pane raffermo casalingo. 100 g di pecorino stagionato.

In una capace pentola mettete la carne di pecora a pezzi, aggiungete un pizzico di sale e coprite d'acqua. Appena bolle, scolatela completamente, aggiungete altra acqua fino a coprire di nuovo la carne, salate e fate di nuovo staccare il bollore. Scolatela di nuovo, aggiungete altra acqua, il sedano, la carota, la cipolla, la mentuccia e il peperoncino intero. Portate a bollore, mettete il coperchio e cuocete a fiamma bassa per 4 ore. Sbucciate le patate, affettatele grossolanamente e aggiungetele quasi a cottura ultimata. Tagliate le fette di pane raffermo, mettetene una in ogni piatto e coprite con la "pezzata" cospargendo con abbondante pecorino grattugiato. Immerso nella natura del Parco Nazionale dei Monti Sibillini, Visso celebra con questo piatto l'unione fra l'aroma gentile e stuzzicante della mentuccia e la rustica consistenza della carne di pecora. Il risultato è un sapore gradevole e perfettamente sposato al gusto acuto del pecorino stagionato.

POLLO IN POTACCHIO

SECONDI PIATTI

1 pollo di circa 1.8 kg. 1 cipolla rossa. 3 spicchi di aglio. 1 rametto di rosmarino. 1 bicchiere e mezo di vino bianco secco. 1 cucchiaio di passata di pomodoro. olio.

Pulite bene il pollo, fiammeggiatelo, lavatelo e fatelo a pezzi, rosolatelo a fuoco vivace in una casseruola con 3 cucchiai d'olio; salate, pepate e, quando sarà dorato, scolatelo e tenetelo in caldo. Nello stesso tegame mettete la cipolla tritata finemente con gli spicchi d'aglio, rosolate a fiamma bassa e aggiungete il rametto di rosmarino. Rimettete il pollo, alzate la fiamma e sfumate con il vino bianco; unite la passata di pomodoro diluita in un bicchiere di acqua, aggiustate di sale e pepe e cuocete per altri 30 minuti a fuoco moderato, bagnando con acqua bollente se il sugo tende ad asciugarsi troppo. Portate in tavola ben caldo, accompagnato da verdure lesse condite con la stessa salsa del pollo.

SARDE ALL'ANCONETANA

• •

SECONDI PIATTI

1.2 kg di sarde. 1 cipolla bianca. 1 ciuffo di prezzemolo. 350 g di pomodori
ben maturi. 1 bicchiere di vino bianco secco. 50 g di pangrattato.
olio. sale. pepe.

Pulite con cura le sarde, privatele della testa, delle interiora e della spina
dorsale. Apritele a libro, dopo averle sciacquate sotto acqua corrente, e mettetele ad asciugare su carta da cucina. In una casseruola, meglio se di coccio,
rosolate la cipolla affettata finemente, in 2 cucchiai di olio. Unite i pomodori,
lavati e fatti a pezzi, e il vino bianco. Insaporite con un pizzico di sale e pepe
e cuocete a fiamma moderata per 5-8 minuti. Unite a questo punto le sarde,
che avrete cosparso di pangrattato e proseguite la cottura a fiamma bassa,
per altri 15 minuti. Fate riposare per 10 minuti, tenendo su il coperchio, prima di portare in tavola.

TRIPPA DI JESI O TRIPPA ALLA CANAPINA

• •

SECONDI PIATTI

1.2 kg di trippa. 100 g di lardo. 200 g di cotiche di maiale. 1 osso
di prosciutto. 1 cipolla rossa. 2 spicchi di aglio. 1 costa di sedano. 1 carota.
1 ciuffo di prezzemolo. 1 manciata di foglie di maggiorana fresche. 2 cucchiai
di conserva di pomodoro. 150 g di Parmigiano Reggiano grattugiato. 1 limone.

Ponete il lardo in un tegame, meglio se di coccio, fateci rosolare un trito di
cipolla, aglio, carota e sedano. Aggiungete, dopo una breve cottura a fiamma vivace, anche il prezzemolo tritato, la maggiorana e la scorza del limone
grattugiata. Rosolate tutto a fuoco moderato, girando con un mestolo. Lavate
la trippa, fatela a stris100line e aggiungetela al soffritto, rosolando per altri 5
minuti. Aggiungete ora le cotiche di maiale, prima scottate in acqua bollente, fatte anch'esse a strisce e l'osso di prosciutto. Aggiustate di sale e pepe,

unite la conserva di pomodoro diluita in un bicchiere di acqua. Cuocete con il coperchio per 2 ore a fiamma molto bassa, girando spesso e aggiungendo, se necessario, uno o due ramaioli di acqua calda. Portate in tavola nella stessa pentola di cottura, accompagnando il tutto con abbondante Parmigiano grattugiato.

Questo piatto ricco e gustoso prende anche il nome di "trippa alla canapina", preparata alla maniera dei canapini, i tessitori di canapa. Nella ricetta originale veniva usata la trippa di montone, ora in disuso perché non più reperibile. Potete proporlo anche come piatto unico.

PARMIGIANA DI GOBBI

CONTORNI
400 g di cardi detti gobbi, 3 uova, 100 g di farina,
150 g di Parmigiano Reggiano grattugiato, 1/2 l di besciamella
(vedi ricetta alla pagina 281).

Pulite i gobbi, raschiandone la parte filamentosa. Lavateli sotto acqua corrente e fateli in grossi pezzi lunghi 4 dita. Lessateli in acqua appena salata, dove avrete aggiunto u1n cucchiaio di farina per non farli annerire. Scolateli, fateli freddare, infarinateli e passateli nell'uovo sbattuto; quindi ancora nella farina. Friggeteli in abbondante olio a giusta temperatura, dorandoli da ambo i lati. Disponeteli quindi in una capace pirofila, ben allineati e sovrapposti, coperti dalla besciamella e cosparsi di Parmigiano. Cuocete in forno a calore moderato per 20 minuti. Portate in tavola ben caldi e profumati, magari per accompagnare un piatto di carne, tipo il pollo in potacchio.

BECCUTE DI FANO

DOLCI

300 g di farina di mais. 200 g di farina di grano tenero.
50 g di pinoli. 50 g di uva passa. 50 g di zucchero. 25 g di lievito
di birra. 1 tazza di latte.

Setacciate le 2 farine su di una spianatoia e formate il cratere. Sciogliete il lievito nel latte tiepido, versatelo nel cratere e iniziate a impastare. Incorporate poco alla volta lo zucchero, i pinoli e l'uvetta precedentemente tenuta a mollo in acqua calda e poi strizzata. Una volta ottenuto un composto omogeneo, fatene una palla, copritela con panno e mettetela a riposare, in un luogo asciutto, per 20 minuti. Dividete a questo punto l'impasto in 3-4 parti, alle quali darete la forma di una pagnotta, lavorando sulla spianatoia leggermente infarinata. Trasferitele quindi su di una teglia ricoperta con l'apposita carta e cuocete poi nel forno, a fiamma moderata, per 25 minuti. Lasciate freddare prima di portare in tavola.

Questi dolcetti tradizionali e tipici della zona compresa tra Fano e Ancona, sono uno dei tanti esempi di come la polenta abbia rappresentato, anche in questa regione, il principale sostegno della popolazione agricola o degli strati più poveri della popolazione. Proverbi come: "Lo poru condadì fatiga e stenta, lu mejo pastu sua è la pulenda" cioè "Il contadino fatica e stenta, il suo miglior pasto è a polenta", ricordano ancor oggi l'importanza e la diffusione di questo alimento.

FRUSTINGOLO (PISTRINGOLO) MARCHIGIANO

••

DOLCI

250 g di fichi secchi. 70 g di mandorle dolci pelate. 70 g di gherigli di noci. 70 g di nocciole pelate. 70 g di cioccolato fondente. 70 g di miele millefiori. 70 g di semolino. 100 g di uvetta. 3 cucchiai di pangrattato. 40 g di canditi misti tritati. 1 arancia. 1 limone. 1 tazzina di caffè ristretto. 1 cucchiaio di cacao amaro. 1 pizzico di cannella in polvere. 1 pizzico di chiodi di garofano. 1 radice di zenzero. 1 bicchierino di rhum. 30 g di granella di zucchero colorata (momperiglia). olio.

Ponete l'uvetta in ammollo in una tazza di acqua tiepida. Tritate grossolanamente i fichi, le nocciole, le noci, il cioccolato e le mandorle (lasciandone circa 6 intere per la decorazione), raccogliete il tutto in una ciotola. Amalgamate gli ingredienti compresa l'uvetta che avrete strizzato. Aggiungete le scorze degli agrumi grattugiate, il miele, i canditi, il semolino (meglio sarebbe il tritello, cioè la parte più fine della crusca), il pangrattato e il cacao. Iniziate a lavorare l'impasto con le mani, aggiungendo il caffè e lavorando per altri 5 minuti, prima di aggiungere la cannella, i chiodi di garofano (ridotti in polvere) e una grattugiata di zenzero. Incorporate poco alla volta anche il rhum e 4 cucchiai di olio. Foderate una bassa tortiera con carta da forno e metteteci il composto, livellate la superficie con una spatola bagnata e cuocete in forno per 30 minuti a calore moderato. Togliete dalla carta da forno quando sarà stiepidito, ponete su un vassoio e guarnite con la momperiglia e le mandorle che avete lasciato da parte. Potete usare anche ciliegine sotto spirito, che però non fanno parte della ricetta originale.

Questa specialità natalizia di Ascoli Piceno sembrava essere del tutto dimenticata, forse anche a causa della sua lunga preparazione. Oggi non è più così raro trovare questo dolce, proposto per le feste, nelle vetrine delle pasticcerie artigianali.

LONZINO DI FICO

· ·

DOLCI

600 g di fichi secchi. 200 g di mandorle dolci pelate.
100 g di gherigli di noce pelati. 1/2 bicchierino di liquore all'anice.

Tritate i fichi secchi con l'aiuto del mixer da cucina e trasferite la "pasta" ottenuta in un recipiente. Tritate, non troppo finemente, le mandorle e le noci e
unitele ai fichi. Impastate gli ingredienti con l'aiuto di mezzo bicchierino di
liquore all'anice. Trasferite l'impasto su di una spianatoia e dategli una forma
grossolanamente allungata, tipo salame. Avvolgetelo nelle foglie di fico (se in
stagione) e legatelo con i fili di lana di colori diversi.
Per tradizione viene gustato insieme a formaggi piccanti e stagionati tipo
Ovillis di Cartoceto (Pesaro e Urbino). L'antica preparazione di questo dolce
tipico delle campagne, ci ricorda una regione profondamente legata alla terra; molti proverbi marchigiani tutt'ora in uso ricordano ai nostri tempi fret-
tolosi la saggezza millenaria di chi ha tratto dalla terra sostentamento e vita:
"Maggjn ortolano, tanta paglja e poco grano" ("Maggio piovoso – ortolano
– tanta paglia e poco grano"); e ancora per l'inverno: "Sotto la neve pane,
sotto l'acqua fame".

PAPALINE DI FERMO

· ·

DOLCI

800 g di farina di grano tenero. 20 g di semi di anice.
120 g di zucchero. 1 lievito da dolci. 1/2 bicchiere di mosto. olio.

Setacciate la farina, uniteci gli ingredienti e mescolate fino a ottenere un
composto sodo e omogeneo. Fatene una palla, che farete riposare coperta
da un panno in un luogo fresco per 20 minuti. Staccate dall'impasto una
quantità pari a una noce, arrotolatela su di una spianatoia, formate dei cilindretti, unite e saldatene le estremità, con la pressione delle dita, formando
delle ciambelline. Friggetele in abbondante olio ben caldo, scolatele e fatele
asciugare su carta da cucina. Gustatele tiepide o fredde.

Umbria

Il "cuore verde d'Italia": così è definita questa regione
per l'abbondanza di boschi e di colline coltivate; non a caso è culla
di luoghi e città di meditazione e preghiera: Gubbio e Assisi ne sono
un fulgido esempio.

L'Umbria è anche luogo di una tradizione gastronomica in cui
ingredienti schietti e naturali esaltano al meglio i prodotti tipici
come la carne di manzo della famosa razza Chianina, o di quella
di maiale, che qui ha trovato nella lavorazione
"a porchetta" uno stupendo modo di essere gustata.

La mancanza di sbocco al mare non ha frenato la fantasia delle
massaie che, nei secoli, hanno raffinato l'arte di proporre i pesci
d'acqua dolce – ingiustamente ritenuti meno pregiati di quelli
di mare – in svariate e gustose preparazioni: la regina in porchetta,
il baccalà fritto o la trota tartufata sono un esempio di questa arte.

Il tartufo – quello nero di Norcia! – ha contribuito in modo
indelebile alla creazione di piatti saporiti che, dalla pasta alla
carne alle verdure, hanno assunto una marcata personalizzazione
regionale grazie a questo prezioso tubero.

Gli insaccati hanno nella regione l'emblema della loro
preparazione più genuina: Norcia è tradizionalmente riconosciuta
come sede della salumeria italiana, da cui "norcino" è divenuto
sinonimo di salumiere. E vale ricordare i molti prosciutti , le coppe,
la mortadella (diversa da quella Bolognese!), le salsicce e i molti
insaccati minori cari alla tradizione di questa regione.

Tra i dolci, il miele viene spesso utilizzato insieme a mandorle
e spezie. Anche i ciccioli di maiale trovano una gustosa
collocazione per un fine pasto, come nella famosa pizza
con gli sficcioli di antichissima tradizione.

BRUSCHETTA SAPORITA DI SPELLO

ANTIPASTI

400 g di pane raffermo senza sale. 1 ciuffo di prezzemolo. 3 spicchi di aglio. olio.

Fate a fette alte un dito il pane raffermo e tostatele da ambo i lati. Condite con un trito fine di aglio e prezzemolo e condite con abbondante olio, meglio se di quello "nuovo", cioè quello del nuovo raccolto, messo in commercio da metà novembre in poi.

Una curiosa e vecchia usanza prevede che gruppi di contadini chiamati per la raccolta delle olive, facessero piccoli doni al loro datore di lavoro, che lasciavano appesi a rami di ulivo durante la Festa dell'ulivo. Ancor oggi, durante questa sagra, a Spello, vengono decorati i rami degli ulivi in originali composizioni e, ovviamente, vengono offerte bruschette con l'olio del nuovo raccolto.

BRUSTENGO

ANTIPASTI

500 g di patate a pasta bianca. 200 g di cavolo verza. 1 spicchi d'aglio. olio. sale. pepe.

Pelate le patate e lessatele in acqua leggermente salata. Scolatele quando saranno tenere e schiacciatele con l'apposito utensile, raccogliendone la polpa in una ciotola. Fate freddare. Pulite il cavolo verza, eliminando le foglie più esterne, dure e facendo a listerelle quelle più tenere. Sciacquatele sotto acqua corrente e scottatele per 5 minuti in acqua leggermente salata, quindi scolatele. Unitele alla polpa delle patate, aggiustate di sale e pepe e amalgamate bene. Cuocete il tutto in una padella con l'aglio e 3 cucchiai di olio, per 10 minuti a calore moderato. Pareggiate il composto con il dorso di un cucchiaio, poi, con l'aiuto di un coperchio, girate il brustengo per farlo dorare uniformemente. Ripetete questa operazione più volte, per farlo ben asciugare. Trasferitelo quindi su un largo piatto di portata e servite caldissimo.

CARDI AL GRIFO DI PERUGIA

ANTIPASTI

1 cardo, 3 uova, 150 g di pangrattato, 300 g di carne di vitello tritata, 150 g di fegatini di pollo, 50 g di burro, 1 rametto di salvia, 300 g di salsa di pomodoro, 1 limone, 100 g di Parmigiano Reggiano grattugiato, olio.

Pulite con cura i cardi eliminando le coste più dure togliendo loro il filo e riducendoli in pezzetti lunghi 5 cm. Man mano che li tagliate metteteli in una ciotola con acqua leggermente acidula, per non farli annerire. Lessateli in abbondante acqua finché risulteranno teneri, quindi scolateli e lasciateli rifare completamente il loro liquido nello scolapasta. Nel frattempo preparate il ragù di carne. In una casseruola con il burro rosolate a fuoco vivo la carne di vitello, aggiustate di sale e pepe e unite i fegatini con la salvia, precedentemente tritati, cuocendo a fuoco vivace per 10 minuti. Unite la salsa di pomodoro e proseguite la cottura per 20 minuti, a fuoco molto basso. Nel frattempo passate i cardi, uno alla volta, nell'uovo sbattuto, quindi nel pangrattato e friggeteli in abbondante olio a giusta temperatura. Fateli poi asciugare su carta gialla. In una capace pirofila, appena unta di burro, fate un primo strato di cardi (detti "gobbi"), alternandolo con uno di ragù e proseguite fino a esaurire gli ingredienti, avendo cura che l'ultimo strato risulti di ragù. Spolverate di Parmigiano grattugiato (a piacere) e infornate per 20 minuti a calore moderato. Portate in tavola dopo aver fatto stiepidire per 10 minuti, fuori dal forno.

La versione di questa preparazione arricchita con il Parmigiano, è conosciuta come "parmigiana di gobbi". Tipico piatto dell'inverno, viene in particolare preparato quando i cardi sono bianchi e teneri, durante il periodo che segue le feste natalizie.

CROSTINI UMBRI

ANTIPASTI

250 g di rigaglie di pollo. 30 g di prosciutto crudo salato in una fetta.
1 cipolla rossa. 1 ciuffetto di salvia. 1 cucchiaio di capperi sott'aceto.
40 g di acciughe sott'olio. 50 g di burro. 1 bicchiere di vino rosso robusto.
1 tazza di brodo vegetale (vedi ricetta a pagina 282). pane raffermo. sale. pepe.

Tritate la cipolla con le foglie di salvia e il prosciutto. Trasferiteli in una casseruola, meglio se di coccio, e rosolate a calore basso con il burro per 15 minuti. Nel frattempo pulite i fegatini e i ventricoli e scottateli in acqua bollente leggermente salata. Scolateli dopo 5 minuti, tritateli e uniteli agli ingredienti nella casseruola, alzando un po' la fiamma. Sfumate con il vino rosso e aggiustate di sale e pepe. Unite un piccolo ramaiolo di brodo vegetale caldo e i capperi con le acciughe spezzettate. Portate a cottura cuocendo per 15 minuti a calore moderato. Fate freddare, quindi tritate nel mixer tutti gli ingredienti riducendoli a una crema che spalmerete su fette di pane raffermo tostato.
La tradizione vuole che il composto fosse tritato con la mezzaluna, ottenendo così un trito più grosso e non una crema.

CIRIOLE CON CACIOTTA AL TARTUFO

PRIMI PIATTI

400 g di ciriole (pasta tipo bigoli). 3 spicchi di aglio.
100 g di caciotta al tartufo. olio. sale. pepe.

Tritate l'aglio in piccolissimi pezzetti e mescolatelo, in una ciotolina, con 4 cucchiai di olio e un pizzico di pepe. Fate riposare in un luogo fresco mentre preparate la pasta. Cuocete quest'ultima in una capace pentola di acqua bollente salata, scolatela al dente e trasferitela in una capace ciotola; irrorate con la salsa all'aglio e condite con la caciotta tartufata, grattugiata al momento. Portate subito in tavola ben caldo.
Nel mese di febbraio si tiene a Norcia la Mostra Mercato del Tartufo Nero Pregiato, durante la quale sono presentati prodotti caseari a base di tartufo, tra i quali la Caciotta tartufata, ingrediente principale di questa ricetta.

FARRO E PECORINO ALLA NORCINA

- -

PRIMI PIATTI

300 g di farro già pronto per la cottura. 1 cipolla rossa. 1 ciuffo di foglie di sedano. 1 carota. 1 zampetto di maiale. 100 g di pecorino di Norcia. olio. sale. pepe.

In una capace pentola di coccio ponete, in abbondante acqua fredda, la cipolla, le foglie di sedano, la carota e lo zampetto di maiale. Portate a bollore e cuocete, schiumando di tanto in tanto, per 1 ora. Ultimata la cottura filtrate il brodo ottenuto, passate al passaverdura gli odori, e raccogliete il tutto in una pentola. Unite il farro, aggiustate di sale e pepe, aggiungete 1 cucchiaio di olio e fate cuocere, a bassa temperatura, per 20 minuti. Portate in tavola la minestra ben calda e gustatela accompagnandola con pecorino di Norcia grattugiato al momento.

IMBRECCIATA EUGUBINA
(GHIAIA DI GUBBIO)

- -

PRIMI PIATTI

100 g di farro decorticato. 100 g di grano. 80 g di orzo perlato. 100 g di ceci. 80 g di cicerchie. 120 g di fagioli bianchi. 80 g di fave secche. 120 g di lenticchie. 100 g di granturco. 1 costa di sedano. 1 carota. 2 spicchi di aglio. 200 g di lardo. 1 ciuffo di prezzemolo. 1 cipolla. 2 pomodori. olio.

Ponete i legumi in ammollo per alcune ore in acqua fredda. Cuoceteli in abbondante acqua appena salata, con l'aggiunta di una costola di sedano, la carota e 2 spicchi di aglio con la buccia. Iniziate a cuocere per primo il granturco, aggiungendo dopo 15 minuti di cottura – badando che questa avvenga "sobbollendo"– il grano, poi i fagioli e le fave; unite progressivamente gli altri ingredienti e per ultime le lenticchie, che richiedono meno cottura degli altri legumi. Cuocete con il coperchio per 40 minuti, lasciando sempre la fiamma moderata. Nel frattempo preparate un trito di lardo, cipolla e prezzemolo e soffriggetelo in una casseruola con 2 cucchiai di olio. Fate a pezzi i pomodori e uniteli al soffritto cuocendo ancora 10 minuti a calore moderato. Quando la salsa sarà un po' ritirata, aggiustatela di sale e pepe e versatela nella pentola con i legumi, bollendo ancora pochi minuti. Fate riposare lontano dalla fiamma per 15 minuti prima di portare in tavola.

Questo piatto di antica tradizione di radice contadina, oggi forse dimenticato, veniva cucinato per celebrare il Capodanno.

IMPASTOIATA

PRIMI PIATTI

500 g di fagioli borlotti freschi. 100 g di grasso di prosciutto.
1 rametto di salvia. 1 spicchio di aglio. 2 cucchiai di salsa
di pomodoro. 1/2 l di brodo vegetale (vedi ricetta a pagina 282).
100 g di pecorino grattugiato. 400 g di farina gialla. olio.

In una pentola con acqua fredda lessate i borlotti, sobbollendo il tempo necessario per farli diventare teneri, ma non disfatti. Fate un trito con l'aglio, il grasso del prosciutto e la salvia e soffriggete il tutto in una casseruola con due cucchiai di olio. Aggiungete dopo pochi minuti di cottura, a fiamma moderata, i borlotti non del tutto scolati dalla loro acqua di cottura. Aggiustate di sale e pepe e sobbollite ancora 10 minuti. Unite la salsa di pomodoro diluita nel brodo vegetale caldo e cuocete, con il coperchio, per altri 10 minuti sempre a calore moderato. Spegnete quindi la fiamma e conservate al caldo. Preparate la polenta: portate a bollore 1,5 l di acqua leggermente salata; versate a pioggia, lontano dal fuoco, la farina gialla, aiutandovi con una frusta per non formare grumi. Rimettete sul fuoco e cuocete a calore basso per 40 minuti, mescolando spesso. Quando la polenta sarà cotta, aggiungete i fagioli e continuate a girare, cuocendo a calore moderato per pochi minuti. Portate in tavola ben caldo, accompagnando con abbondante pecorino grattugiato.

È un'ottima polenta anche gustata appena tiepida, magari anche accompagnata da zoccoletti di pane fritti nell'olio.

SPAGHETTI ALLA NURSINA 📷

PRIMI PIATTI

400 g di spaghetti tipo piuttosto grosso. 3 filetti di acciuga sotto sale. 100 g di tartufo nero di Norcia. 1 spicchio di aglio. olio.

Mettete in una padella 4 cucchiai di olio e scaldatelo a calore moderato, senza farlo friggere. Pulite sotto acqua corrente le acciughe, deliscatele e unitele alla padella. Schiacciatele con una forchetta, togliete la padella dal fuoco e aggiungete l'aglio schiacciato, mantecando fino a formare una salsetta omogenea. Pulite delicatamente i tartufi, ripassandoli con un panno appena umido, quindi grattugiateli sulla salsa, incorporandoli. Lasciatene una parte interi, da fare poi a lamelle come decorazione agli spaghetti. Ponete di nuovo la padella sul fuoco a calore moderato, scaldando la salsa, nella quale salterete gli spaghetti cotti al dente. Portate in tavola ben caldi, cosparsi con lamelle del tartufo che avete lasciato a questo scopo.

Il tartufo nero, nella terra dove questi tuberi abbondano sia bianchi che neri, conserva nella cucina di tradizione umbra il significato di cibo popolare; il suo sapore robusto (così diverso dall'acuto aroma del suo compagno bianco) lo fa accompagnare a primi piatti, a carni, a verdure, fino a ritrovare, sepolta dagli anni, una preparazione che prevedeva l'uso del tartufo nero, avvolto in fette di ventresca, poi in carta gialla bagnata e arrostito sotto la brace viva del focolare...

STRANGOZZI ALLA NORCINA

PRIMI PIATTI

400 g di strangozzi (pasta tipica umbra a sezione rettangolare).
200 g di salsicce agliate fresche. 70 g di salsicce di cinghiale fresche.
2 spicchi di aglio. 1 ciuffo di prezzemolo. 1 bicchiere di vino rosso robusto.
olio. sale. pepe.

Sbriciolate con le mani le salsicce e raccoglietele in una casseruola con 2 cucchiai di olio, facendole rosolare a fuoco vivace per 5 minuti. Abbassate la fiamma e aggiungete l'aglio tritato con il prezzemolo girando con un mestolo, unite il vino rosso e abbassate la fiamma facendo poi sobbollire per 15 minuti. Nel frattempo lessate gli strangozzi al dente, in abbondante acqua salata. Scolateli e conditeli quindi con il sugo ottenuto, ben caldo. Spolverate con abbondante pepe e portate in tavola.

Gli strangozzi sono una tipica pasta umbra – prodotta con semola di grano pregiato – più grande degli spaghetti e con la superficie rugosa, che meglio trattiene i condimenti. Questa pasta può essere preparata anche con farina di farro e in questo caso è spesso accompagnata a ragù di carni magre. La preparazione tradizionale "alla Norcina" non prevede l'uso del pomodoro, presente, invece, in versioni più moderne.

CONIGLIO AI FIORI PROFUMATI

1 coniglio di circa 1.2 kg. 100 g di lardo in una fetta. 1 cipolla. 1 costola di sedano. 1 carota. 2 spicchi di aglio. 1 bicchiere di vino bianco secco. 1 manciata di fiori di maggiorana. 1 manciata di fiori di timo. 1/2 manciata di fiori di origano. petali di calendula. 2 chiodi di garofano. poche bacche di ginepro. 1 mela dolce. 2 foglie di alloro. olio.

Lavate e fate a pezzi il coniglio. Tritate la cipolla, il lardo, il sedano e la carota mettendoli poi, con due spicchi di aglio interi, in una casseruola di coccio ad appassire con 3 cucchiai di olio. Quando il trito ha preso colore unite il coniglio, alzando la fiamma e rosolando per alcuni minuti. Aggiustate di sale e pepe e sfumate col vino bianco. Ponete il coperchio, abbassate la fiamma e cuocete per 30 minuti, aggiungendo 1 o 2 cucchiai di acqua tiepida se il sugo tende ad asciugarsi troppo. A questo punto della cottura aggiungete i fiori di maggiorana, timo, origano, i petali di calendula e le spezie; amalgamate con un mestolo, lasciando sempre la fiamma piuttosto bassa. Sbucciate e fate a pezzetti la mela, aggiungendola al tegame con le foglie di alloro e bagnate con altro vino se vedete che il coniglio tende ad attaccarsi al fondo del tegame. Mettete il coperchio e cuocete per pochi minuti a calore moderato. Fate riposare col coperchio per 5 minuti prima di portare in tavola, direttamente nel tegame di cottura, gustando fino in fondo i profumi che questo piatto vi regalerà, non appena toglierete il coperchio di coccio.

Questa ricetta medievale è tutt'oggi realizzabile e gustosa, con il solo accorgimento di usare fiori freschi, e non quelli secchi. Si possono aggiungere altri fiori di calendula a quelli indicati nella ricetta, e unire anche petali di margherita. La ricetta originale prevedeva anche l'uso di 1/2 cucchiaio di zucchero grezzo, ma ritengo sia più attuale non usarlo.

FEGATELLI DI MAIALE

• •

SECONDI PIATTI

600 g di fegato di maiale. 250 g di rete di maiale. 1 rametto di salvia. foglie di alloro. 10 bacche di ginepro. pane casalingo raffermo.

Fate in pezzi di media grandezza il fegato; tritate grossolanamente le bacche di ginepro, unitele al sale e pepe e alle foglie di salvia tritate. Con questo trito insaporite e condite il fegato. Stendete la rete di maiale su un ripiano, dopo averla lavata sotto acqua corrente. Fatene poi tanti quadrati quanti sono i pezzetti di fegato e avvolgeteli formando degli involtini. Infilate i fegatelli negli spiedini (meglio se in bastoncini di alloro) alternandoli a pezzi di pane raffermo e a foglie di alloro. Arrostiteli allo spiedo girandoli spesso fino a quando la rete di maiale assumerà un colore bruno dorato.

MAIALE ARROSTO NEL VINO

• •

SECONDI PIATTI

600 g di carrè di maiale. 100 g di burro. 1 cipolla rossa. 1 costola di sedano. 1 carota. 3 foglie di alloro. 2 foglie di salvia. 250 g di uva nera da vino. 2 bicchieri di vino rosso robusto. sale. pepe in grani.

Speziate la carne, cioè insaporitela facendo dei fori con un coltello e inserendovi foglie di alloro e di salvia e alcuni grani di pepe. Mettete la carne di maiale in un capace tegame da forno. Tritate in pezzi grossi la carota, il sedano e la cipolla e disponeteli intorno al carrè. Aggiungete il burro a fiocchetti, salate e pepate e infornate, a calore moderato, per 20 minuti. Unite ora gli acini d'uva, il vino rosso e coprite con un foglio di alluminio da cucina, che farete ben aderire a i bordi del tegame. Proseguite la cottura per altri 30 minuti, sempre a calore moderato. Togliete poi l'alluminio, trasferite il carrè su di un tagliere e fatelo a grosse fette. Ponetele su di un vassoio e irroratele con il sughetto di cottura. Portate subito in tavola.

Una più moderna interpretazione di questa ricetta prevede di passare al setaccio il sugo prima di irrorare la carne, trovo però che con questo accorgimento non si assapori al meglio l'ingrediente principale, cioè l'uva. Se non fosse possibile reperire uva da vino, come suggerisce la ricetta, usate comunque uva con acini piccoli.

TROTA TARTUFATA DI SPOLETO

SECONDI PIATTI

4 trote di media grandezza. 30 g di tartufo estivo detto "scorzone".
1 ciuffo di prezzemolo. 1 pomodoro ciliegino. 50 g di burro.
30 g di farina. 2 tazze di latte. 1/2 bicchiere di vino bianco. sale. pepe.

Fondete in una casseruola il burro, incorporate la farina e aggiungete il latte e il vino. Girate con un mestolo e cuocete a calore basso per 10 minuti, sempre girando, tenete poi in caldo fuori dalla fiamma. Pulite le trote squamandole, sventrandole e sciacquandole sotto acqua corrente. Lessatele una alla volta nella stessa pentola con acqua leggermente salata, 1 pomodoro ciliegino e un ciuffo di prezzemolo, per massimo 10 minuti. Scolatele via via con delicatezza, adagiandole poi su di un vassoio. Irrorate con la salsa bianca e grattugiateci il tartufo con la taglierina. Servite calde.
Nella vasta gamma di proposte gastronomiche della regione, Spoleto offre una larga gamma di prodotti tipici, tra i quali primeggia il tartufo nero, solitamente impiegato in preparazioni di paste o frittate e, come in questa ricetta, col pesce.

LENTICCHIE DI CASTELLUCCIO AL TIMO E PROSCIUTTO

CONTORNI

250 g di lenticchie di Castelluccio. 1 cipolla rossa. 1 carota. 1 sedano. 1 ciuffetto di timo. 1 bicchiere di brodo vegetale. 1/2 bicchiere di vino bianco. 100 g di prosciutto crudo. 1 spicchio di aglio. 300 g di pane raffermo. olio. sale. pepe.

Tenete a mollo le lenticchie per almeno 2 ore. Nel frattempo tritate la cipolla con il sedano, la carota e il prosciutto fatto in piccoli pezzetti. Rosolate il tutto in una casseruola, meglio se di coccio, con 2 cucchiai di olio. Dopo 5 minuti di cottura a fiamma vivace, unite le lenticchie scolate, il brodo vegetale caldo, il vino e il ciuffetto di timo. Se non avete quello fresco lo potete sostituire con 1/2 cucchiaino di timo secco. Aggiustate di sale e pepe, coprite e cuocete a calore basso per 20 minuti. Se necessario bagnate con altri 2 cucchiai di brodo caldo e finite di cuocere. Tostate il pane raffermo tagliato in fette alte un dito, agliate le fette e accompagnatele alle lenticchie.

SCAFATA UMBRA

CONTORNI

800 g di fave fresche già sgranate. 400 g di bietolina. 100 g di guanciale. 1 cipolla bianca. 1/2 carota. 1 costola di sedano. 150 g di passata di pomodoro. 1/2 tazza di brodo vegetale (vedi ricetta a pagina 282). olio. sale. pepe.

Fate a pezzetti il guanciale, la carota, la cipolla, il sedano e rosolateli in un tegame con 3 cucchiai di olio, a calore vivace per 10 minuti. Girate con un mestolo e aggiungete le fave, sgranate e sciacquate sotto acqua corrente, abbassando la fiamma. Lavate e sciacquate la bietolina, tritandola poi a listarelle non troppo sottili, che unirete alle fave. Aggiustate di sale e pepe, bagnate con il brodo vegetale caldo e unite la passata di pomodoro. Proseguite la cottura a calore più basso per 20 minuti, girando di tanto in tanto. Portate in tavola ben caldo, irrorando con olio.

BRUSTÈNGOLO

250 g di farina di mais macinata fine. 50 g di uva passa.
30 g di pinoli. 30 g di gherigli di noce. 30 g di nocciole tritate.
2 mele tipo Renette.

Ponete la farina in una ciotola, unite una tazza di acqua calda, girate con un mestolo e fate riposare in un luogo asciutto per un'intera nottata. Mettete poi l'uvetta a rinvenire in acqua tiepida per 10 minuti. Scolatela, strizzatela ed unitela all'impasto insieme a tutti gli altri ingredienti. Trasferite il composto in uno stampo da torte rotondo, con i bordi bassi e con il fondo coperto con l'apposita carta. Cuocete nel forno a calore basso per 40 minuti. Fate stiepidire prima di trasferirlo su di un vassoio e portate in tavola.

Questa ricetta della tradizione campagnola umbra, definita un "pane povero", veniva invece preparato in occasione delle feste religiose più importanti che cadevano nei mesi invernali. È una preparazione senza lievito, visto l'assenza di glutine che non fermenta, ma si può un po' alleggerire, mescolando la farina di mais a quella di frumento (150 g di farina di mais e 100 g di farina di grano tenero). In questo caso si può aggiungere 25 g di lievito di birra, disciolto in 1/2 tazza di acqua tiepida, per poi procedere nello stesso modo nella preparazione del dolce. Ne risulterà un prodotto più soffice e leggero.

PANMIELATINI

300 g di pangrattato. 100 g di gherigli di noce pelati. 100 g di miele millefiori. 1 arancia. 30 g di cacao amaro in polvere.

Scaldate in un tegamino posto a bagnomaria il miele. Tritate in piccoli pezzi le noci e raccoglietele con il pangrattato in una ciotola. Unite il miele, reso fluido, e la scorza grattugiata dell'arancia. Fate delle palline della grandezza di una nocciola e ripassatele nel cacao in polvere posto in una scodella. Esaurito l'impasto, trasferite i dolcetti su di un vassoio e fateli riposare in un luogo fresco per 1 ora. Si può aromatizzare l'impasto con l'aggiunta di un cucchiaio di Vin Santo.

TÒRCOLO UMBRO

DOLCI

500 g di farina. 3 uova intere + 1 rosso. 100 g di zucchero.
50 g di pinoli. 120 g di uva sultanina. 70 g di canditi in pezzetti.
1 pizzico di semi di anice. 100 g + 1 noce di burro.

Montate a neve ferma gli albumi e uniteli ai tuorli che avrete sbattuto con
lo zucchero fino a rendere il composto soffice e spumoso. Ponete la farina
a fontana e nel mezzo versate il composto ottenuto, lavorate con le mani
aggiungendo poco alla volta il latte e il burro a temperatura ambiente. Unite
anche i pinoli, l'uva sultanina (ammollata e strizzata), i canditi e l'anice. Lavorate l'impasto ottenuto amalgamando bene gli ingredienti, fino a ottenere
una pasta soffice. Se necessario aggiungete ancora qualche cucchiaio di latte.
Imburrate uno stampo a ciambella e sistemateci la pasta, spennellando con
il rosso d'uovo. Cuocete a calore moderato per 40 minuti. Quindi fatelo freddare e sformatelo. Gustatelo ben freddo, meglio se il giorno dopo.
Tradizionale dolce perugino, preparato per la ricorrenza di San Costanzo,
patrono.

Lazio

La cucina della regione in cui ha sede la capitale d'Italia
si contraddistingue per preparazioni semplici e gustose, spesso a base
di verdure, e preparazioni più complesse, anche più pesanti, spesso
preparate con carni e formaggi. Non si può pensare alla gastronomia
del Lazio senza che ci vengano in mente le moltissime trattorie,
le mescite e i ristoranti di Trastevere, quartiere della Roma più vera,
o le tante tavolate allestite fuori porta… ai castelli o a Ostia, nel
periodo primaverile ed estivo. Pensando alle trattorie tipiche ci viene
in mente che Roma, e il Lazio in generale, sono la patria di tanti primi
piatti conosciutissimi: l'amatriciana, l'arrabbiata, la puttanesca e altri
ancora di cui basta ascoltare il nome per sentirne già il profumo.

Le verdure romane sono tra le più gustose, con in primo piano
i famosi carciofi, che siano preparati alla "romana" o alla "giudìa",
con ovvia discendenza ebraica, o ancora meglio nel semplicissimo
pinzimonio che ne esalta il sapore e il gusto così tenero.

Sono molte le verdure che fanno compagnia ai carciofi: il sedano,
le fave, i piselli e le molte insalatine.

Altro caposaldo della cucina laziale, e soprattutto romana, sono le
carni degli ovini: il capretto, l'agnello e specialmente l'"abbacchio"
(agnello lattante che non ha ancora brucato l'erba, dal peso di circa 10
kg).

In tema di carni non possiamo dimenticare alcune preparazioni
povere come la trippa, la pagliata, spesso abbinata a paste asciutte,
e la coda alla vaccinara. Anche il maiale ha un ruolo importante con
la porchetta (maiale intero disossato e condito con erbe aromatiche
e cotto arrosto), che si dice sia nata sui colli Albani
e poi diffusa in tutta Italia.

Infine ricordiamo il pecorino, vero caposaldo della cucina laziale:
da quello fresco servito con le verdure per antipasto, a quello
semistagionato usato in sostituzione del grana sulle paste asciutte,
a quello stagionato, vero e proprio secondo piatto.

FRITTATA ALLA BURINA

ANTIPASTI

4 uova. 1 cespo di insalata lattuga. 1 cucchiaio di pecorino romano grattugiato. olio.

Pulite e lavate accuratamente la lattuga, usando per questa ricetta le foglie esterne, più verdi, e tenendo le più interne per altre preparazioni. Fatela quindi a listarelle e ponetela ad asciugare. Sbattete le uova col pecorino, sale e pepe ed aggiungete la lattuga. In una larga padella fate scaldare un cucchiaio di olio, versatelo nell'impasto amalgamandolo, versate poi il tutto nella padella ben calda e appena unta. Cuocete la frittata da ambo i lati, dorandola. Portate in tavola su di un vassoio decorato con foglie di lattuga e proponendo questo piatto come antipasto.

MORETUM

ANTIPASTI

1 cespo di lattuga romana. 1 mazzetto di rucola. 1 cuore di sedano nel bianco (detto "ciccio"). 1 cipolla rossa. 1 porro. 1 rosso d'uovo. 1 spicchio di aglio. 1 ciuffo di prezzemolo. 1 pizzico di semi di coriandolo. olio.
Per la pasta: 300 g di farina. 20 g di lievito di birra.

Ponete la farina su di una spianatoia e lavoratela con il lievito diluito in mezzo bicchiere di acqua appena tiepida. Ottenuto un impasto sodo ed elastico, ponetelo a lievitare per 1 ora in un luogo asciutto e coperto da un panno. Nel frattempo pulite accuratamente la lattuga, la rucola e il sedano e asciugateli su di un panno, quindi riduceteli in listarelle che riporrete in una ciotola. Fate quindi un trito con il porro, tagliato finemente, la cipolla, lo spicchio di aglio e il prezzemolo. Aggiungete i semi di coriandolo e trasferite il tutto nelle verdure, girando gli ingredienti con un mestolo e aggiungendo 3 cucchiai di olio e un pizzico di sale. Macinate del pepe al momento e rigirate il tutto. Sgonfiate la pasta, poi stendetela in un unico disco alto 1/2 cm con il quale fodererete una forma da forno rotonda, appena imburrata. Lasciatevi un po' di pasta per le guarnizioni. Versate il preparato e formate con la pasta delle strisce che porrete sulla superficie della torta. Spennellate con il rosso d'uovo e infornate a calore moderato per 20 minuti. È un piatto ottimo sia caldo che freddo. Di questo antico piatto si parla addirittura nella letteratura latina, riferendo forse a Virgilio un poemetto appunto titolato Moretum. Fu però Giacomo Leopardi che, traducendolo, fece giungere a noi la ricetta di questa torta salata.

SUPPLÌ AL TELEFONO

ANTIPASTI

300 g di riso tipo Arborio. 50 g di Parmigiano Reggiano. 1/2 cipolla dorata. 60 g di burro. 1 l di brodo vegetale (vedi ricetta a pagina 282). 100 g di carne di manzo tritata. 30 g di funghi secchi. 50 g di dadolini di Provatura (formaggio di latte bufalino, simile alla mozzarella napoletana, dalla caratteristica forma a uovo). 2 uova. 100 g di pangrattato. 1 cucchiaio di concentrato di pomodoro. olio.

Fate fondere il burro con la cipolla tagliata finissima, aggiungete quindi il riso e rosolate a fuoco vivace per alcuni minuti. Unite il brodo vegetale e, abbassando la fiamma, fate ritirare completamente il liquido, girando il riso di tanto in tanto. Nel frattempo ammollate i funghi secchi in una ciotola con acqua calda, rosolate la carne tritata in tre cucchiai di olio, aggiustando di sale e pepe. Sgocciolate i funghi, strizzateli, tritateli e uniteli alla carne, cuocendo a calore moderato per 30 minuti e bagnando con brodo caldo mescolato a concentrato di pomodoro. A cottura ultimata deve risultare un ragù molto denso e saporito. Unite, a fine cottura del riso, il Parmigiano, mantecate e fate freddare. Riducete in piccoli dadi la provatura e ponetela a scolare cosicché rifaccia gran parte del siero. Sbattete brevemente le uova e mettete il pangrattato in un largo piatto. Formate con le mani delle palline di riso (crocchette) molto più piccole degli arancini; con il pollice praticate una cavità nella quale inserirete una piccola quantità di ragù e un pezzetto di Provatura, richiudendo poi con cura il supplì. Passateli nell'uovo quindi nel pangrattato, friggendo in abbondante olio a giusta temperatura. Fateli asciugare su carta da cucina e gustateli ancora caldissimi. Il curioso nome di questo piatto, molto popolare nei quartieri di Trastevere e Testaccio (quasi ogni friggitoria lo elenca nelle proprie specialità), è dovuto all'uso del formaggio, la Provatura, che si allunga in fili quando il supplì viene addentato.

BUCATINI ALL'AMATRICIANA 📷

PRIMI PIATTI

400 g di bucatini, 1 cipolla bianca, 500 g di pomodori ben maturi, 130 g di pecorino romano, 100 g di guanciale affumicato, 1 peperoncino rosso piccante, olio, sale.

In una casseruola fate rosolare il guanciale tagliato a tocchetti e la cipolla affettata in 4 cucchiai di olio. Cuocete a fiamma vivace per 5 minuti, quindi unite i pomodori, lavati e fatti a pezzi, un pizzico di sale e il peperoncino tritato finemente. Cuocete la salsa per 10 minuti a fiamma bassa. Nel frattempo lessate al dente i bucatini, scolateli e conditeli con la salsa ben calda. Portate in tavola accompagnando con pecorino romano grattugiato al momento.
Tra le curiosità della storia gastronomica del nostro Paese c'è la denominazione di questa preparazione: "Amatriciana" o "Matriciana"? La risposta si perde tutt'oggi nei meandri della storia; rimane certo solo il fatto che ad Amatrice (in provincia di Rieti, ma di tradizione culinaria abruzzese) sono state trovate ricette con ingredienti simili a questa.

BUCATINI ALLA CARBONARA

PRIMI PIATTI

100 g di pancetta stesa, 50 g di pecorino grattugiato, 50 g di grana grattugiato, 3 uova, 1 spicchio di aglio, 400 g di bucatini, olio.

Fate in piccoli pezzi la pancetta e rosolateli in una padella con tre cucchiai di olio e uno spicchio di aglio intero, che toglierete non appena diventa dorato, fino a renderli ben rosolati ma non croccanti. Sbattete in una ciotola due uova con un tuorlo e mezza dose del formaggio grattugiato. Lessate, in abbondante acqua salata, i bucatini, scolateli e trasferiteli nella padella con la pancetta, saltandoli a fuoco vivace per pochi minuti. Trasferite poi il tutto nella zuppiera con le uova e cospargete col restante formaggio. Portate subito in tavola. Volendo si può aggiungere del vino bianco secco alla cottura della pancetta. Questa pasta viene chiamata così perché preparata alla maniera dei boscaioli addetti alla preparazione del carbone.

FETTUCCINE CIOCIARE

400 g di fettuccine. 50 g di prosciutto crudo salato in 1 fetta. 1 spicchio di aglio. 1 ciuffo di mentuccia. 300 g di funghi porcini. 150 g di piselli sgranati. 1 ciuffo di prezzemolo. 100 g di caciotta romana. 1/2 ramaiolo del fondo di cottura di carne in umido. olio. sale. pepe.

Pulite con cura i funghi, eliminando l'eventuale terra dai gambi e ripulendo le cappelle con carta da cucina inumidita. Fateli in fette sottili e trasferiteli in una padella con l'aglio intero, 2 cucchiai di olio e le foglie di mentuccia. Cuocete a fiamma bassa per 10 minuti. Nel frattempo fate a dadini il prosciutto, insieme al prezzemolo tritato e trasferiteli in una casseruola con 2 cucchiai di olio. Appena prendono colore uniteci i piselli, puliti e lavati, aggiustate di sale e pepe, unite una tazza di acqua calda e cuocete a fiamma moderata per 10 minuti. Unite quindi i funghi e proseguite insieme la cottura, girando con un mestolo, per altri 10 minuti. Lessate nel frattempo le fettuccine, scolatele al dente, trasferitele nella casseruola con il sugo, unite anche il ramaiolo con il fondo di cottura della carne in umido e cuocete a fiamma vivace, girando in continuazione per 2-3 minuti. Fate poi riposare prima di portare in tavola, accompagnando con abbondante caciotta romana grattugiata al momento.

GNOCCHI ALLA ROMANA

250 g di semolino. 1 l di latte. 90 g di Parmigiano Reggiano grattugiato. 2 uova. odor di noce moscata. 1 noce di burro + 100 g.

Bollite il latte con metà burro, un pizzico di sale e una grattugiata di noce moscata. Non appena bolle, spegnete il fuoco e versate il semolino a pioggia, amalgamando con una frusta per non formare grumi. Rimettete a fuoco molto basso e cuocete, sobbollendo, per 15 minuti girando spesso. A cottura ultimata fate un po' freddare il semolino, quindi aggiungete i rossi dell'uovo sbattuti, amalgamando bene. Ungete con poco burro una larga teglia dai bordi non troppo alti e versate il semolino cotto, livellando bene con un coltello bagnato. Lasciatelo freddare, quindi, con un taglia pasta o con un bicchiere, ritagliatene tanti dischetti. Ponete sul fondo di una larga pirofila ben imburrata i ritagli avanzati di semolino, spolverate con poco Parmigiano e quindi mettete gli gnocchi in file ben regolari su questo strato, se necessario accavallandoli un po'. Spolverateli con il parmigiano e irrorateli con il burro restante fatto fondere. Infornate per 20 minuti a calore moderato, fino a quando sulla superficie non si sarà formata una crosticina dorata. Sono ottimi solo se gustati caldi. Questa ricetta ha origine nella Roma imperiale, quando Apicio – famoso cuoco e autore del classico della letteratura gastronomica De re coquinaria – lo descrive preparato con l'aggiunta di miele. Negli anni ha trovato una più giusta collocazione gastronomica proposto come piatto salato.

PASTA E CECI ALLA ROMANA

PRIMI PIATTI

300 g di ceci secchi. 150 g di pasta corta tipo mezzi ditalini. 100 g di guanciale. 1 rametto di rosmarino. 1 pomodorino ciliegia. 50 g di concentrato di pomodoro (a piacere). 1 spicchio di aglio. 1 cipolla rossa. 1/2 cucchiaino di bicarbonato. olio. sale. pepe.

Tenete i ceci in ammollo per una notte in acqua fredda con 1/2 cucchiaino di bicarbonato. Al momento di cuocerli sciacquateli sotto acqua corrente. Trasferiteli in una pentola, meglio se di coccio, coperti di acqua, unite 1 spicchio di aglio con la buccia, 1 rametto di rosmarino, 1 pomodorino ciliegia e un pizzico di sale. Fate bollire a fiamma moderata, quindi abbassate il calore e proseguite la cottura a fiamma bassa per 40 minuti. Tritate il guanciale in tocchetti insieme alla cipolla tagliata fine e rosolateli in un tegamino con 1 cucchiaio di olio. Quando i ceci saranno quasi cotti, versate la pasta e il soffritto, aggiustate di sale e pepe, finendo di cuocere a fiamma bassa e con il coperchio. A piacere potete unire a questo punto 1/2 tazza di acqua calda nella quale avrete sciolto il concentrato. Quando la pasta sarà cotta, fate riposare per 10 minuti, sempre con il coperchio, prima di servire la zuppa in ciotole individuali di coccio, che conserveranno il calore.

La tradizione "burina", ovvero campagnola, di questa ricetta, prevede l'aggiunta di fette di pane raffermo, abbrustolite e insaporite con l'aglio e tagliate a tocchetti, da aggiungere a ogni porzione.

RIGATONI ALLA PAGLIATA

PRIMI PIATTI

700 g di budelline di vitella da latte (pagliata). 300 g di rigatoni formato grosso. 300 g di pelati. 50 g di pancetta magra. 1 cipolla rossa. 1 costa di sedano. 1 carota. pecorino romano grattugiato. olio. 1 ciuffo di prezzemolo. 2 spicchi di aglio. 1 bicchiere di vino bianco.

Lavate la pagliata sotto acqua corrente, quindi tagliatela con le forbici in pezzetti lunghi circa 20 cm, che legherete alle estremità in modo da formare tanti anelli. Sciacquateli nuovamente e metteteli su di un panno ad asciugare. Fate un trito con la cipolla, la carota e il sedano, unendo anche la pancetta a striscette e il prezzemolo. Rosolate il tutto in un tegame con 5 cucchiai di olio, aggiungendo durante la cottura anche l'aglio e la pagliata. Cuocete a fiamma vivace per 5 minuti, girando con un mestolo e aggiungendo il vino bianco. Aggiustate di sale e pepe quindi unite i pelati, sgocciolati, regolate la fiamma a calore basso e sobbollite per 1 ora e mezzo, unendo di tanto in tanto un ramaiolo di acqua tiepida se il sugo tende ad asciugarsi troppo. Quando il condimento risulterà denso e saporito, togliete dal fuoco e fate riposare. Lessate i rigatoni in abbondante acqua salata scolandoli al dente e condite con abbondante sugo spolverato con altrettanto abbondante pecorino.
Piatto di Trastevere conosciuto ovunque, si distingue, nella tradizione popolare, in due tipi: la Pajata legittima e quella illegittima. La prima è fatta col vitellino da latte che ancora non ha assaggiato l'erba; la seconda, invece, con un animale più adulto, e risulta per questo amara.

SPAGHETTI ALLA GRICIA

PRIMI PIATTI

400 g di spaghetti puttosto grossi, 150 g di guanciale, 100 g di pecorino romano, olio, sale, pepe da macinare.

Lessate gli spaghetti in abbondante acqua leggermente salata. Tritate in cubetti il guanciale e soffriggetelo in una casseruola con 3 cucchiai di olio a fiamma vivace, facendo prendere colore. Scolate gli spaghetti al dente, trasferiteli in una ciotola. Versate il guanciale con l'olio di cottura, una generosa grattugiata di pecorino e un'altra generosa grattugiata di pepe. Portate subito in tavola. Nella zona di Trastevere, questa ricetta che rimanda alla versione originale abruzzese dell'amatriciana senza pomodoro, è arricchita dall'aggiunta di peperoncino tritato.

ABBACCHIO ALLA CACCIATORA O ALLA ROMANA

SECONDI PIATTI

1,2 kg di pezzi di agnello comprendenti anche il rognone e le costarelle. 1 rametto di rosmarino, 4 spicchi di aglio, 1/2 bicchiere di aceto di vino bianco, 4 filetti di acciuga sliscata e dissalata, 100 g di farina, olio.

Fate a pezzi non troppo grossi l'agnello, infarinatelo e rosolatelo con 3 spicchi di aglio interi, in una casseruola insieme a 5 cucchiai di olio; aggiustate di sale e pepe, quindi abbassate la fiamma e continuate la cottura a calore moderato. Staccate le foglioline dal rametto di rosmarino, ponetele nel frullatore insieme a uno spicchio di aglio, l'aceto, le acciughe, ben lavate e unite anche uno o due cucchiai di olio per ben emulsionare la salsetta. Continuate nel frattempo la cottura per 40 minuti, sempre a fiamma moderata e sempre girando di tanto in tanto. Ponete poi la carne su di un vassoio da portare in tavola e versateci sopra la salsetta ottenuta. Sempre con gli stessi ingredienti si possono preparare carni di coniglio, di pollo e di gallinaccio. Spesso viene consigliata l'aggiunta di peperoncino e menta fresca.

CODA ALLA VACCINARA

· ·

SECONDI PIATTI

2 kg tra coda e guancia di bue. 100 g di strutto. 1 ciuffo di prezzemolo. 1 cipolla rossa. 1 carota. 1 aglio. 100 g di pancetta stesa. 1 bicchiere di vino bianco secco. 3 cucchiai di salsa di pomodoro. 1 sedano bianco e tenero.

Scottate in abbondante acqua appena salata la coda di bue e la guancia, scolandole non appena l'acqua inizia a ribollire. Tritate grossolanamente la cipolla, la carota, l'aglio, il prezzemolo e la pancetta e rosolateli in una capace casseruola con lo strutto. Cuocete per 10 minuti a calore moderato, girando per non fare attaccare. Unite la carne, aggiungete il vino bianco e rosolate il tutto per 5 minuti, prima di aggiungere la salsa di pomodoro disciolta in 1/2 l di acqua tiepida. Aggiustate di sale e pepe e continuate la cottura a calore basso, con il coperchio, per almeno 4 ore. Bagnate di tanto in tanto con acqua calda se il sugo tende ad asciugarsi troppo. A cottura quasi ultimata, pulite bene il sedano, togliete i fili, e fatelo in grossi pezzetti che aggiungerete alla carne, finendo di cuocere. Portate in tavola ben caldo.

Si è persa negli anni l'abitudine di aggiungere al sugo di cottura i pinoli, l'uva sultanina e il cioccolato amaro, forse lasciando perdere sapori che contrastano troppo sulle nostre tavole. Non è raro comunque trovare nella gastronomia laziale, specie quella vicina al grossetano, piatti in cui prevale l'agrodolce, come quella del cinghiale, dove sono presenti ingredienti quali cioccolato amaro, cedro, pinoli e zibibbo.

GAROFOLATO DI BUE

· ·

SECONDI PIATTI

1 kg di manzo nel girello. 350 g di passata di pomodoro.
100 g di prosciutto crudo. 70 g di lardo in 1 fetta. 1 cipolla rossa.
1 carota. 1 costola di sedano. 2 spicchi di aglio. 1 ciuffo di prezzemolo.
1 ciuffetto di maggiorana fresca. 10 chiodi di garofano. odor di noce
moscata. 1 bicchiere di vino rosso robusto. olio.

Fate il lardo in bastoncini e passatelo in un trito formato da aglio, prezzemolo-lo e maggiorana. Con questi steccate la carne. Fate un battuto con la carota, il sedano e la cipolla, unendo anche il prosciutto e trasferite il tutto in una casseruola con 3 cucchiai di olio. Legate la carne con filo da cucina, ponetela sulle verdure tritate e cuocete a fuoco moderato per 10 minuti. Macinate i chiodi di garofano, uniteli al sale e al pepe e con questo miscuglio insaporite la carne. Aggiungete anche una spolverata di noce moscata. Fate rosolare uniformemente il girello, quindi sfumate con il vino rosso, sempre tenendo la fiamma a calore moderato. Aggiungete adesso la passata di pomodoro e tanta acqua calda fino a coprire del tutto la carne. Abbassate la fiamma e cuocete almeno 2 ore, con il coperchio, fino a che il sugo non risulti denso e la carne morbida.
Nella Ciociaria questo piatto viene preparato con il cosciotto di agnellone, al posto del girello.

SALTIMBOCCA ALLA ROMANA 📷

SECONDI PIATTI

400 g di polpa di vitello a fette. 100 g di prosciutto crudo affettato sottile. 1 rametto di salvia. 70 g di burro. 1 bicchiere di vino bianco secco.

Battete con il batticarne le fettine di vitella; disponetene su ciascuna un pezzetto di prosciutto e una foglia di salvia, che fermerete con uno stecchino. In una padella fate fondere il burro e cuocete le fettine a fuoco vivace, salando e pepando dalla sola parte dove non c'è il prosciutto. Accomodate poi i saltimbocca su di un vassoio da portare in tavola, tenendo in caldo. Abbiate cura di sistemare la carne con la parte del prosciutto rivolta verso l'alto. Versate nella padella il vino bianco e un cucchiaio di acqua, cuocete a fiamma vivace per alcuni minuti, quindi versate il sughetto sulla carne. Gustate questo piatto ben caldo.

TINCA IN PORCHETTA

SECONDI PIATTI

1 grossa tinca (circa 2 kg). 1 fegatino di maiale. 1 fettina di rigatino (pancetta). 2 patate. foglie di alloro. 1 spicchio di aglio. finocchio fresco. olio.

Pulite accuratamente la tinca e, dopo averla passata sotto acqua corrente, mettetela ad asciugare su di un panno. In una padella soffriggete in 2 cucchiai di olio l'aglio tritato, le patate sbucciate e fatte a fette sottili, il finocchio selvatico, il fegato di maiale fatto a pezzetti e il rigatino, anch'esso tritato. Rosolate tutti gli ingredienti a fuoco moderato per alcuni minuti, aggiustando di sale. Quindi spegnete la fiamma e fate freddare. Salate esternamente e internamente la tinca. Riempitela con il composto preparato e con le foglie di alloro, cucitene il ventre con spago da cucina. Cuocetela in una pirofila in forno condita con poco olio, a calore moderato per 1 ora e mezzo. Bagnate se necessario con poca acqua calda mescolata al fondo di cottura del pesce. È un piatto ottimo anche freddo; la sua versione originale, prevedeva l'utilizzo delle interiora del pesce invece del fegato di maiale e del rigatino, che, si diceva negli annali di cucina, conferivano al piatto un sapore unico e molto apprezzato.

CARCIOFI ALLA GIUDIA

. . . .

CONTORNI

12-14 carciofi detti "cimaroli". olio. 2 limoni.

Pulite con cura i carciofi privandoli delle foglie esterne più dure e legnose. Lasciate un pezzetto di gambo (circa 5 cm) attaccato e togliete l'eventuale barba interna. Con un coltello affilato sbucciate i gambi togliendo i filamenti. Allargate delicatamente le foglie rimaste fino a ottenere una sorta di fiore con i petali aperti che metterete in una ciotola di acqua fredda e limone per non farli annerire. In un tegame portate l'olio a giusta temperatura e cuocete i carciofi sgocciolati e asciugati, prima col gambo rivolto verso l'alto, poi al contrario. Scolateli e fateli freddare. Aprite di nuovo le foglie, salate e pepate abbondantemente l'interno, bagnate con poca acqua fredda e metteteli ancora nell'olio bollente per pochi minuti. Scolate, asciugateli su carta gialla e serviteli caldissimi.

Piatto che trae origine dalla cucina del Ghetto, quando i romani erano soliti andarvi a gustare questo piatto. Rigorosamente semplice, necessita però, per la sua riuscita, della cosiddetta "capatura", cioè l'operazione preventiva che serve a liberare il carciofo delle parti dure e filamentose.

CAZZIMPERIO ALLA ROMANA

. . . .

CONTORNI

1 sedano. a piacere pasta di acciughe. olio. sale. pepe.

Pulite le costole del sedano più tenere e intingetele in una ciotola con un'emulsione di olio, sale e pepe. In alcuni quartieri di Roma viene aggiunta della pasta di acciughe.

Questa "crudità" viene spesso servita come digestivo ai pranzi che prevedono molte portate. Il cuore del sedano viene in dialetto chiamato "ciccio", da cui deriva un curioso modo di indicare qualcosa che calzi a perfezione, cioè: "A ciccio de sellero".

INSALATA DI PUNTARELLE

CONTORNI

600 g di punte di cicorione (dette puntarelle). 2 spicchi di aglio. 3 filetti
di acciughe sott'olio. 1 cucchiaio di aceto. olio.

Pulite il cicorione e ricavatene le puntarelle che laverete sotto acqua corrente.
Tagliate poi i gambi a croce e rimettetele a bagno in acqua fredda finché si
arricceranno. Schiacciate intanto l'aglio, in una ciotolina, nella quale aggiungerete le acciughe, ben sliscate e lavate, e un cucchiaino di aceto. Lavorate il
tutto con una forchetta, unendo poco alla volta l'olio necessario a farne una
salsetta densa. Scolate le puntarelle, trasferitele in un'insalatiera e conditele
con il composto preparato.
Questa tipica insalata romana può esser presentata come uno stuzzicante
antipasto.

CROSTATA DI RICOTTA

DOLCI

300 g di pasta frolla (vedi ricetta a pagina 283). 150 g di ricotta
freschissima. 2 rossi d'uovo. 50 g di zucchero. 1 cucchiaio di farina.
1/4 di l di latte. 1 pizzico di cannella in polvere. 50 g di canditi
in pezzetti. 30 g di zucchero a velo.

Preparate una crema pasticcera, lavorando lo zucchero con i rossi d'uovo,
fino a formare un composto spumoso. Unite un cucchiaio di farina, incorporandolo con cura, e il latte a temperatura ambiente. Ponete sul fuoco la
casseruola con la crema, cuocendo a fiamma bassissima e girando continuamente nello stesso verso. Fate sobbollire per 1-2 minuti, quindi riponetela
in un luogo fresco a raffreddare. Lavorate in una ciotola la ricotta setacciata,
insieme alla cannella, ai canditi e allo zucchero a velo. Unite la crema, ben
fredda, e amalgamate bene gli ingredienti. Fate quindi riposare in un luogo
fresco. Stendete la pasta frolla su di un ripiano infarinato, ricavandone un
disco dello spessore di circa 1/2 centimetro. Con questo foderate uno stampo

da dolci (meglio se uno di quelli a cerniera) che avrete ben imburrato e infarinato. Tagliate via la pasta in eccesso e versate il composto di ricotta. Livellate la superficie e con il palmo delle mani infarinate arrotolate dei pezzetti di pasta avanzata formando dei cilindretti che metterete a grata sul dolce. Cuocete nel forno a calore moderato per 30 minuti. Fate raffreddare prima di sformare su di un vassoio e portate in tavola, meglio se accompagnata da ciuffetti di panna montata.

GELATO DI RICOTTA

DOLCI

500 g di ricotta di pecora freschissima. 4 rossi d'uovo.
120 g di zucchero. 5 cucchiai di brandy. 50 g di canditi tritati misti.

In una terrina sbattete a lungo i tuorli d'uovo con lo zucchero fino a ottenere un impasto soffice e spumoso. Passate la ricotta al setaccio e incorporatela piano piano al composto, aggiungendo anche il brandy. Dopo aver ben amalgamato gli ingredienti sistemateli in un luogo fresco a riposare per 5 minuti. Con una garza bagnata foderate uno stampo a forma rettangolare e versate il composto di ricotta, battendo il recipiente sul ripiano affinché non rimangano spazi vuoti nello stampo. Livellatene quindi la superficie con un coltello bagnato, coprite con carta di alluminio e ponete in frigo per 4 ore. Sformate poi il "gelato", con l'aiuto della garza, su di un vassoio colorato, quindi guarnitelo con i canditi misti (o se preferite con ciliege sotto spirito) e riponetelo nel frigo fino al momento di portarlo in tavola.

PANGIALLO 📷

350 g di farina bianca, 150 g di ricotta romana, 60 g di zucchero, 25 g di lievito di birra, 1 pistillo di zafferano, 1/2 cucchiaino di cannella in polvere, 60 g di uva passa, 60 g di pinoli, 30 g di scorza di arancia candita, 50 g di miele millefiori, olio.

Setacciate 320 g di farina su di una spianatoia e fate il cratere. Sciogliete lo zucchero in una tazza di acqua tiepida e unite anche il lievito. Mescolate gli ingredienti e uniteli nel cratere. Lavorate con le dita; incorporate poco alla volta la ricotta, aggiungendola in piccole quantità, il miele, l'uva passa, che avrete in precedenza fatto rinvenire in acqua tiepida e poi strizzata, i pinoli, la cannella e la scorza dell'arancia candita tagliata in piccoli pezzi. Lavorate l'impasto con le mani fino a ottenere un composto omogeneo, sodo ed elastico. Fatene una palla, coprite con un panno e fate lievitare in un luogo asciutto per 12 ore. Preparate poi una "copertura" mescolando la restante farina con 1/2 bicchiere di acqua, nel quale avrete messo in infusione il pistillo di zafferano e 1/2 cucchiaino di olio. Lavorate l'impasto lievitato dandogli una forma a pagnottella. Spalmate la superficie con la copertura allo zafferano e ponete su di una teglia da forno ricoperta con l'apposita carta. Cuocete a temperatura moderata per 35 minuti. Fate ben freddare prima di portare in tavola. Essendo un dolce "povero" tipico del periodo natalizio, ponetelo su di un vassoio decorando con rametti di abete e nastri rossi.

Il nome di questo dolce deriva dalla presenza dello zafferano nella copertura. Questo ingrediente si ritrova anche nella ricetta più datata mentre altri ingredienti, quali fichi secchi, gherigli di noce e cioccolato, sono stati aggiunti soltanto in tempi più recenti.

ZUPPA DOLCE ALLA ROMANA

DOLCI

500 g di Pan di Spagna (vedi ricetta a pagina 282). 2 tuorli.
150 g di zucchero. 40 g di farina bianca. 1 l di latte. 3 albumi.
50 g di cioccolato fondente.

Montate i rossi d'uovo, posti in una casseruola, con 50 g di zucchero, aiutandovi con una frusta da pasticciere. Quando saranno spumosi, unite poco alla volta la farina e il latte, a temperatura ambiente. Ponete sul fuoco a fiamma bassa e, girando con un mestolo, fate cuocere la crema per 15 minuti. Ponetene poi una metà in una casseruola, grattugiateci il cioccolato fondente, sempre mescolando e fate nuovamente cuocere a fiamma bassa, per altri 5 minuti. Ottenute 2 creme, una all'uovo e una al cioccolato, fatele raffreddare in un luogo fresco. Tagliate il Pan di Spagna in 3 dischi di uguale spessore. Ponete il primo su di una teglia rotonda dello stesso diametro, coperta con l'apposita carta. Ricopritene la superficie con la crema all'uovo. Sovrapponete il secondo disco e ricopritelo con la crema al cioccolato. Spalmate poi sull'ultimo disco le chiare d'uovo precedentemente montate con lo zucchero a neve ben ferma. Aiutatevi con una spatola da cucina in questa delicata operazione. Passate poi il dolce nel forno a temperatura bassa per 35 minuti. La meringa dovrà risultare asciutta e di un bel colore paglierino. Fate freddare prima di portare in tavola.

PANE DI SEGALE, p. 12   ↻FRITTO MISTO DEL PIEMONTE, p. 30   ⋔CARBONADE, p. 14   ↻BONET, p. 35

Canestrelli di Torriglia, p. 47   Tasca o cima della Riviera di Levante, p. 46   Pesto alla genovese, p. 41

⬆Ossibuchi alla milanese, p. 61   ⬆Mostarda di Cremona, p. 51   ⬆Risotto alla milanese, p. 55

⬆Knodel allo speck, p. 68   ↻Strudel di mele, p. 77   ⬆Cavolo rosso in agrodolce con le mele, p. 75

RISI E BISI, P. 84   SALSA PEVERADA, P. 81   BAÏCOLI, P. 91

⋔ Gulash di Trieste, p. 99   ⋔ Gubana, p. 103

⊕ Piadina, p. 106   ♨ Lasagne verdi alla bolognese, p. 108

♨ Spongata di Brescello, p. 118

⊕ Cotechino con i fagioli, p. 112

PANZANELLA, P. 123

CACCIUCCO ALLA LIVORNESE, P. 132

BISCOTTI DI PRATO, P. 135

RIBOLLITA, P. 128

Olive all'ascolana, p. 139

Spaghetti alla nursina, p. 157   Torcolo umbro, p. 164   Brodetto all'anconetana, p. 141

GNOCCHI ALLA ROMANA, P. 169

SALTIMBOCCA ALLA ROMANA, P. 175

BUCATINI ALL'AMATRICIANA, P. 168

PANGIALLO, P. 179

ⓐ ZUPPA ALL'AQUITANA, P. 185   ⓑ FIADONI DEGLI ABRUZZI, P. 191   ⓐ MACCHERONI ALLA CHITARRA, P. 183

❖MOZZARELLA IN CARROZZA, P. 195   ♉POLPO ALLA LUCIANA, P. 202   ❖PASTIERA NAPOLETANA, P. 204

🎧 Panzerotti rustichelli fritti, p. 000

🎧 Zucchine alla salentina, p. 218

🔄 Cìceri e tria, p. 211

🎧 Cozze ripiene al sugo, p. 206

🔄 Carteddate, p. 218

CALABRIA

Caponata, p. 242

Couscous di pesce alla trapanese, p. 259

Cassata gelata, p. 265

Pasta con le sarde alla palermitana, p. 253

① CULIRGIONES DI CAGLIARI, P. 269   ⟳ MALLOREDDUS ALLA SALSICCIA, P. 271   ⟳ PARDULAS, P. 278

⟳ SEADAS, P. 279

Abruzzo e Molise

Queste due regioni sono ben distinte da un punto di vista politico-amministrativo, ma non lo sono del tutto per cultura e abitudini giornaliere.

Le tradizioni culinarie e gastronomiche, infatti, sono singolarmente vicine, pur presentando piccole differenze come accade per tutti i comuni d'Italia. Ho pensato, quindi, di riunirle in un'unica, fantasiosa, grande regione.

La cucina di queste terre si distingue per la sua tecnica semplice e lineare, pur non escludendo con tale semplicità l'utilizzo copioso di ingredienti di varia natura e genere. I molti minestroni presenti nella storia gastronomica di questi territori sono l'esempio ingegnoso di come le massaie riuscissero a sfruttare anche i più piccoli avanzi della dispensa. Questa tecnica, raffinata nei secoli, ha dato vita a piatti rimasti quasi del tutto invariati; un esempio per tutti il minestrone teramano detto anche "le virtù".

La pasta – qui chiamata ovunque "maccheroni" – ha un ruolo dominante: forgiata sotto forma dei famosi spaghetti alla chitarra o in forme corte come, appunto, i maccheroni o i "pàppicci" (lunghe lasagne senza uovo), è sempre condita con ragù saporiti il cui ingrediente principale è spesso la soppressata o ventricina.

Anche le regioni costiere offrono gustosi spunti per semplici ma ricche preparazioni di zuppe, basate sul pesce del mare Adriatico: il guazzetto alla marinara e la scapece di pesciolini sono solo due esempi della tradizione, tutt'oggi proposti ai molti visitatori che sperimentano la bellezza di queste coste.

I dolci sono ricchi di mandorle, ingrediente che ha reso famosa in tutto il mondo la città di Sulmona, ma anche di cannella, zucchero e frutta secca che creano preparazioni bilanciate nel gusto e mai troppo elaborate.

ACCIUGHE DELLA COSTA ABRUZZESE

800 g di acciughe freschissime, 8 o 10 filetti di acciughe sottosale,
2 uova, 50 g di farina bianca, 100 g di pangrattato, 2 limoni,
1 ciuffo di prezzemolo, olio, sale.

Pulite accuratamente le acciughe fresche, apritele a metà nel ventre, privatele delle interiora e della spina dorsale, sciacquatele sotto acqua corrente e distendetele su carta da cucina ad asciugare. Sciacquate anche le acciughe sotto sale e fate poi a pezzetti i filetti. Ponetene un pezzetto in ogni acciuga fresca e richiudetele. Una volta riempite tutte le acciughe fresche, ripassatele nella farina posta in un vassoio e poi nelle uova sbattute e per finire nel pangrattato. Premete con la mano sui pesci per fare ben aderire l'impanatura. Friggete in un'ampia padella con abbondante olio a giusta temperatura. Fate dorare in modo uniforme friggendo a fiamma moderata. Ponete via via le acciughe fritte ad asciugare su carta da cucina e insaporite con un pizzico di sale. Disponetele a raggiera su di un vassoio rotondo, ponendo al centro il ciuffo di prezzemolo e accompagnando con fette di limone.

CELLITTI CON GLI ORAPI

600 g di farina bianca, 150 g di pancetta stesa, 300 g di orapi
(verdura selvatica), 1 ciuffo di prezzemolo, 1 cipolla rossa, 1 spicchio
di aglio, 1 peperoncino rosso (facoltativo), 100 g di pecorino abruzzese,
olio, sale.

Impastate con cura la farina, aggiungendo acqua e un pizzico di sale, lavorate fino a ottenere un impasto morbido e omogeneo. Arrotolate con le mani piccole quantità di pasta, per ottenere delle lunghe bacchettine, grosse come il dito mignolo. Tagliatele in pezzetti lunghi 2 dita e schiacciate ogni pezzetto tra il pollice e l'indice (ecco i *cellitti*), riponeteli su di un panno asciutto e infarinato. Tagliate a strisce fini la pancetta, mettetela in una teglia appena unta di olio e unite un trito di aglio e cipolla, fate quindi soffriggere fino a quando la pancetta non sarà dorata. Aggiungete il peperoncino intero. Pulite e lavate sotto acqua corrente gli orapi, scolateli e immergeteli in acqua bollente salata, e cuocete a fiamma moderata per 10 minuti. A cottura quasi ultimata unite i cellitti, finendo di cuocere insieme per altri 8 o 10 minuti. Scolateli, sempre insieme, e trasferiteli in una ciotola dove verserete il soffritto, ben caldo, con la pancetta e spolverate abbondantemente con il pecorino grattugiato al momento.

Piatto tipico della zona di Barrea (Aquila), in agosto una sagra ne celebra la tradizione, aggiungendo agli ingredienti poveri della ricetta originale, altri tipi di condimento con carni di agnello e maiale. "Orapi" è il nome dialettale che indica le verdure selvatiche (radicchi, bietole ecc.) facilmente reperibili nei campi in primavera.

MACCHERONI ALLA CHITARRA 📷

PRIMI PIATTI

500 g di farina di grano duro. 400 g di passata di pomodoro. 300 g di polpa di vitella. 5 uova. 1 cipolla rossa. 2 spicchi di aglio. 50 g di pecorino stagionato. 1 bicchiere di vino bianco. olio. sale. pepe.

Sulla spianatoia versate la farina, fate un cratere e unite 5 uova. Impastate per ottenere un composto sodo ed elastico (per aiutarvi unite 1 cucchiaio di olio), fatene una palla e avvolgetela nella pellicola che farete riposare per mezzora in un luogo fresco. Affettate finemente la cipolla e mettetela con 2 spicchi di aglio (anch'essi tritati) in una casseruola con 6 cucchiai di olio ad appassire. Fate a piccolissimi pezzi la polpa di vitella e aggiungetela al soffritto. Rosolatela a fiamma vivace per 10 minuti, girando con un mestolo, bagnate col vino bianco che farete evaporare. Aggiungete un pizzico di sale e pepe e versate la passata di pomodoro, abbassate la fiamma e fate sobbollire dolcemente mentre preparate i maccheroni. Con il matterello infarinato stendete una sfoglia sottile ma non troppo. Tagliate dei rettangoli, appoggiateli sulla "chitarra" (utensile reperibile nei negozi di casalinghi), passateci più volte il matterello e fate cadere i maccheroni che riporrete su un telo infarinato.

Continuate fino a esaurire la pasta. Cuoceteli in abbondante acqua salata e una volta scolati conditeli con il ragù servendo a parte il pecorino grattugiato. L'arnese con cui si fanno questi maccheroni non ha origini molto antiche. Primo reperto illustrato si può trovare sulle famose tavole dello Scappi del 1570. Forse, quindi, il nome "chitarra" si può far risalire alla metà dell'Ottocento, quando, con l'ingresso dell'arnese in questione, anche la pasta, che fino allora veniva detta "retrocele" ne prese il nome.

SCRIPPELLE 'MBUSSE
(SCRIPPELLE BAGNATE)

PRIMI PIATTI

130 g di farina bianca, 3 uova, 100 g di pecorino grattugiato, 50 g di Parmigiano Reggiano grattugiato, 1 ciuffo di prezzemolo, 1,5 l di brodo di carne di pollo (vedi ricetta a pagina 281), 1/2 bicchiere di latte, 30 g di burro, odore di noce moscata, sale.

Mettete gli ingredienti del brodo a bollire. Nel frattempo preparate le scrippelle mettendo in una ciotola, tritato finemente, il prezzemolo, uniteci le uova sbattute brevemente, 2 cucchiai di latte, la noce moscata e un pizzico di sale. Sbattete con una frusta e incorporate poco alla volta la farina a pioggia, facendo attenzione che non si formino grumi. Mescolate bene fino a ottenere un composto liscio e omogeneo. Fate riposare per 15 minuti. Ungete con pochissimo burro una padellina antiaderente e quando è ben calda versateci un mestolino del composto alla volta, ruotando la padella per ricoprirne tutta la superficie con uno strato sottile di impasto. Rigirate prima che si scurisca e finite di cuocere. Appena pronte arrotolatele come per formare dei cannelloni che metterete 3-4 per piatto, cospargete con il pecorino e versateci il brodo di pollo bollente. Portate in tavola e servite il Parmigiano a parte.
Dette "'mbusse", cioè bagnate, sono la specialità di Teramo. Per renderle più gustose, nei giorni di festa, vengono farcite dei 2 formaggi prima di essere irrorate col brodo. Sempre accompagnate dal formaggio grattato da servire a parte.

ZUPPA ALL'AQUILANA 📷

300 g di riso Arborio. 4 costole di sedano. 1/2 cipolla rossa.
1.5 l di brodo di carne magra (vedi ricetta a pagina 281).
80 g di pecorino abruzzese semistagionato. 50 g di lardo. sale. pepe.

Fate a pezzetti il lardo e scioglietelo sul fondo di una pentola, meglio se di coccio. Unite il sedano tritato in piccoli pezzi e la cipolla. Rosolate a fiamma vivace per 5 minuti, poi unite il brodo. Appena bolle aggiungete il riso, aggiustate di sale e pepe e cuocete ancora, a fiamma moderata, per 20 minuti. A fine cottura portate in tavola la zuppa trasferita in una zuppiera. Servite a parte il pecorino grattugiato e gustate bollente.

'NDOCCA 'NDOCCA
(LETT. "A PEZZI GROSSI")

SECONDI PIATTI

1 kg di carne di maiale mista (zampetta. cotenna. musetto ecc.). 1 rametto di rosmarino. 2 foglie di alloro. 2 spicchi di aglio. 1 peperoncino piccante. 1 bicchiere e mezzo di aceto di vino rosso. olio. sale. pepe nero in grani.

Mettete le parti del maiale in una capace ciotola, ricoprite con acqua fredda e un bicchiere di aceto, e lasciateli riposare per una notte. Scolateli e tagliateli a pezzetti (detti appunto 'ndocca 'ndocca) e poneteli in una casseruola, possibilmente di terracotta. Coprite con acqua fredda, aggiungete gli aromi (rosmarino e alloro), un pizzico di sale e il pepe in grani. Schiacciate gli agli con la buccia e uniteli al tegame. Acidulate col 1/2 bicchiere di aceto e unite per ultimo il peperoncino. Coprite e fate bollire, a fuoco basso, per almeno 4 ore, aggiungendo se necessario 1 o 2 ramaioli di acqua calda. Nei pranzi di ricorrenza, questo piatto, è servito sia caldo che freddo; in questo caso la carne, fatta freddare nel suo brodo, verrà servita con la gelatina del brodo stesso.

AGNELLO CACIO E OVA

SECONDI PIATTI

1 kg di carne di agnello nella coscia. 5 uova. 2 bicchieri di vino bianco. 3 spicchi di aglio. 2 rametti di rosmarino. 80 g di pecorino abruzzese non troppo stagionato. 120 g di mollica di pane raffermo. olio. sale. pepe.

Fate a tocchetti la carne di agnello, che passerete più volte in un trito di aglio e rosmarino. Trasferitela in una capace casseruola, meglio se di coccio, aggiustate di sale e pepe e rosolate a fiamma vivace con 2 cucchiai di olio, per 10 minuti. Girate di tanto in tanto con un mestolo. Bagnate con il vino bianco, abbassate la fiamma e proseguite la cottura, con il coperchio, per 40 minuti girando spesso. Bagnate se necessario con 1 o 2 ramaioli di acqua tiepida. A fine cottura la carne dovrà risultare tenera. Sbattete ora le uova con il formaggio grattugiato e la mollica del pane, sbriciolata con le mani. Versate il composto sulla carne, tenete la fiamma bassa e cuocete per 5 minuti con il coperchio. Portate subito in tavola. Accompagnate con cardi gratinati al forno.

BACCALÀ MOLLICATO

SECONDI PIATTI

600 g di filetto di baccalà ammollato. 150 g di mollica di pane raffermo. 2 spicchi di aglio. 1 ciuffo di prezzemolo. 1 peperoncino rosso. 1 cucchiaio di origano essiccato. olio. sale.

Dopo un ammollo di 24 ore, lessate brevemente il baccalà in abbondante acqua non salata. Dopo 10 minuti scolatelo e privatelo di eventuali lische e della pelle. In un tegame soffriggete brevemente, in abbondante olio, la mollica sbriciolata con le mani, il prezzemolo tritato e l'aglio schiacciato. Fate sfrigolare a fuoco vivace per qualche minuto, poi spengete la fiamma e aggiungete il baccalà, unite il peperoncino e l'origano. Finite di cuocere in forno, ben caldo, per altri 10 minuti, meglio se coperto con carta alluminio, per far meglio aromatizzare gli ingredienti. Va gustato caldissimo.

CALAMARI DI GIULIANOVA

SECONDI PIATTI

1,2 kg di calamaretti di media pezzatura, 600 g di scampi,
100 g di pangrattato, 2 spicchi di aglio, 1 ciuffo di prezzemolo,
2 o 3 limoni, 1 bicchiere e mezzo di vino bianco secco, olio, sale, pepe.

Pulite bene i calamari, privandoli dell'interno. Tuffate per pochi secondi gli scampi in acqua bollente, quindi privateli del guscio e mettete le code in una ciotola spruzzate di limone. Preparate un trito di prezzemolo e aglio e unitelo al pangrattato insaporito con un pizzico di sale e pepe. Farcite ogni calamaro con 1 scampo e una cucchiaiata di impasto. Chiudete con cura con uno stecchino e mettete i calamaretti, ben allineati, in una teglia, irrorati di olio e spruzzati con altro succo di limone. Salate e pepate a volontà. Cuocete per 30 minuti a fuoco moderato finché, bucandoli con uno stecchino, risulteranno morbidi. Aggiungete se necessario un mestolo di acqua calda se tendono ad asciugarsi troppo. Sfumate con il vino bianco prima di toglierli dal forno e gustateli appena tiepidi, bagnati dal loro sughetto di cottura.

GUAZZETTO ALLA MARINARA

SECONDI PIATTI

1 kg di pesce misto (mormora, merluzzetti, pannocchie e scampi), 2 spicchi d'aglio, 2 cucchiai di aceto, 1 ciuffo di prezzemolo, 1/2 peperoncino piccante, olio, sale.

Pulite con cura i merluzzetti e le mormore, svuotandoli e lavandoli. Togliete il guscio delle spannocchie e agli scampi. In una pentola ponete a bollire 3 bicchieri d'acqua con 8 cucchiai di olio, gli spicchi di aglio interi e con la buccia, il ciuffo di prezzemolo, l'aceto e il 1/2 peperoncino. Immergetevi i pesci e cuocete per 10 minuti a fuoco moderato, togliete il peperoncino e aggiungete le spannocchie, gli scampi e un pizzico di sale. Cuocete ancora per 5 minuti a fuoco vivace, girando con delicatezza il guazzetto con un mestolo. Gustate caldo, accompagnato da peperoni alla campagnola.

PEPERONATA ALLA CAMPAGNOLA

CONTORNI

400 g di peperoni gialli e rossi. 500 g di melanzane polpose e dolci. 300 g di zucchine. 200 g di patate a polpa bianca. 1 cipolla rossa. 500 g di pomodori maturi. 1 cucchiaio di origano. olio. sale.

Pulite e lavate tutte le verdure, tagliate a strisce i peperoni, privati dei semi, fate a rondelle le zucchine e a tocchetti le patate e le melanzane, anch'esse private dei semi. In una capace ciotola mettete tutti gli ingredienti, aggiungete i pomodori, tagliati e puliti, e condite con abbondante olio, l'origano e un pizzico di sale. Mescolate con cura tutti gli ingredienti e trasferiteli in una capace pirofila da forno, cospargeteli con la cipolla tagliata ad anelli molto sottili. Coprite con alluminio e cuocete in forno a fiamma moderata per 1 ora. È una ricetta gustosissima e ottima sia calda che fredda.

PEPERONI FRITTI CON RICOTTA AFFUMICATA AL GINEPRO

CONTORNI

1.2 kg di peperoni gialli ben maturi. 2 uova. 100 g di farina bianca. 300 g di ricotta affumicata al ginepro. olio. sale.

Pulite i peperoni, togliendo il torsolo e tagliandoli a metà. Privateli delle falde interne e sciacquateli sotto acqua corrente. Distendeteli ad asciugare su carta da cucina. Arrostiteli poi su fuoco non troppo vivace, trasferiteli su un ripiano e con l'aiuto di un coltello, togliete la pellicina. Tagliateli in strisce larghe 2 dita, passateli nell'uovo sbattuto, poi nella farina e friggeteli in una padella con olio a giusta temperatura. Fateli dorare in modo uniforme. Scolateli e trasferiteli su un vassoio, dopo averli insaporiti con un pizzico di sale. Accompagnate con ricotta affumicata e, a piacere, verdure crude.

CALCIONETTI

DOLCI

450 g di farina bianca. 250 g di zucchero. 3 uova. 1 bustina di lievito per dolci. 1/2 tazza di latte. 250 g di ceci cotti e sgocciolati. 50 g di cacao in polvere amaro. 30 g di cedro e arancia canditi tritati. 30 g di mandorle pelate tostate. 1/2 tazza di mosto cotto. 20 g di burro.

Setacciate la farina con il lievito su di una spianatoia e fate il cratere. Uniteci le uova, 150 g di zucchero e impastate con le mani, incorporando anche il latte. Ottenuta una pasta omogenea, soda ed elastica, fatene una palla, avvolgetela nella pellicola da cucina e fate riposare per 10 minuti in un luogo asciutto. Nel frattempo passate al setaccio i ceci, raccogliendo la purea in una ciotola, incorporatevi il cacao, 100 g di zucchero, i canditi e le mandorle tritate. Amalgamate gli ingredienti con una forchetta, unendo anche il mosto cotto. Stendete la pasta sulla spianatoia in una sfoglia sottile. Con l'apposito utensile ritagliate tanti dischi di circa 5 cm di diametro. Ponete su di una metà una cucchiaiata di ripieno e piegate la pasta formando una mezzaluna. Premete con i polpastrelli i bordi per sigillarli meglio. Procedete fino a esaurire gli ingredienti, reimpastando ogni volta i ritagli di pasta, per stenderli nuovamente. Imburrate una larga teglia, adagiatevi i calcionetti e mettete a cuocere nel forno a fiamma moderata per 25 minuti. Sono pronti quando assumeranno un bel colore dorato uniforme.

Alcune versioni molisane di questo antico dolcetto, frutto della cucina povera, prevedono di friggere i calcionetti in abbondante olio ben caldo, invece di cuocerli nel forno. Spesso anche il ripieno varia negli ingredienti, sostituendo, per esempio, al cacao, arrivato sulle nostre tavole soltanto nel Seicento, una purea di castagne o gustose marmellate.

CASSATA ABRUZZESE

DOLCI

1 Pan di Spagna (vedi ricetta a pagina 282). 250 g di burro.
200 g di zucchero a velo. 6 uova. 60 g di cacao in polvere.
70 g di croccante. 100 g di torrone. 50 g di cioccolato fondente.
2 bicchierini di liquore Centerbe.

Riducete in piccoli pezzi, separatamente, il torrone, il croccante e il cioccolato fondente. In una terrina lavorate il burro, con una frusta, fino a renderlo spumoso e leggero; uniteci lo zucchero a velo (poco a poco con un setaccio) e i rossi d'uovo, avendo cura di incorporarne uno alla volta. Dividete il composto ottenuto in 3 ciotole diverse: nella prima aggiungete, sempre lavorando con la frusta, il cacao amaro in polvere, alla seconda il torrone e il cioccolato tritati, e alla terza il croccante grattugiato. Prendete una cucchiaiata di ogni composto e mettetela in una ciotola, amalgamate bene gli ingredienti e mettete in luogo fresco, ma non in frigo. Dividete il Pan di Spagna in 4 dischi di eguale grandezza. Disponete il primo su di un vassoio, e con l'apposito pennello da cucina, bagnate la superficie con il liquore diluito in un bicchiere di acqua fredda. Versateci la crema al cacao e spalmatela uniformemente; posateci sopra un altro disco di Pan di Spagna, bagnate come prima, e copritelo con la crema al croccante. Ancora un disco di Pan di Spagna, bagnate ancora e spalmate con la crema al cioccolato e torrone. Coprite infine con l'ultimo disco che spruzzerete di Centerbe. Spalmate il dolce con il composto delle tre creme mescolate. Mettete in frigo alcune ore prima di gustarlo, guarnite con fiori di geranio, alternati a foglie di cedro candito.
Questo dolce, tipico di Sulmona, è reso unico dall'uso del Centerbe, liquore nato dalla paziente ricerca dell'uomo nelle virtù salutari e gastronomiche delle erbe aromatiche. Secondo la tradizione, per confezionare questo liquore, esse sono addirittura cento, raccolte sui monti della Majella e intorno a Sulmona. Il suo gusto forte fa sì che nella preparazione di questo dolce, ne venga spesso ridotta la quantità, e addirittura diluito con un po' d'acqua per rendere la cassata gradita a tutti.

FIADONE DEGLI ABRUZZI 📷

600 g di farina di grano duro, 5 uova, 1 tazza di latte, 25 g di lievito di birra, 500 g di ricotta di pecora, 50 g di pecorino di Sannio, 1 bicchiere di vino bianco secco, olio, sale, pepe.

Setacciate la farina sulla spianatoia e fate il cratere. Sciogliete il lievito di birra nel latte tiepido e unitelo alla farina insieme a 3 uova sbattute e un pizzico di sale e pepe. Impastate gli ingredienti con cura fino a ottenere una pasta soda e omogenea. Fatene una palla, coprite con un panno e fate lievitare, in un luogo asciutto, per 30 minuti. Nel frattempo trasferite la ricotta, tenuta precedentemente ad asciugare su un panno, in una ciotola, lavoratela brevemente con una forchetta, unite 2 uova sbattute, il pecorino grattugiato e il bicchiere di vino bianco. Amalgamate gli ingredienti, girando delicatamente, e incorporando anche 2 cucchiai di olio. Ottenuto un composto omogeneo, copritelo e fatelo riposare in un luogo fresco per 10 minuti. Stendete la pasta sulla spianatoia, con un matterello lievemente infarinato, in una sfoglia alta 1/2 cm, cercando di dare una forma tondeggiante. Ponete il disco ottenuto sul fondo di una teglia per dolci rotonda, coperta con l'apposita carta. Fate debordare la pasta, rivestendo così anche il lato della teglia. Ritagliate poi con un coltello quella in eccedenza, che servirà per le decorazioni. Forate con i rebbi di una forchetta la pasta sul fondo della teglia, versateci il composto di formaggi e livellatelo con una spatola. Con i ritagli di pasta formate tanti cordoncini grossi quanto 1 dito, che arrotolerete sulla spianatoia leggermente infarinata. Poneteli poi sulla superficie del Fiadone, formando una grata. Infornate a fiamma moderata per 30 minuti, fino a ottenere sulla superficie un bel colore dorato. Fate riposare per 20 minuti in un luogo asciutto prima di portare in tavola.

La tradizione vuole che questo "dolce" tipico del periodo pasquale, venga cucinato in tradizionali teglie di rame. Quasi ogni famiglia ne possiede una, che conserva per cucinare solo questa ricetta.

PARROZZO ABRUZZESE

* *

DOLCI

80 g di farina bianca, 5 uova, 80 g di fecola di patate,
150 g di zucchero, 100 g di burro, 70 g di mandorle amare spellate,
150 g di cioccolata fondente.

Fondete il burro a bagnomaria (lasciandone una noce per imburrare la tortiera) e fatelo freddare. Mettete nel frullatore le mandorle e un cucchiaio di zucchero, e riducete tutto in un composto farinoso. Sbattete a lungo con una frusta (o con lo sbattitore a media velocità) i rossi d'uovo con il restante zucchero, fino a ottenere un composto soffice e spumoso. Aggiungete poco alla volta la farina di mandorle, la fecola e la farina unendo per ultimo il burro sciolto in precedenza. Mescolate con delicatezza e fate riposare in luogo fresco. Montate gli albumi a neve ben ferma e incorporatevi il composto, con movimenti della frusta lenti e regolari (per non smontare il preparato). Versate il tutto in una tortiera imburrata e leggermente infarinata e cuocete a forno medio per 40 minuti. Nel frattempo tritate il cioccolato fondente e fatelo sciogliere in un tegamino a bagnomaria a calore bassissimo. Quando la torta è pronta, fatela un po' freddare prima di sformarla su un vassoio. Ricopritela col cioccolato fuso, aiutandovi con una spatola da cucina. Tenetela al fresco per 1 ora prima di servirla.

L'origine del nome di questo dolce tipico di Pescara, è semplice e non necessita di grandi interpretazioni: "pan rozzo" era il dolce tradizionale conosciuto dai contadini abruzzesi e la sua semplice preparazione è rimasta inalterata negli anni.

Campania

La storia gastronomica di questa regione annovera, accanto
a preparazioni semplici e di breve cottura create per meglio esaltare
il sapore dei prodotti locali, quali la famosa mozzarella di bufala,
anche preparazioni elaborate e cotture complesse come quelle
impiegate per il sartù di riso o per il tradizionale "rraù" partenopeo.
Questa differenza è stata dettata anche da antiche esigenze religiose,
che imponevano nel periodo delle principali festività sia piatti
celebrativi (come l'antipasto di Pasqua) che preparazioni "di magro"
(come la zuppa di cozziche).

La fisionomia geografica della regione ha contribuito a creare una
grande varietà di prodotti: da un lato la costa, ricca dei prodotti del
mare, e dall'altro l'entroterra, che offre una grande varietà di gustose
verdure. Vi sono poi le vicine montagne che, insieme ai prodotti
caseari, offrono anche insaccati di gran pregio.

Questa grande varietà ha dato origine a insuperabili piatti tradizionali,
conosciuti in tutto il mondo: dalla famosissima pizza – preparata
con mozzarella di bufala, pomodori San Marzano e basilico locale –
alla semplice ma gustosissima pummarola, che trova nel pomodoro
coltivato in Campania, l'ingrediente fondamentale che la distingue
da altre (e più tristi!) preparazioni analoghe.

Anche la carne, con il classico polpettone, o le molte pastasciutte
condite con salse di pesce o ragù di carne, sono le fondamenta di una
tradizione culinaria che si è spesso tramandata da madre in figlia.

Nella produzione dolciaria la Campania si distingue per una buona
varietà di proposte: insieme alla famosa pastiera troviamo anche
semplici dolcetti, spesso fritti e addolciti con il miele, che concludono
la gustosa carrellata di ricette di questa solare regione.

ANTIPASTO RICCO DEL GIORNO DI PASQUA

ANTIPASTI

2 cespi di insalata tipo canasta, 6 uova sode, 1 sedano, 450 g di ricotta salata, 200 g di capocollo affettato, filetti di acciughe sott'olio (a piacere), olio, sale, pepe.

Lavate l'insalata sotto acqua corrente, asciugatela con l'apposita centrifuga e fatela in sottili striscioline. Sbucciate le uova sode e fatele a sottili fette. Affettate anche la ricotta salata. Pulite, lavate e fate a tocchetti il sedano. Tagliate a strisce le fette di capocollo. Trasferite tutti gli ingredienti in una capace insalatiera. Girate con una forchetta e un cucchiaio per mescolare gli ingredienti. Preparate un'emulsione con 5 cucchiai di olio, un pizzico di sale e pepe e condite l'antipasto. A piacere potete aggiungere anche i filetti di acciuga fatti in piccoli pezzi.

CROSTINO NAPOLETANO

ANTIPASTI

500 g di pane raffermo, 200 g di mozzarella di bufala, 5 filetti di acciughe sott'olio, 350 g di pomodori San Marzano maturi, 1 cucchiaino di origano, olio, pepe.

Affettate le mozzarelle piuttosto finemente, ponetele in un colino per fare scolare il siero di conservazione. Lavate e affettate i pomodori, ponendo anch'essi a scolare. Tagliate il pane in crostini della grandezza desiderata e trasferiteli su di una teglia. Ponete su ogni crostino una fetta di mozzarella, un pezzetto di acciuga e una fettina di pomodoro. Condite con origano, poco pepe e poco olio. Passate nel forno a fiamma alta per 10 minuti. Sono ottimi gustati caldi. Come variante all'origano si può aggiungere una o due foglie di basilico freschissimo, appena tolti i crostini dal forno.
Tipico mangiare contadino, di quando il duro lavoro nei campi richiedeva frequenti soste per piccoli ma nutrienti spuntini: il pane, pomodoro e mozzarella erano il cibo più adatto, facilmente trasportabile, di poco costo e di grande sostanza.

MOZZARELLA IN CARROZZA 📷

ANTIPASTI

8 fette di pane casalingo raffermo. 400 g di mozzarella di bufala. 50 g di farina. 2 uova. 1/2 bicchiere di latte. olio.

Tagliate a fette larghe la mozzarella e sistematela fra due fette di pane tagliate non troppo alte, formando così dei "panini" e facendo in modo che la mozzarella non fuoriesca troppo dal pane. Infarinate con cura il tutto, passate nelle uova sbattute con il latte e premete leggermente per far assorbire un po' di liquido. Friggete quindi in abbondante olio ben caldo, facendo dorare da ambo i lati. Gustatele ancora bollenti, accompagnate da filetti di acciughe.

POMMAROLA NAPOLETANA

SALSE

1.5 kg di pomodori San Marzano ben maturi. 2 cipolle rosse. 1 ciuffo di basilico. olio.

Pulite i pomodori sciacquandoli sotto acqua corrente. Fateli a pezzi e trasferiteli in una pentola nella quale avrete soffritto le cipolle tagliate sottili, in 3 cucchiai di olio. Unite il basilico, fresco e abbondante, e cuocete a fiamma moderata per 15 minuti. Passate poi la pommarola con l'apposito utensile e fate riposare in un luogo fresco prima di riporla in vasi a chiusura ermetica. È buona regola ricoprire la superficie della salsa nei vasetti, con uno strato di olio.

Il pomodoro, grande protagonista della cucina di questa regione, all'inizio (si parla del tardo Cinquecento) era coltivato solo come pianta ornamentale, proveniente dalle Americhe. L'utilizzo in cucina trovò molta diffidenza e solo in seguito venne coltivato in maniera intensiva. Si devono comunque a Napoli e alla creatività dei napoletani le prime industrie di conserve.

RAGÙ NAPOLETANO
('O RRAÙ)

• •

SALSE

1 kg di polpa di vitella in piccoli pezzi. 3 cipolle rosse. 2 l di passata di pomodoro. 8 costine di maiale. 2 bicchieri di vino rosso robusto. 2 ciuffi di basilico. olio. sale. pepe.

Ponete la polpa di vitella in una casseruola di coccio con 5 cucchiai di olio, aggiustate di sale e pepe e cuocete a fiamma vivace per 5 minuti. Abbassate poi la fiamma e proseguite la cottura, girando di tanto in tanto, per 20 minuti. Unite le cipolle tagliate non troppo fini e le costine di maiale, cuocendo sempre a fiamma bassa e con il coperchio. Bagnate di tanto in tanto con il vino rosso, la cui quantità potrà essere aumentata a vostro piacere. Insaporite aggiungendo le foglie di basilico, sale e pepe e aggiungete la passata di pomodoro. Il ragù dovrà da ora cuocere per 1 ora e mezzo, a fiamma bassissima, sobbollendo lentamente ("pippiando", come si dice a Napoli!). Girate spesso con il mestolo. Una volta pronto fate riposare per 10 minuti con il coperchio prima di accompagnare la salsa a pasta secca di vostro gusto e fantasia; come consiglio si sposa meglio a pasta lunga tipo spaghetti o vermicelli. Le costine invece andranno mangiate a parte come secondo.

Il ragù napoletano – che niente ha a che vedere con molte preparazioni con lo stesso nome – si distingue per la lunga e lenta cottura degli ingredienti, che gli conferiscono un sapore unico. Anche il grande Edoardo De Filippo ha dedicato a questo piatto classico una poesia, intitolata appunto "'O rraù", presente nella sua commedia intitolata "Sabato, domenica e lunedì". I primi versi di Edoardo si aprono proprio con una lode al ragù di sua madre: «'O rraù ca me piace a me m'o faceva sulo mammà!».

TARALLI DI CAPRI

....

PANI

1 kg di farina di grano tenero. 40 g di lievito di birra. 1 cucchiaio di origano. olio. sale.

Setacciate la farina sulla spianatoia, fate il cratere e uniteci il lievito disciolto in 2 bicchieri di acqua tiepida. Aggiungete anche un pizzico di sale, l'origano e 2 cucchiai di olio. Lavorate bene gli ingredienti fino a ottenere un impasto sodo ed elastico. Fatene una palla, coprite con un canovaccio e lasciate lievitare, in un luogo asciutto, per 1 ora. Impastate nuovamente il composto, staccatene quindi delle piccole quantità, della dimensione di una noce, che arrotolerete sulla spianatoia formando dei cordoncini lunghi circa 6 cm. Unite le estremità saldandole con la pressione delle dita. Ponete i Taralli su di una teglia coperta con l'apposita carta e cuocete nel forno, a fiamma moderata, per 15 minuti. Fateli freddare, quindi infornateli nuovamente a fiamma alta per 5 minuti. Quest'ultima cottura li renderà friabili e fragranti. Gustateli freddi.
Prodotto tipico della bellissima isola di Capri, il tarallo, o meglio "tarallino", come lo chiamano gli isolani, è oggi prodotto in molti gusti, rispondendo alle moderne esigenze di mercato. La sua versione classica è comunque quella proposta dalla ricetta.

GRAN LASAGNA DI NAPOLI

....

PRIMI PIATTI

300 g di pasta sfoglia all'uovo. 250 g di polpa di manzo. 150 g di prosciutto cotto in tocchetti. 200 g di mozzarella fior di latte. 1 cipolla rossa. 2 ramaioli di brodo vegetale (vedi ricetta a pagina 282). 1 ciuffo di prezzemolo. 1 uovo. 300 g di pomodori pelati. 170 g di Parmigiano Reggiano grattugiato. 1 noce di burro. olio. sale. pepe.

In un tegame rosolate a fuoco vivace la carne (insieme alla cipolla tritata e a cinque cucchiai di olio). Aggiungete quindi i pomodori pelati e sgocciolati, un pizzico di sale e pepe e cuocete tenendo coperto per circa 1 ora e mezzo.

Aggiungete il brodo ben caldo quando il sugo tenderà ad asciugarsi troppo. Nel frattempo prendete la pasta che avrete preparato e tiratela in una sfoglia, fatela in quadrati di circa 15 cm e cuocetela in abbondante acqua salata, con l'aggiunta di un cucchiaio di olio, per non farla appiccicare. Scolatela e tuffatela in acqua fredda, poi mettetela ad asciugare su di un telo. Quando la carne sarà cotta, passatela nel mixer, poi mettetela in una ciotola e aggiungete l'uovo, il prezzemolo tritato e 50 g di Parmigiano, aggiustate di sale e pepe. Amalgamate gli ingredienti e formatene delle palline che porrete nel loro sugo di cottura, cuocendo per altri 15 minuti a fuoco molto basso. Ungete una pirofila per forno con un po' di burro, adagiateci uno strato di lasagne, spolverate con mozzarella tritata, prosciutto cotto, col sugo e le palline di carne. Spolverate col Parmigiano e continuate a sovrapporre gli ingredienti fino al loro esaurimento. Cuocete in forno, ben caldo, per 20 minuti.

Nella sua formula tradizionale, viene preparata per il giorno del Giovedì Grasso; al suo interno veniva aggiunta una serie di ingredienti (non a caso sono dette "lasagne imbottite"), che fanno unico questo piatto: pezzetti di cervellatine – tipiche salsicce napoletane – ricotta e uova sode tagliate tonde. Ricetta estremamente ricca e celebrativa di una festa pagana, che nel napoletano e in tutta la Campania è molto sentita e seguita.

SARTÙ O TIMBALLO DI RISO ALLA NAPOLETANA

PRIMI PIATTI

450 g di riso tipo arborio. 200 g di magro di manzo.
200 g di burro. 50 g di funghi secchi. 150 g di rigaglie di pollo.
2 salsicce tipo cervellatine. 150 g di piselli freschi sgranati.
200 g di mozzarella di bufala. 1 cipolla rossa. 1 aglio fresco. 1 ciuffo
di prezzemolo. 100 g di grasso di prosciutto tritato. 1 cucchiaio
di concentrato di pomodoro. 1 l di brodo vegetale (vedi ricetta
a pagina 282). 70 g di Parmigiano Reggiano grattugiato.
3 uova + 2 rossi. 2 bicchieri di latte. noce moscata. pangrattato. farina.
2 fette di pane raffermo con molta mollica. olio. sale. pepe.

Ponete la mollica nel latte, quindi strizzatela e mettetela in una ciotola; aggiungete la carne tritata, il sale, il pepe, una noce di burro e impastate il tutto. Fatene poi delle piccole polpettine poco più grandi di una nocciola, che friggerete in abbondante olio o strutto, dopo averle passate nella farina. Cuocetele per indorarle, facendo attenzione che non diventino troppo secche. Scolatele con la schiumarola e tenetele da parte su carta assorbente da cucina. Tritate quindi la cipolla e mettetela in un tegame con 2 cucchiai di olio, fatela appassire insieme ai pezzetti di grasso di prosciutto; aggiungete i pomodori tritati grossolanamente e il concentrato. Fate sobbollire il sugo per 40 minuti a fuoco basso, girando spesso. Nel frattempo cuocete i funghi, dopo averli fatti rinvenire in acqua calda e poi ben strizzati, in una padellina con poco burro e 2 cucchiai di brodo vegetale ben caldo. Pulite e tritate grossolanamente le rigaglie di pollo e cuocete anch'esse in poco burro con sale e pepe. Rosolate le salsicce ridotte in pezzetti con poco burro. Lessate i piselli – meglio se freschi – in poco olio, un aglio fresco e qualche foglia di prezzemolo, acqua in giusta quantità, sale e pepe, aggiungendo a piacere la parte magra del prosciutto usato per cuocere la salsa di pomodoro. Tagliate la mozzarella a dadini e mettetela su un piatto affinché rifaccia la sua acqua. Quando la salsa di pomodoro sarà pronta mettetene da parte un ramaiolo, e nello stesso tegame versate il riso che cuocerete come un risotto, bagnandolo con il brodo vegetale, sempre caldissimo. Non fatelo cuocere del tutto, ma per 15 minuti di cottura moderata, girando con un mestolo. Spegnete e aggiungete 3 cucchiai di Parmigiano grattugiato. Quindi lasciate il riso a freddare. Unite in una casseruola il ramaiolo di sugo di pomodoro e tutti gli altri ingredienti: le polpettine, i funghi, le salsicce, le rigaglie, i piselli e cuocete tutto insieme per 5 minuti a fiamma moderata. In un'altra casseruola mettete una noce di burro, fatela sciogliere e aggiungete poca farina (nella quantità di 1/2 cucchiaio) e un bicchiere di latte per preparare una specie di besciamella. Amalgamatela, profumate con una grattugiata di noce moscata e legatela con 2 rossi d'uovo. Aggiungete al risotto le uova intere, sbattute brevemente, e incorporatele con cura, girando con un mestolo. Imburrate uno stampo liscio (tipo uno di quelli da budino) piuttosto capace e spolverizzate con il pangrattato. Eseguite questa operazione con molta cura affinché il sartù, cuocendo, non si attacchi allo stampo: con un cucchiaio disponete sul fondo e intorno alle pareti il risotto, premendo in modo che vi aderisca bene e lasciandone 5 cucchiaiate da parte. Nel centro dello stampo sistemate il ripieno, alternandolo con i dadini di mozzarella e la salsa bianca. Spolverate con un cucchiaio di Parmigiano grattugiato. Con il risotto lasciato da parte formate una sorta di coperchio, che pareggerete con un coltello a lama larga, bagnato d'acqua. Spolverizzate con pangrattato e fate riposare per 5 minuti. Cuocete quindi in forno a fuoco moderato per 50 minuti a bagnomaria. Fate dorare la superficie del sartù. Aspettate 10 minuti prima di sformarlo e procedete in questa operazione con molta cura, aiutandovi con una spatola flessibile e staccando delicatamente le pareti del timballo dallo stampo. Sformatelo su di un vassoio "importante" e guarnitelo con spicchi di pomodoro fresco e con fiori di rosmarino. Servitelo ancora caldo.

Si tratta di un piatto di lunga ed elaborata preparazione, oggi quasi del tutto dimenticato. Se però si organizza la sua preparazione, come ho suggerito, cuocendo man mano gli ingredienti e procedendo con tempi giusti, si otterrà un piatto veramente "importante", insolito e gustosissimo.

ALICI ALL'ORIGANO
(ALICI AREGANATE)

SECONDI PIATTI

1.2 kg di alici. 2 spicchi di aglio. 1 cucchiaio di origano. 1 ciuffo di prezzemolo. 1/2 bicchiere di aceto di vino bianco. sale. pepe.

Pulite con cura le alici, eliminate le interiora, la testa e la coda. Sciacquatele e fatele asciugare, aperte a libro, su carta assorbente da cucina. Mescolate, in una piccola ciotola, 5 cucchiai di olio, 2 spicchi di aglio tritati con il prezzemolo, l'aceto, sale, pepe e il cucchiaio di origano. Ponete le alici, richiuse e allineate, su di una teglia; ricopritele con il composto e cuocete infine nel forno per 10 minuti a fiamma vivace. Fate stiepidire prima di portare in tavola.

CONIGLIO ALL'ISCHITANA

SECONDI PIATTI

1 coniglio di circa 1.2 kg. 300 g di pomodorini a grappolo ben maturi. 3 spicchi di aglio. 1 cipolla rossa. 1 cucchiaio di strutto. 1 bicchiere di vino bianco secco. 1/2 peperoncino rosso. 1 pizzico di maggiorana fresca. 1 pizzico di timo fresco. 30 g di farina bianca. olio. sale.

Lavate e tagliate a pezzi il coniglio, infarinatelo e mettetelo in una casseruola con l'aglio schiacciato e la cipolla tritata finemente. Fate rosolare con 2 cucchiai di olio e lo strutto, a fuoco vivace, per fargli prendere colore, sfumate col vino bianco e aggiustate di sale. Schiacciate con le mani i pomodorini dopo averli lavati, e aggiungeteli al coniglio con il peperoncino. Mescolate e aggiungete gli aromi freschi, togliendo loro barbicine e fusti, e lasciando solo le foglioline. Cuocete a fuoco basso, con il coperchio per 45 minuti. Se necessario aggiungete uno o due cucchiai di acqua calda. Portate in tavola ben caldo e profumato, accompagnato da patate cotte al vapore.

GENOVESA

SECONDI PIATTI

1 kg di magatello. 300 g di maccheroni corti. 70 g di prosciutto crudo. 3 cipolle rosse. 1 carota. 1 costola di sedano. concentrato di pomodoro. 1 bicchiere di vino bianco. 1/2 l di brodo vegetale (vedi ricetta a pagina 282). 70 g di pecorino stagionato. burro. olio. sale. pepe.

Lardellate il magatello con il prosciutto tagliato a listarelle e legatelo con spago da cucina. Ponetelo in una casseruola con tre cucchiai di olio e il burro. Fatelo rosolare a fuoco vivace per 10 minuti. Fate ad anelli la cipolla, tagliate a pezzetti la carota e il sedano e aggiungeteli alla carne. Abbassate la fiamma e cuocete, coperto, per 15 minuti. Aggiungete il brodo ben caldo e un pizzico di sale e pepe. Diluite due cucchiai di concentrato di pomodoro in mezza tazza di brodo e unitelo alla carne. Cuocete poi per 2 ore a fuoco basso. Girate ogni tanto gli ingredienti perché non si attacchino al fondo. Unite il vino e fate cuocere per altri 10 minuti prima di togliere dal fuoco. Lessate la pasta al dente e servitela con la salsa e il pecorino grattugiato a parte. Gustate la carne tagliata molto sottile e portata in tavola su di un vassoio insieme alla pasta.

Perché "genovesa"? A Napoli, una volta, esisteva una piazza dove si radunavano, per vendere la loro merce, molti mercanti genovesi. Col tempo quel luogo prese il nome di "Loggia dei genovesi". Qui si vendevano tutte le "buone cose che per unger la gola ci fossero!" I mercanti per uso proprio, ma anche per invogliare gli avventori, preparavano questo sugo a base di cipolla con carne, che solo più tardi fu arricchito col concentrato. Il piatto originale risale al Cinquecento e ancor oggi è gustato nella sua forma originale.

POLPO ALLA LUCIANA

1 polpo di circa 1.2 kg. 400 g di pomodori maturi. 1 ciuffo di prezzemolo. 2 spicchi di aglio. pepe nero in grani. 1 peperoncino rosso. olio. sale. pepe.

Indispensabile per questa ricetta è l'uso del polpo "verace", cioè quello dotato di una doppia fila di ventose. Dopo averlo pulito, privandolo del becco e delle vescichette interne, battetelo su di un ripiano di marmo, diverse volte per ammorbidirlo (a Napoli dicono di farlo almeno 99 volte!), quindi lavatelo e dopo averlo ben sgocciolato mettetelo in una capace pentola, meglio se di coccio, insieme ai pomodori tritati grossolanamente, al sale, a una macinata di pepe e al peperoncino. Condite con 5 cucchiai di olio e coprite, facendo cuocere a fuoco basso per 1 ora e mezzo. Scuotete ogni tanto il tegame per evitare che si attacchi. Il polpo cuocerà nella sua acqua, senza bisogno di aggiungere altro liquido. A cottura ultimata cospargetelo con un trito di aglio e prezzemolo e portate in tavola nello stesso tegame di cottura, ancora ben caldo.

Questo modo di gustare la "fragranza del mare" – a Napoli è così che chiamano il profumo che fuoriesce dal coccio appena scoperchiato – è nato nel quartiere di Santa Lucia, dando origine, negli anni, a proverbi legati al mare e ai suoi frutti che trovano tutt'oggi molto riscontro nel nostro vissuto quotidiano, a monito della saggezza popolare: il poveretto si castiga con le sue mani "come 'o purpo se coce cu l'acqua soja"!

SARDE ALLA NAPOLI

600 g di sarde. 150 g di pomodori maturi piccoli a grappolo. 1 spicchio di aglio. 1 cucchiaio di origano. 1 ciuffo di prezzemolo. olio. sale. pepe.

Pulite le sarde, squamandole e togliendo le lische e le interiora. Sciacquatele bene sotto acqua corrente e mettetele in una pirofila con 2 cucchiai di olio. Coprite una volta aggiunti i pomodori schiacciati, l'aglio e il prezzemolo tritati e il cucchiaio di origano. Aggiungete infine un pizzico di sale e pepe. Infornate, quindi, con 3 cucchiai di olio e cuocete a fuoco moderato per 15 minuti.

FRIARIÉLLI

1.2 kg di friarelli (cimette di rapa). 120 g di lardo. 3 spicchi di aglio. 2 peperoncini rossi. sale.

Pulite e lavate i friarelli ponendoli poi in un colino a sgrondare per 15 minuti. In una capace padella rosolate nel lardo gli agli interi, unite i friarelli, in parte tritati, e salateli. Cuoceteli nella sola acqua di vegetazione per 15 minuti, a fiamma moderata e con il coperchio. Aggiungete per ultimo il peperoncino tritato. Girando con un mestolo per amalgamare bene gli ingredienti. Potete gustare il piatto sia ben caldo che freddo.
Sono ottimi i friarelli coltivati nella provincia di Salerno, un'area rurale ricca di coltivazioni di ortaggi quali i finocchi, carciofi e rape.

PEPERONI ALLA PARTENOPEA

CONTORNI

1 kg di peperoni tra gialli e rossi. 150 g di olive nere. 8 accughe sotto sale. 2 cucchiai di capperi sott'aceto. 20 g di pinoli. 30 g di pangrattato. olio.

Pulite e tagliate a strisce i peperoni, abbrustoliteli sulla fiamma e quindi, con l'aiuto di un coltello, privateli della pellicina. Metteteli in una pirofila appena unta di olio. Sliscate e passate sotto acqua corrente le acciughe, fatele asciugare. Snocciolate le olive nere e tritatele grossolanamente. Unite in una ciotola, con quattro cucchiai di olio, i capperi (strizzati dell'aceto), le acciughe tritate, le olive e i pinoli e girate per amalgamare bene gli ingredienti. Versate questo composto sui peperoni e spolverate col pangrattato. Cuocete in forno a fuoco moderato per 15 minuti. Sono ottimi anche gustati freddi, aromatizzati con foglie di origano e maggiorana.

PASTIERA NAPOLETANA 📷

500 g di ricotta. 200 g di grano. 1/2 l di latte. 1 limone.
240 g di zucchero. 50 g di canditi misti in pezzetti. 1 cucchiaio
di essenza di fiori d'arancio. 7 uova. 60 g di zucchero a velo.
300 g di pasta frolla. Per la frolla: 300 g di farina. 1 bicchierino
di marsala. 150 g di zucchero. 3 rossi d'uovo. 150 g di burro.
1 pizzico di sale. 1 puntina di bicarbonato.

Su di una spianatoia ponete la farina a fontana. Unite nel cratere il marsala, il burro ammorbidito, lo zucchero, i rossi d'uovo, il sale e il bicarbonato. Impastate gli ingredienti per breve tempo, con forza. Fatene quindi una palla, che farete riposare per mezz'ora in frigo. Lessate, nel frattempo, il grano – tenuto in ammollo per 2 giorni cambiando spesso l'acqua. In commercio si trovano confezioni di grano già cotto proprio per preparare questo dolce; certo che se ve lo fate da soli sarà un'altra cosa! Sciacquatelo e scottatelo per 20 minuti in acqua, quindi cuocetelo nel latte caldo con una scorza di limone e 30 g di zucchero. Fate cuocere a fiamma bassa fino a quando il latte non sarà tutto assorbito. In una ciotola versate la ricotta setacciata, i canditi, l'acqua di fiori di arancio, lo zucchero rimasto e l'altro mezzo limone grattugiato. Montate a neve ben ferma le chiare di quattro uova e incorporatele con sei rossi alla ricotta. Lavorate gli ingredienti con una frusta con movimenti lenti e regolari per non far smontare gli albumi. Fate quindi riposare il composto per 10 minuti. Dividete la pasta frolla in due parti, una il doppio dell'altra. Stendete la più grande in uno spessore di un dito e con questo disco foderate uno stampo da dolce imburrato, meglio se con la cerniera. Riempite col composto preparato. Con la restante pasta fate delle striscette che porrete sulla superficie del dolce come una grata. Spennellate la superficie con il rosso d'uovo rimasto e cuocete a fuoco moderato in forno per 40 minuti. Fatela raffreddare quasi completamente prima di sformarla su di un vassoio e spolverarla con lo zucchero a velo. Guarnite con dei fiori freschi e portate in tavola accompagnandola con della "Crema di Purtualle" (crema di arance), ottenendo un abbinamento perfetto sia nel gusto sia nella presentazione del piatto. Agli ingredienti elencati si possono aggiungere cannella in polvere e vaniglia per speziare e aromatizzare la ricotta.

Puglia

Geograficamente protesa nel mare, questa regione offre
una vasta gamma di piatti tipici del nostro Sud: gustose verdure,
peperoni, melanzane, pomodori e insalate… grandi piatti di pesce e
infinite varietà di paste casalinghe, spesso preparate senza l'aggiunta
dell'uovo, come le conosciutissime orecchiette.

È una regione che, fino al secolo scorso, era dedita in gran parte
alla pastorizia e alla coltivazione del grano, quindi ricca anche
di grandi prodotti caseari quali le burrate, il provolone, il pecorino,
e molte varietà di ricotta (ne ricordiamo una fra tutte:
quella chiamata "ricotta forte").

Tra gli insaccati, vanno ricordati la salsiccia salentina,
il capocollo e la soppressata.

Sulla tavola, però, non manca mai un piatto a base di pesce:
sia esso in scapece o preparato come nella tradizionale tiella
di sardine, spesso è accompagnato dalle saporite verdure locali,
come nel caso delle cozze ripiene.

La carne trova una buona tradizione che sfrutta anche qualità non
sempre apprezzate, come il capretto o il cavallo. Tutt'oggi è viva
l'usanza di preparare ricette tradizionali con ingredienti poveri quali
interiora e frattaglie: è ciò che accade nei grumerielli arrostiti.

La grande produzione di grano ha fatto nascere anche un'incredibile
varietà di preparazioni e pani locali (dal tarallo salentino al pane
pugliese, alla puccia con le olive e così via) che nei derivati più ricchi
diventano calzoni e panzarotti, sia fritti che cotti nel forno,
sempre a base di farina, acqua e lievito.

Tra i dolci, spesso confezionati con l'aggiunta di formaggi locali
(la ricotta fritta ne è un esempio), spiccano molte preparazioni
con miele e mandorle, come le perciedde o la pasta reale.

COZZE RIPIENE AL SUGO

4 dozzine di cozze di pezzatura grossa. 500 g di pomodori maturi o pelati. 1 rametto di basilico. 3 uova. 1 ciuffo di prezzemolo. 4 spicchi d'aglio. 20 g di pangrattato. olio.

In un tegame ponete 2 cucchiai di olio nei quali frete imbiondire 2 spicchi d'aglio schiacciati. Dopo aver tolto l'aglio aggiungete i pomodori, il basilico, un pizzico di sale e pepe. Fate cuocere a fuoco molto basso per 20 minuti girando spesso con un mestolo. Sbattete in una terrina le uova aggiungendo poco alla volta il pangrattato, il prezzemolo tritato e l'aglio, anch'esso tritato. Continuate a sbattere finché non avrete ottenuto un composto piuttosto morbido, fatelo riposare lontano da fonti di calore. Pulite e lavate le cozze esternamente; sfregatele con uno spazzolino per togliere ogni impurità, apritele quindi con un coltellino (avendo cura di non staccare le valve), eliminate il ciuffetto scuro che rimane attaccato all'interno e sciacquatele in una bacinella di acqua salata. Scolatele e riempitele con il composto ottenuto col pangrattato e le uova. Richiudetele e legatele con del filo da cucina (operazione che richiederà tutta la vostra pazienza!). Ponete quindi le cozze nel tegame con il pomodoro e cuocetele sobbollendo a fuoco moderato per 15 minuti. Naturalmente prima di portarle in tavola togliete a ciascuna il filo e accomodatele in un vassoio guarnito con pomodoro fresco. Potete usare il sughetto rimasto come condimento della pasta.

FOCACCIA DI PATATE

ANTIPASTI

600 g di farina bianca, 600 g di patate a pasta gialla, 2 uova,
30 g di lievito di birra, 250 g di mozzarella di bufala,
300 g di pomodorini ciliegia, 1 cucchiaino di origano in polvere,
olio, sale, pepe.

Lessate le patate con la buccia in abbondante acqua. Scolatele quando saranno tenere, sbucciatele e schiacciatele con l'apposito utensile. Raccogliete la polpa in una ciotola, mescolateci la farina, le uova, il lievito di birra disciolto in 1 bicchiere di acqua tiepida, l'origano e un pizzico di sale e pepe. Amalgamate gli ingredienti per ottenere un composto omogeneo. Ungete con 2 cucchiai di olio un teglia da forno (quella tradizionalmente usata per questa preparazione è in ferro con i bordi smerlati) e stendeteci metà quantità di impasto. Distribuite sulla superficie la mozzarella affettata e ricoprite con il secondo strato di impasto, su cui distribuirete i pomodorini, lavati e asciugati. Fate lievitare in un luogo asciutto, coperta da un panno, per 2 ore. Cuocete poi in forno a fiamma moderata per 20 minuti. Assaggiatela tiepida, o ancora meglio fredda.
Questa ricetta è tipica dell'estate e in particolare della notte del 10 agosto, San Lorenzo, quando le famiglie si ritrovano a notte fonda per osservare le stelle cadenti. Ognuno prepara questa focaccia aggiungendo ingredienti locali: acciughe, capperi, peperoni ecc.

FRISELLE CON LA RUCOLA SELVATICA E POMODORO

1 kg di farina integrale. 35 g di lievito di birra. 2 mazzetti di rucola selvatica. 300 g di pomodori ciliegia. olio. sale.

Setacciate la farina sulla spianatoia e fate il cratere. Versateci nel centro il lievito disciolto in 1 bicchiere di acqua tiepida e un pizzico di sale. Impastate gli ingredienti con forza, fino a ottenere un composto sodo e compatto. Fatene una palla, coprite con un panno, e fate lievitare in un luogo asciutto per 12 ore. Staccate poi dalla pasta tante piccole quantità pari a un pugno, lavoratele nuovamente, formando delle pagnotte che metterete su di una teglia appena infarinata, a lievitare nuovamente per 6 ore, sempre in un luogo asciutto. Al centro di ogni pagnottella lievitata fate un foro con il manico di legno di un mestolo e allargate la frisa con lenti movimenti circolari per ottenere un foro di circa 1,5 cm. Infornate a fiamma moderata, per 20 minuti. Fate freddare le friselle, tagliatele a metà nel senso orizzontale e ponetele di nuovo nel forno a temperatura bassissima, a biscottare per 30 minuti. Fate poi freddare. Così confezionate si conservano a lungo, riposte in contenitori in luogo asciutto. Al momento di utilizzarle, ponete una frisa su di un piatto, bagnate con acqua fredda, ricoprite con la rughetta, lavata e scolata, e con i pomodorini. Condite con olio e sale.

Alcune varianti prevedono l'aggiunta di cipolla cruda. Quest'ultima preparazione ricorda molto da vicino la toscanissima "panzanella", anch'essa piatto povero ed essenziale alla base dell'alimentazione dei contadini e dei pastori.

PANZEROTTI RUSTICHELLI FRITTI 📷

ANTIPASTI

400 g di farina, 20 g di lievito di birra, 400 g di pomodori maturi a grappolo, 50 g di olive verdi, 350 g di piccole mozzarelle (dette anche provoline), 100 g di pecorino saporito, pochi capperi sottaceto, 1 pizzico di origano, olio.

In una spianatoia ponete la farina setacciata e unite il lievito, diluito in un bicchiere di acqua appena tiepida. Lavorate con le mani e unite poco alla volta due cucchiai di olio. Quando avrete ottenuto un impasto sodo e omogeneo fatene una palla, infarinatela e ponetela a riposare, coperta, per 2 ore, fino a farle raddoppiare il volume. Nel frattempo lavate i pomodorini, schiacciateli leggermente con la pressione del palmo della mano; poneteli, senza altri condimenti, in una casseruola e fateli sfrigolare per 10 minuti. In una ciotola amalgamate le olive tagliuzzate, le mozzarelline e insaporite con l'origano. Lavorate ancora la pasta lievitata, dividetela a pezzi grossi quanto un mandarino, quindi stendetela con un matterello infarinato formando dei dischi del diametro di circa 10 cm. Su ogni disco distribuite una cucchiaiata dei pomodorini soffritti e una cucchiaiata del composto preparato con le olive e le mozzarelline. Aggiungete qualche cappero. Inumidite i bordi dei dischi con le dita bagnate di acqua, ripiegateli a mezzaluna, sigillando bene i bordi premendoli con forza. Friggete i panzerotti in abbondante olio ben caldo, dorandoli da ambo i lati. Scolateli, sgocciolateli bene e salateli prima di gustarli ancora caldissimi.

PUCCIA

PANI

1 kg di farina bianca. 3 cucchiai di strutto. 150 g di piccole olive nere appassite nel forno. 1 cucchiaio di sale fine.

Ponete la farina a cratere su un ripiano e mescolatela con lo strutto, che aggiungerete morbidissimo e a piccole dosi. Infarinatevi le mani e aggiungete poca farina se l'impasto tende a essere troppo appiccicoso. Incorporate le olive nere, di qualità piccola, e impastate aggiungendo il sale. Quando avrete ottenuto una pasta elastica e consistente, fate riposare coperta da un panno per una notte, in un luogo asciutto e al riparo da sbalzi di temperatura. Il giorno seguente, dividete l'impasto in dosi grosse quanto un mandarino, arrotolatele grossolanamente sul ripiano, cospargetele di farina e mettetele su di una teglia, anch'essa infarinata. Cuocete poi a temperatura media per 25 minuti. Fate stiepidire nel forno spento, con lo sportello leggermente aperto. Deliziose anche gustate da sole, ma sono un ottimo accompagnamento a piatti di verdure in umido ben saporiti!

SCAPECE GALLIPOLINA

ANTIPASTI

1 kg di pesciolini detti "pupiddi" della famiglia dei volpini. 250 g di farina. 200 g di pangrattato. 1 ciuffo di prezzemolo. 1 ciuffo di menta (facoltativo). 2 bicchieri di aceto di vino rosso molto aromatico. 1.5 g di zafferano. 1 spicchio di aglio. olio.

Pulite delicatamente i pesciolini staccando la testa e passandoli, aperti, sotto acqua corrente. Metteteli ad asciugare su carta da cucina. Nel frattempo sciogliete lo zafferano nell'aceto e preparate un trito di prezzemolo, menta e aglio. In un recipiente di coccio, ponete un primo strato di pesciolini, cospargete di pangrattato, quindi col trito aromatico, bagnate poi con l'aceto allo zafferano e procedete a fare un altro strato di pesce e aromi. Irrorate per ultimo con due cucchiai di olio. Fate marinare per almeno due giorni prima di gustarli.

Specialità di Gallipoli, proposta nelle sagre del Salento da venditori ambulanti detti "scapecieri", in grossi barili di legno; insieme ai dolci al miele, sono la prova dell'influenza orientale nella cucina di questi luoghi.

CICERI E TRIA 📷

PRIMI PIATTI

300 g di semola di grano duro, 150 g di ceci, foglie di alloro, 1 cipolla rossa, 2 coste di sedano, pancetta nella punta, olio.

La sera prima di preparare questo piatto ponete in ammollo i ceci in acqua fredda (aggiungendo a piacere una puntina di bicarbonato). Il giorno dopo al momento di cuocerli, sciacquateli e passateli più volte sotto acqua fredda. Poneteli in una pentola coperti di acqua con un cucchiaio di sale, un pezzetto di pancetta e l'alloro, per dare loro sapore, e cuocete per 1 ora, con il coperchio, facendoli sobbollire. Nel frattempo preparate la pasta: su una spianatoia ponete la farina con l'aggiunta di sola acqua, impastate fino a ottenere un composto sodo e omogeneo. Fate riposare mezzora coperto da un panno. Dopodiché stendetela, con un matterello infarinato, in una sfoglia abbastanza fine. Ricavatene delle listarelle lunghe 10 cm e larghe due dita. In un tegame rosolate la cipolla tagliata fine e il sedano tritato, con un cucchiaio di olio. Unite quindi i ceci, con il liquido di cottura, aggiungendone ancora se occorre. Portate a ebollizione e unite la pasta, portando a cottura.

Anche questo piatto – come molti di quelli pugliesi – ha origini lontane, forse arabeggianti. I "tria" sono tipici vermicelli di invenzione siciliana, ma l'origine del nome è da cercarsi più lontano, di là dal mare.

TIELLA DI RISO E COZZE

PRIMI PIATTI

800 g di cozze. 500 g di patate. 300 g di riso tipo arborio. 100 g di lardo. 1 cipolla rossa. 2 spicchi di aglio. olio.

Pulite accuratamente le cozze passandole sotto acqua corrente e spazzolatele con forza per togliere ogni impurità. Ponetele quindi in una casseruola con due cucchiai di olio e mettete sulla fiamma viva. Fatele aprire (per aiutarvi coprite con un coperchio) poi, senza gettare il liquido di cottura, estraete i molluschi e gettate le valve. Sbucciate, lavate e affettate le patate a fette abbastanza alte. In una casseruola, meglio se di coccio, ponete due cucchiai di olio e il lardo, la cipolla e l'aglio tritati. Fate rosolare dolcemente a fuoco medio. Unite allora le patate affettate, coprite con 1 l di acqua fredda, salate e portate a ebollizione. Fate cuocere per 10 minuti e aggiungete acqua bollente, se la qualità delle patate ne avrà "ritirata" troppa. Unite anche il riso e continuate la cottura a fuoco medio. Man mano aggiungete anche l'acqua di cottura delle cozze, magari filtrata da un fitto colino per eliminare eventuali residui di sabbia o gusci. A cottura ultimata spegnete la fiamma, unite le cozze e girate con delicatezza il tutto. Fate riposare per 5 minuti ben coperto prima di servire. Spolverate, a vostro piacimento, con foglioline di timo fresco.

ZUPPA DI PESCE ALLA PUGLIESE
(CIAMBOTTE)

PRIMI PIATTI

1.2 kg di pesce misto tra saraghi. seppie. cernia. scorfano. 1 cipolla rossa. 4 spicchi di aglio. 1 carota piccola. 1 costa di sedano. 1 bicchiere di vino bianco secco. peperoncino in polvere. pane raffermo pugliese. olio.

Pulite il pesce: togliete le squame, la testa e la coda, tagliateli quindi in pezzi non troppo piccoli. In una capace pentola mettete le teste, le code con gli odori, senza la cipolla. Coprite con acqua fredda e fate sobbollire per 1 ora. A parte rosolate la cipolla e l'aglio tritati con poco olio. Tagliate a strisce le seppie e unitele nella teglia col pesce precedentemente preparato. Fate rosolare a fiamma vivace. Bagnate con il vino bianco e continuate a cuocere per 10 minuti a fiamma moderata, meglio se con un coperchio che ne favorisce una cottura più omogenea e non ne disperde gli aromi. Filtrate il brodo di pesce in un colino dalle maglie fitte e versatelo nel tegame con il pesce. Aggiungete solo ora il peperoncino (a seconda dei gusti: la punta di un cucchiaino o più) e fate sobbollire a fuoco basso per altri 10 minuti. Arrostite le fette di pane raffermo e agliatele generosamente. Ponetele nelle ciotole di ciascun commensale e coprite con la zuppa di pesce. Guarnite a piacere con foglie di prezzemolo e piccoli pomodori rossi che, tagliati longitudinalmente, potrete infilare sul bordo della ciotola. È indispensabile che sia bollente, ma trovo che d'estate, servita fredda e ben piccante, è ugualmente molto gradevole.

BRACIOLE ALLA BARESE

SECONDI PIATTI

600 g di polpa di cavallo. 100 g di pancetta stesa. 50 g di pecorino stagionato. 4 spicchi di aglio. 1 cipolla rossa. 1 ciuffo di prezzemolo. 1 bicchiere di vino rosso. 500 g di pomodori passati. 1 peperoncino intero o un pizzico se in polvere. olio.

Tagliate a sottili strisce la pancetta; tritate grossolanamente il pecorino, tritate il prezzemolo con 2 spicchi di aglio, ponete il tutto in una ciotola e mescolate bene. Tagliate dalla polpa di cavallo delle fette di carne non troppo sottili, che batterete per appiattirle leggermente. Salatele e pepatele, stendetele sulla tavola e ponete al centro di ognuna il composto preparato in precedenza e aggiungete il peperoncino. Arrotolate la carne formando dei grossi involtini, facendo attenzione che la farcitura rimanga ben inserita all'interno. Legateli con filo da cucina. Rosolate gli involtini in una capace casseruola con abbondante olio e 2 spicchi di aglio schiacciati, che poi toglierete. Rosolate a fuoco vivo finché non saranno dorati, toglieteli quindi dal tegame e versateci invece la cipolla tritata che farete appassire. Aggiungete di nuovo la carne, alzate la fiamma e sfumate il tutto con il vino. Unite la passata di pomodoro, sale e pepe e cuocete a fuoco dolce con il coperchio, per 2 ore. Se l'umido tende a seccarsi troppo aggiungete di tanto in tanto acqua calda o brodo vegetale. Portate in tavola le braciole, private del filo, usando il sugo di cottura come condimento a zite o altra pasta corta.

CAPRETTO CON I LAMPASCIONI

1 kg di capretto da latte della zona delle Murge. 300 g di lampascioni.
500 g di funghi cardoncelli. 3 spicchi di aglio. 1 ciuffo di prezzemolo.
10 pomodorini a grappolo. 1 bicchiere e 1/2 di vino bianco secco.
50 g di pecorino da grattugiare. 3 foglie di alloro. 100 g di pangrattato.
1 rametto di rosmarino. farina bianca. olio. brodo vegetale.

Pulite delicatamente i lampascioni, quindi poneteli in una pentola con acqua fredda e cuoceteli (sobbollendo) fino a che non risulteranno morbidi. Scolateli e passateli sotto acqua fredda. Pulite, lavate i funghi e asciugateli su di un panno. Fate a pezzi non troppo piccoli il capretto, infarinatelo e ponetelo in una casseruola con cinque cucchiai di olio e due spicchi di aglio schiacciati. Fate soffriggere la carne con il coperchio per 5 minuti a fuoco vivace. Gettate poi questo primo olio di cottura, aggiungete nel tegame il vino bianco, salate e pepate e fate rosolare a fuoco vivace per far evaporare il vino. Trasferite allora la carne (che avrà assunto un bel colore dorato) in una pirofila da forno dai bordi alti. Aggiungete i funghi crudi (avendo cura di togliere quelli di dimensioni più grossi), i pomodorini (naturalmente lavati) appena schiacciati con il palmo della mano, un bel trito di prezzemolo, rosmarino, le foglie intere di alloro e cospargete di olio. Passate quindi nel forno ben caldo per 30 minuti. Togliete allora la pirofila dal forno, girate leggermente tutti gli ingredienti con un mestolo, aggiungete i lampascioni, cospargete con il pecorino grattugiato e il pangrattato. Coprite la pirofila con carta argentata e cuocete per altri 15 minuti a fuoco moderato. Tenete in caldo un po' di brodo vegetale che, al momento di portare in tavola, potrà essere aggiunto alla carne per renderla meno asciutta. In questo caso, dopo aver aggiunto il brodo, attendete 5 minuti prima di gustare questo piatto.

Meravigliosa ricetta di tradizione può essere preparata ovunque, dato che i "lampascioni", suo ingrediente principale, possono essere reperiti in barattolo nei migliori negozi di gastronomia. Può essere presentato come piatto unico, magari accompagnato a parte da patate lesse e peperoni alla griglia.

POLPETTI IN CASSERUOLA COL "DIAVOLILLO"

SECONDI PIATTI

1.2 kg di polipetti. 2 cipolle bianche. 500 g di passata di pomodoro. 3 peperoncini verdi piccanti, olio, sale.

Sciacquate i polipetti in acqua fredda. Scolateli e riponeteli in una casseruola con le cipolle tritate e rosolate in 2 cucchiai di olio. Cuocete a fiamma vivace per 10 minuti; abbassate quindi il calore, aggiungete un pizzico di sale, la passata di pomodoro e i peperoncini tritati. Ponete il coperchio e proseguite la cottura a fiamma moderata per altri 15 minuti. Portate subito in tavola, accompagnando con patate lesse e con un'insalata di lattuga e verdure crude miste.

POLPI DI FASANO

SECONDI PIATTI

1.5 kg di polpetti freschissimi. 3 bicchieri di aceto di vino bianco. 1 ciuffo di foglie di menta. 4 spicchi di aglio. 1 pomodoro ciliegia. 1 ciuffo di prezzemolo, olio, sale, pepe in grani.

Pulite bene i polpi privandoli delle interiora e degli occhi e, posti su di una superficie ruvida, batteteli con un mazzuolo di legno, in modo da ammorbidirne le carni. Lessateli quindi in acqua fredda con uno spicchio di aglio, 1 ciuffo di prezzemolo e il pomodoro ciliegia. Cuocete a fiamma moderata per 40 minuti. Fate quindi freddare i polpetti nell'acqua di cottura. Scolateli e distendeteli su carta assorbente da cucina ad asciugare. Fateli poi a pezzetti e riponeteli in un vaso a chiusura ermetica, alternandoli a foglie di menta e aglio affettato finemente. Condite con 3 grani di pepe, un pizzico di sale e 3 cucchiai di olio. Ricoprite con l'aceto e tenete in fresco con il coperchio per almeno 24 ore prima di portare in tavola.

TIELLA DI SARDINE

SECONDI PIATTI

600 g di sardine freschissime, 1 kg di patate a pasta gialla, 400 g di pomodori maturi, 1 ciuffo di prezzemolo, 2 spicchi di aglio, 30 g di pangrattato, 2 uova, 1 cucchiaio di pecorino grattugiato, olio.

Sotto acqua corrente aprite le sardine, levate la testa, la lisca e ponetele ad asciugare su carta da cucina. Ungete con un cucchiaio di olio una pirofila da forno con bordi alti, passatela poi col pangrattato; sbucciate e affettate abbastanza fini le patate e fatene uno strato sul fondo della pirofila, cospargete con prezzemolo tritato, aglio tritato, sale e pepe; versate quindi pochissimo olio e ricoprite il tutto con uno strato di sardine, poste aperte a pancia in giù. Coprite con uno strato di pomodori tagliati a fette. Continuate così fino a esaurire gli ingredienti. Sbattete quindi le uova con l'aggiunta del pecorino grattugiato e un cucchiaio di olio e versate il composto nella pirofila. Infornate a calore moderato per almeno 30 minuti. Benché questo piatto, come le varie "pitte", sia migliore servito caldo, trovo che anche freddo, proposto magari in un buffet, affettato e accompagnato da insalata di cicoria fresca e pomodorini quasi acerbi, sia delizioso e molto adatto nel periodo estivo.

TRIGLIE GALLIPOLINE NEL CARTOCCIO

SECONDI PIATTI

4-6 triglie di scoglio, origano fresco, olio, sale, pepe.

Pulite le triglie, sventrandole e squamandole. Sciacquatele sotto acqua corrente e fatele asciugare distese su carta da cucina. Salatele all'interno e insaporite con un pizzico di pepe e le foglie di alloro. Ungete ogni triglia con un cucchiaio di olio e avvolgetele in un quadrato di carta oleata (o alluminio) che contenga abbondantemente il pesce. Richiudete le estremità come una caramella. Cuocete quindi il cartoccio sulla griglia ardente, ma non a fiamma viva, per 15-20 minuti, a seconda della grandezza delle triglie. Portate il cartoccio in tavola ben caldo. Gustate il pesce così cotto, assaporando anche il delizioso aroma esaltato da questa preparazione.

CIME DI RAPA ALLA MOLLICA

CONTORNI

1 kg di cime di rapa, 150 g di mollica di pane casalingo, olio.

Pulite con cura le cime di rapa passandole sotto acqua corrente, cuocetele quindi in poca acqua salata. Per mantenerle del loro colore verde l'acqua di cottura deve appena superare la superficie delle verdure. In una capace padella con 2 cucchiai di olio, sbriciolateci la mollica (meglio se del pane del giorno prima!) e fatele prendere un bel colore dorato. Quando le cime di rapa saranno cotte, scolatele e conditele con la mollica e l'olio ben caldi.
In alcune zone della Puglia viene a volte sostituita la mollica con del pangrattato, seguendo poi lo stesso procedimento indicato nella ricetta. Ritengo comunque che la mollica sia l'accompagnamento che meglio si adatta a questo semplice ma saporito piatto.

PUREA DI FAVE CON CICORIA SELVATICA

CONTORNI

250 g di fave sgusciate, 2 patate, 800 g di cicoriella selvatica, 1 costa di sedano (a piacere), 1/2 cipolla rossa, 1 spicchio di aglio, olio.

Tenete le fave in ammollo per circa 1 ora. Sgocciolatele e mettetele in una pentola possibilmente di coccio. Sbucciate e affettate non troppo fini le patate, la costa di sedano e la cipolla tritate. Aggiungete ultimo un pizzico di sale e coprite il tutto di acqua fredda. Ponete la pentola sulla fiamma moderata e fate sobbollire coperto per circa 1 ora, togliendo di tanto in tanto la schiuma che si sarà formata. Nel frattempo lavate la cicoriella selvatica e mettetela in una pentola con due cucchiai di olio e la sola acqua di lavaggio. Scolatela dopo pochi minuti di cottura e fatela saltare con uno spicchio di aglio schiacciato, che toglierete non appena imbiondisce, in una padella con due cucchiai di olio. Tritatele grossolanamente e aggiungetele alle fave. Controllatene spesso la cottura, girando il composto con un mestolo per ridurlo in purea. A fine cottura se necessario aggiungete due cucchiai di olio. Questa semplice zuppa va servita caldissima, magari accompagnata da zoccoletti di pane raffermo fritti.

ZUCCHINE ALLA SALENTINA 📷

. . . .

CONTORNI

1 kg di zucchine in fiore. 3 spicchi di aglio. 2 ciuffi di menta selvatica.
1/2 bicchiere di aceto di vino rosso. olio. sale. pepe.

Pulite e lavate le zucchine, tagliandole poi in tocchetti. Friggetele quindi in una capace padella con 5 cucchiai di olio, con gli spicchi di aglio interi e le foglioline di menta. Cuocete a fiamma moderata per 15 minuti. Unite per ultimo l'aceto, un pizzico di sale e pepe, proseguendo la cottura, sempre a fiamma moderata, per altri 5 minuti. Trasferite le zucchine in un ampio vassoio decorando con ciuffi di menta e pomodorini ciliegia. Sono ottime sia gustate calde che fredde.

CARTEDDATE 📷

. . . .

DOLCI

250 g di farina bianca. 1 bicchiere di vino bianco non troppo secco.
1 pizzico di sale. 250 g di miele millefiori. 1 pizzico di cannella
in polvere. confettini colorati (momperiglia). olio.

Su una spianatoia setacciate la farina, fate un cratere e ponete un pizzico di sale, due cucchiai di olio e la cannella. Con l'aiuto delle dita fate assorbire l'olio alla farina, aggiungete poco alla volta il vino e lavorate il tutto fino a ottenere un impasto liscio, omogeneo e sodo. Fatene una palla che metterete a riposare mezzora coperta da un panno. Stendete quindi la pasta con il matterello infarinato fino a ottenere una sfoglia sottile. Tagliatene delle strisce larghe 3 dita e lunghe circa 20 cm. Piegatele in due e pizzicatele in più punti arrotolandole poi a spirale per formare una rosa. Portate in una padella abbondante olio al giusto punto di calore e friggete le carteddate rigirandole per farle dorare da ambo i lati. Nel frattempo ponete il miele in una casseruola dai bordi alti, sul fuoco molto basso. Quando è sciolto tuffateci le carteddate, appena fritte e sgocciolate su carta gialla. Cospargetele con i confettini colorati e preparatele a piramide su di un piatto. Variante di molte zone è l'immergere questo dolce non nel miele ma nel vino cotto, evitando poi la spolverata con i confettini.

Tipiche della zona del Barese, una volta venivano invocate dai bambini (quando ancora l'"invasione" di panettoni e varianti non aveva fatto piazza pulita delle tradizioni locali) in una cantilena che le associava al periodo natalizio: "Ora viene Natale col capitone – Oh Dio! Le carteddate quanto sono buone!".

DITA DEGLI APOSTOLI

DOLCI

250 g di farina. 1/2 l di latte intero. 3 uova. 200 g di ricotta pugliese tipo dolce. 100 g di zucchero semolato. 50 g di cioccolato fondente. 1/2 arancia. 1 limone. poche scorzette di arancia candita e tritata. poco burro. 250 g di zucchero a velo. 1 pizzico di sale.

Con una frusta (o con lo sbattitore elettrico) sbattete in una ciotola, le uova, un cucchiaio di zucchero, la scorza grattugiata dell'arancia e la farina, aggiunta poco alla volta per non formare grumi. Quando avrete ottenuto un composto omogeneo ponetelo a riposare, coperto, per 40 minuti. In un recipiente lavorate con un cucchiaio di legno la ricotta a cui unirete il rimanente zucchero, il succo e la scorza del limone grattugiato, l'arancia candita tritata. Impastate gli ingredienti. Unite il cioccolato grattugiato e incorporate il tutto fino a ottenere un composto denso e cremoso; mettetelo in frigo. Sbattete brevemente la pastella che avevate messo a riposare; scaldate sul fuoco una padellina antiaderente larga circa 12 cm; ungetela con carta da forno appena intrisa di burro e versateci una cucchiaiata del composto, ruotando la padellina perché si distribuisca bene sul fondo, ottenendo una "frittella" molto sottile. Cuocetela per 1 minuto da ambo i lati e procedete allo stesso modo fino a esaurire l'impasto. Spalmate le "frittelline" con la crema alla ricotta e arrotolatele per farne dei piccoli cannoli. Sistemateli a raggiera su un vassoio, spolverando con zucchero a velo.

FICHI CON LE MANDORLE

· ·

DOLCI

1.5 kg di fichi maturi essiccati, 2 limoni, 40 g di chiodi di garofano, 120 g di mandorle dolci tostate.

Aprite i fichi nel senso della lunghezza, lasciandoli uniti dal picciolo. Farciteli con un pezzetto di scorza di limone, 1-2 chiodi di garofano e 1 mandorla intera. Richiudeteli pressando le due parti con le dita. Distribuiteli quindi su una teglia e appassiteli in forno a temperatura bassa per 1 ora. Fateli freddare prima di portarli in tavola.
I fichi sono grandi protagonisti sulle tavole pugliesi, sia gustati freschi al naturale, sia essiccati, farciti e spesso ricoperti con cioccolata, anche nel periodo invernale.

RICOTTA FRITTA

· ·

DOLCI

500 g di ricotta tipo dolce freschissima, 2 uova, farina bianca, 100 g di zucchero semolato, olio.

Fate asciugare la ricotta ponendola in un panno asciutto. Cambiatelo almeno due volte e quando la ricotta avrà perso gran parte del liquido e risulterà morbida e abbastanza asciutta, ritagliatene delle fettine o dei rombi alti un dito. Per facilitare questa operazione si può usare un pezzetto di filo. Passateli delicatamente uno alla volta nella farina posta in una ciotola, quindi nelle uova, leggermente sbattute in precedenza. Friggete in abbondante olio ben caldo. Con molta delicatezza girateli con l'aiuto di due cucchiai per farli dorare da ambo i lati. Scolateli quindi e fateli asciugare su carta da cucina. Spolverizzateli con lo zucchero e gustateli quando sono ancora caldi.

Basilicata

L'elemento che accomuna le ricette della cucina di questa regione
– chiamata anche "Lucania" – è senz'altro l'utilizzo della carne
di agnello e di maiale, dei peperoni e del peperoncino. Gli abitanti
hanno cercato di ricavare da ingredienti umili e poco apprezzati
ciò con cui sfamarsi, sfruttando al meglio ogni possibile risorsa.
Ciò ha dato vita a una tradizione di piatti che riflettono l'aspra
geografia del territorio, in cui a coltivazioni di grano e verdure locali
si alternano rocce brulle e paesaggi desolati.

Certamente il piatto principale di questa terra è rimasto la pasta,
spesso preparata in casa e condita con un generoso ragù di agnello
(come negli zitoni all'agnello), che spesso oggi viene considerato
un piatto unico.

Quando si parla di secondi di carne, in Lucania, s'intende quasi
sempre piatti a base di maiale o di capretto, spesso accompagnati
da verdure coltivate sul posto: per esempio la pignata di pecora
o il maiale con i peperoni.

Il peperoncino, qui chiamato "diavulicchiu", è il condimento
principale per le pietanze della tradizione. Dagli antipasti
alle paste, dai contorni ai piatti di carne, questo piccantissimo
condimento li accompagna tutti nel loro viaggio gastronomico.

I dolci sono anch'essi in parte preparati con umili ingredienti,
spesso il comune grano addolcito con miele locale, come quello
usato nella cuccia, di chiara origine campana, o nel grano dolce;
in gran parte sono preparazioni fritte nello strutto (oggi sostituito
spesso dall'olio): è il caso della cicirata o dei turiddi natalizi.

CARCHIOLA CON I BROCCOLI
(CARCHIOLA CU LI VRUOCCOLI)

ANTIPASTI

200 g di farina di grano tenero. 300 g di farina di mais tipo Maranello. 300 g di cime di rapa. 2 spicchi di aglio. 1 peperoncino rosso piccante. 1 ciuffo di origano. olio. sale.

Mescolate le due farine e setacciatele su di una spianatoia, facendo il cratere. Uniteci acqua tiepida sufficiente (circa 1 tazza) a ottenere un impasto morbido e omogeneo che lavorerete con le mani per 10 minuti. Fatene una palla, coprite con un panno e fate riposare per 15 minuti. Nel frattempo pulitele cime di rapa, tritatele grossolanamente e saltatele, in una padella, con l'aglio tritato, le foglie di origano e 2 cucchiai di olio. Aggiustate di sale e unite per ultimo il peperoncino tritato. Stendete adesso la pasta in una schiacciata, dandogli una forma allungata. Ponete su di un lato le cime di rapa cotte e richiudete a libro, saldando i bordi con la pressione delle dita. Spennellate la superficie con olio, aggiungete una spolverata di sale grosso e cuocete alla griglia per 15 minuti, facendo sì che sulle braci non ci sia fiamma, così da non bruciare la focaccia. Quando è ben dorata da tutti i lati portatela in tavola tagliandola a grosse fette.
Più semplicemente, potete cuocere la carchiola anche nel forno, posta su una placca leggermente infarinata. Cuocete poi a temperatura moderata per 20 minuti.

PANELLE

PANI

1 kg di farina integrale. 40 g di lievito di birra. 300 g di patate a pasta gialla. sale.

Lessate le patate in abbondante acqua leggermente salata. Scolatele quando saranno morbide, sbucciatele e schiacciatele con l'apposito utensile. Raccogliete la polpa passata in una ciotola e fatela freddare. Ponete la farina su di una spianatoia e fate il cratere. Sciogliete il lievito in 2 tazze di acqua tiepida e aggiungete poco alla volta nel cratere. Iniziate a impastare unendo poco alla volta tutte le patate schiacciate. Lavorate con forza, con le mani, fino a ottenere un impasto sodo ed elastico. Fatene una palla, incidete la superficie con un taglio a croce, coprite con un panno e fate lievitare in un luogo asciutto per 30 minuti. Trascorso questo tempo dividete in 2 la pasta e formate due Panelli che cuocerete, dopo averli spolverati con un pugnello di farina, posti su di una teglia da forno, anch'essa infarinata, per 45 minuti a calore moderato. A fine cottura fate raffreddare. Questo gustosissimo pane si presta ad accompagnare carni stufate con abbondante sugo. Una volta questo antico pane veniva preparato in forme rotonde molto grandi che servivano al fabbisogno settimanale di una famiglia. Al suo utilizzo è legato uno dei più saggi e antichi proverbi Lucani (e non solo!): "Non c'è cibo di Re più saporito del pane!"

RAGÙ LUCANO

SUGHI

500 g di polpa di maiale in un unico pezzo. 100 g di pancetta stesa affettata. 70 g di pecorino. 3 spicchi di aglio. 1 ciuffo di prezzemolo. 1 pizzico di cannella in polvere. 1 bicchiere di vino rosso. 300 g di pomodori maturi. olio.

Con il batticarne appiattite la polpa di maiale. Preparate un trito con due spicchi di aglio, il prezzemolo e cospargetelo sulla carne; stendeteci sopra la pancetta affettata sottile, il pecorino grattugiato e la cannella. Arrotolate quindi la carne e legatela poi con filo da cucina. In 5 cucchiai di olio soffriggete lo spicchio di aglio in una casseruola. Toglietelo non appena accenna a scurirsi, quindi aggiungete la carne, rosolando a fuoco vivace per 5 minuti. Aggiungete il vino rosso e cuocete ancora a calore vivace, col coperchio, per 10 minuti. Sbucciate ora i pomodori e privateli dei semi. Aggiungeteli al tegame, aggiustando di sale e pepe. Abbassate la fiamma e cuocete col coperchio per 40 minuti. Bagnate con un mestolo di acqua calda se il sugo tende ad asciugarsi troppo. Condite con questo sughetto la pasta scelta (orecchiette, maccheroni o vermicelli) e portate in tavola la carne affettata dopo averla fatta un po' freddare. Naturalmente l'aggiunta del peperoncino rosso è quasi "obbligatoria", ma la ricetta originale non lo menziona, lasciando forse al gusto di ognuno la scelta di usare o meno il forte condimento.

CALZONCINI DI MATERA
('U CAZINI DI MATERA)

PRIMI PIATTI

600 g di farina di grano duro. 3 uova. 300 g di ricotta di pecora. 1 cucchiaio di zucchero. noce moscata. 1 pizzico di cannella in polvere. sale.

Setacciate la farina su di una spianatoia e fate il cratere, unendoci le uova scocciate. Impastate fino a ottenere un composto sodo e omogeneo. Fatene una palla, avvolgetela nella pellicola per alimenti e fate riposare, in un luogo fresco, per 20 minuti. Nel frattempo preparate il ripieno. Ponete la ricotta, ben scolata del suo siero, in una ciotola; uniteci lo zucchero, una grattugiata di noce moscata, la cannella e un pizzico di sale. Lavorate brevemente gli ingredienti con una forchetta e riponete in luogo fresco. Stendete la pasta, con l'aiuto di un matterello leggermente infarinato, in una sfoglia sottile; ritagliate con l'apposita rondella tanti quadratini di circa 2 x 2 cm. Mettete una piccola quantità di ripieno al centro di ognuno e richiudete dando la forma di un triangolo. Dovranno risultare grandi come dei cappelletti. Sigillate bene i bordi premendo con le dita. Bolliteli poi in acqua leggermente salata e scolateli, riponendoli in una zuppiera. Condite con abbondante ragù lucano di carne di maiale (vedi ricetta a pagina 223) o con un gustoso ragù di agnello. Questo è il piatto che a Matera e nella sua provincia, viene preparato nelle grandi occasioni. Una tradizione, purtroppo perduta negli anni, vedeva tutti i componenti della famiglia impiegati nella sua preparazione. I bambini erano incaricati del "ripasso" con la pressione delle dita per richiudere bene i "cazini".

LÀGANE E CECI 📷

PRIMI PIATTI

500 g di farina di grano duro. 400 g di ceci secchi. 1 peperoncino rosso. 2 spicchi di aglio. 2 cucchiai di strutto (o 2 cucchiai di olio). 1 cipolla rossa. 1 costola di sedano. 250 g di pancetta stesa.

La sera prima della preparazione del piatto, mettete in ammollo i ceci in acqua fredda con una punta di bicarbonato. La mattina successiva sciacquateli abbondantemente e metteteli al fuoco con la pancetta, il sedano e la cipolla. Cuocete a fiamma moderata (i ceci devono sobbollire non "rincorrersi" nella pentola!) per 40 minuti. Lasciateli quindi col coperchio, in caldo. Preparate le lagane: versate la farina a fontana e con un po' di acqua, appena tiepida, e iniziate ad impastare. Lavorate con forza per ottenere una pasta soda ed elastica. Stendetela col matterello infarinato in una sottile sfoglia e ricavatene con la rondella delle strisce larghe due dita e lunghe 30 cm. Cuocetele in abbondante acqua salata. Fondete nel frattempo lo strutto, in una padella, con due spicchi di aglio schiacciati e il peperoncino. Scolate le lagane al dente e trasferitele in una ciotola. Condite con lo strutto e abbondanti ceci scolati, ma non privi del tutto della loro acqua. Il piatto deve risultare appena brodoso e molto saporito, ma mai accompagnato da formaggio grattugiato.

ZITONI AL SUGO DI AGNELLO

PRIMI PIATTI

400 g di zitoni. 300 g di polpa di agnello. 1 cipolla rossa. 1 carota. 1 gambo di sedano. 1 rametto di rosmarino. 2 bicchieri di vino dolce. 200 g di pomodori maturi. ricotta forte grattugiata. foglie di alloro. olio.

Tritate la cipolla, il sedano e la carota e appassiteli in una casseruola con quattro cucchiai di olio. Fate a pezzettoni la carne di agnello e rosolatelo a fuoco vivace nel tegame con gli odori, aggiungendo un pizzico di sale e bagnando con un bicchiere di vino. Cuocete per 20 minuti, con il coperchio. Spegnete la fiamma e trasferite la carne su un tagliere, riducendola in piccoli pezzetti (potete aiutarvi con l'uso del cutter, avendo cura di non tritarla troppo). Riunite la carne nella casseruola, fate rosolare a fuoco vivace per 5 minuti, aggiungendo l'altro bicchiere di vino, il rametto di rosmarino e quello di alloro, sale e pepe. Aggiungete quindi i pomodori spellati e privati dei semi. Riducete la fiamma e cuocete lentamente il sugo per 40 minuti, girando spesso con un mestolo. Con questo saporito ragù condite gli zitoni, spolverandoli con ricotta forte servita a parte.

Tipico piatto dei banchetti nuziali, ribadisce il largo uso della carne di agnello, pecora e capretto che in Lucania trova la sua più larga interpretazione. Un proverbio popolare suggerisce che «a Santu Giuvan lass lu figg' e pigg' la mamma», cioè a San Giovanni si può iniziare a mangiare la pecora, dopo aver gustato la carne dell'agnello.

BACCALÀ ALLA LUCANA

600 g di baccalà sotto sale, peperoni rossi sott'aceto, olio.

Mettete a mollo il baccalà per 24 ore. Lessatelo in abbondante acqua non salata per 10 minuti, a fuoco basso. Scolatelo e asciugatelo su un telo. Sliscatelo e fatelo a pezzi larghi quattro dita. Scaldate l'olio in una padella, unite i peperoni sott'aceto, sgocciolati, e cuocete insieme il baccalà per 30 minuti a fuoco moderato. Doratelo da ambo i lati e portate in tavola ben coperto dal suo sughetto di cottura e dai peperoni.

PIGNATA DI PECORA O PIGNATA MATERANA

SECONDI PIATTI

1 kg di carne di pecora (nel coscio), 400 g di patate, 3 cipolle rosse, 2 pomodori maturi, 150 g di soppressata, 1 costa di sedano, 50 g di pecorino, 1 peperoncino rosso.

Tagliate a pezzi non troppo grossi la pecora. Pulite le patate e fatele a tocchetti. Affettate le cipolle e la costa di sedano. Sbucciate i pomodori e fateli a pezzetti. Mettete tutti gli ingredienti in un recipiente di coccio (la pignata), aggiungete la soppressata spezzettata, il pecorino, il peperoncino, un pizzico di sale e due bicchieri di acqua. Copritela col coperchio (che chiuderà il tegame quasi ermeticamente!) e cuocete a fiamma bassa per 1 ora e mezzo. Scuotete di tanto in tanto il tegame per non fare attaccare al fondo. È un gustoso piatto da servire direttamente nel caratteristico tegame, che ne preserva i profumi e gli aromi, nonché il calore per lungo tempo.

POLENTA CON SALSICCIA LUCANA PICCANTE

SECONDI PIATTI

350 g di farina di mais, 400 g di salsiccia lucana tipo piccante,
1 cipolla rossa, 200 g di salsa di pomodoro, 2 spicchi di aglio,
1 ciuffetto di salvia, olio, sale.

Fate bollire in una pentola 1,5 l di acqua leggermente salata. Appena bolle toglietela dal fuoco e versateci a pioggia la farina, girando con una frusta per non formare grumi. Ponete nuovamente sul fuoco e cuocete, a temperatura sufficiente a far sobbollire per 40 minuti, sempre girando. Nel frattempo tritate la cipolla con gli agli e soffriggeteli con 2 cucchiai di olio in una casseruola. Fate prendere colore, quindi aggiungete le salsicce fatte a pezzetti. Cuocete a fiamma vivace per 5 minuti ed aggiungete poi la salsa di pomodoro, la salvia ed un pizzico di sale. Proseguite la cottura a fuoco moderato per 15 minuti, sempre girando di tanto in tanto. Quando la polenta sarà pronta, servitene la giusta quantità per ogni commensale e condite con abbondante sugo e pezzetti di salsiccia. Portate subito in tavola e gustatela ben calda.
Durante la Sagra della Polenta, che si tiene a Nemoli (Potenza), nella prima settimana di febbraio, questa viene spesso cucinata con vari tipi di insaccati, tra i quali la salsiccia piccante è certo quella più richiesta. Spesso (per giusta misura!) la salsa di accompagnamento viene condita con peperoncino fresco, rosso e piccante.

CIAMMOTTA

· ·

CONTORNI

300 g di patate a pasta gialla. 300 g di peperoni gialli o rossi.
300 g di melanzane tipo dolce. 250 g di pomodori maturi. 2 spicchi
di aglio. olio.

Spuntate le melanzane e tagliatele a fette abbastanza sottili, cospargetele di
sale per farle rifare l'acqua che contengono. Sbucciate le patate, tagliatele e
fatele a tocchetti. Pulite anche i peperoni: apriteli, privateli della membrana
interna e dei semi. Fateli a listerelle. In una padella con abbondante olio
ben caldo friggete le verdure (avendo cura di asciugare bene le melanzane
prima di trasferirle nell'olio). Man mano che friggete, riunite le verdure cotte
su carta gialla. Ponetele poi in una casseruola, meglio se di coccio. Spelate
e fate a pezzi i pomodori, che aggiungerete nella casseruola con lo spicchio
d'aglio. Salate e pepate. Mettete il coperchio e cuocete per 50 minuti, a fuoco
bassissimo. Girate di tanto in tanto con un mestolo, per non far attaccare al
fondo. Non aggiungete olio, dato che sarà sufficiente quello assorbito dalle
verdure durante la frittura. Gustate questo piatto appena tiepido, o ancor
meglio freddo.

FOCACCIA AL MIELE DI CORBEZZOLO

· ·

DOLCI

500 g di farina di grano tenero. 20 g di lievito per dolci.
200 g di miele di corbezzolo. 1 ciuffetto di origano fresco.
20 g di strutto.

Setacciate la farina sulla spianatoia, togliendone un cucchiaio che servirà per
infarinare la teglia da forno. Mescolate il lievito e fate il cratere. Versateci il
miele, aggiungete le foglie di origano e iniziate a impastare. Ottenuto un
composto sodo ed elastico, fatene una palla, coprite con un panno e fate
lievitare in un luogo asciutto per 1 ora. Trascorso questo tempo la pasta avrà
raddoppiato il suo volume, ponetela nuovamente sulla spianatoia e lavora-

tela con forza con le mani per 5 minuti. Stendetela quindi con il matterello in uno spessore di circa 1/2 cm. Ungete con lo strutto una teglia da forno, infarinatela e battetela su di un ripiano per togliere la farina in eccesso. Trasferiteci la focaccia, pizzicatene la superficie con le dita e cuocete a forno moderato per 20 minuti. È ottima tiepida ma conserva la sua fragranza anche fredda. Si può sostituire il miele di corbezzolo con la stessa quantità di miele millefiori.

PASSULATE

DOLCI

350 g di farina di grano tenero. 100 g di gherigli di noce. 150 g di uva passa. 150 g di mandorle dolci pelate. 100 g di miele millefiori. 1/2 limone. 1/2 cucchiaino di cannella in polvere. 1 rametto di foglie fresche di limone non trattato.

Mettete nel mixer le noci, spellate, e le mandorle e riducetele in un trito fine. Ponete l'uvetta a rinvenire in acqua tiepida e il miele a scaldarsi in un pentolino a bagnomaria. Setacciate la farina su una spianatoia, uniteci la buccia grattugiata del mezzo limone, la cannella e, poco alla volta, le mandorle e le noci tritate. Iniziate a lavorare con le mani e unite anche il miele riscaldato, amalgamando bene gli ingredienti. Ottenuta una pasta piuttosto consistente, fatene una palla e mettete a riposare avvolta nella pellicola da cucina, in un luogo fresco. Stendetela poi con un matterello, ottenendo una sfoglia non più alta di 1/2 cm, che ritaglierete con la rondella in varie forme, come rombi, lune, stelle e rettangoli. Naturalmente rimpastate ogni volta i ritagli di pasta che stenderete di nuovo per ritagliarli in nuove forme. Passate ogni passulata su una foglia di limone fresco, prima di cuocerle su una teglia, coperta con l'apposita carta, in forno a calore basso per 15 minuti. Fatele freddare prima di gustarle. L'antico suggerimento di passare questi dolcetti su di una foglia di limone è usato per conferire loro un vago aroma di agrumi, che ben si sposa con gli altri ingredienti.
È il dolce tipico del periodo natalizio e ogni famiglia ha il suo ingrediente segreto da aggiungere alla ricetta: per esempio 3 o 4 chiodi di garofano, ridotti in polvere.

SCARCEDDA LUCANA

500 g di pasta frolla (veri ricetta a pagina 283). 200 g di ricotta di pura pecora. 50 g di zucchero. 1 uovo + 1 rosso. 10 g di cannella. 1 limone. 30 g di burro.

Setacciate la ricotta in una ciotola e lavoratela con lo zucchero. Grattugiateci il limone ed amalgamate gli ingredienti legandoli con un rosso d'uovo. Ponete in un luogo fresco a riposare. Lessate l'uovo rimasto e sgusciatelo. Stendete la frolla in uno spessore alto 1/2 cm e con questa foderate una tortiera (meglio se con la cerniera) ben imburrata, versate poi l'impasto di ricotta e mettete l'uovo sodo nel centro della torta (o ponetelo da una parte per seguire la tradizione che vuole che la persona a cui tocca in sorte, tagliando la torta, avrà nel corso dell'anno buona fortuna, o meglio ne avrà in proporzione della quantità di uovo ricevuta con la fetta di torta). Stendete con il matterello infarinato la restante quantità di pasta frolla e con questa coprite la torta, premendo con le dita per sigillare i bordi. Bucherellate la superficie con una forchetta e cuocete in forno a caldo moderato per 25 minuti.

Calabria

I piatti tradizionali della Calabria riflettono tutta la solarità di questa
regione che si protende nel nostro mar Mediterraneo e che offre,
insieme a coste e spiagge stupende, anche foreste e boschi ombrosi.
La natura del territorio, però, pur con la sua bellezza mozzafiato,
non ha favorito lo sfruttamento agricolo da parte dell'uomo:
ciò ha determinato lo sviluppo di una cucina estremamente povera,
che ha trovato nella genuinità e nell'autentico sapore dei suoi
ingredienti il segreto per poter essere considerata, tutt'oggi,
una "grande cucina".
Il pomodoro, le olive, i funghi, i prodotti caseari e i molti insaccati
sono gli elementi fondamentali di numerosi piatti ancora
oggi proposti con successo: la pasta rigata della Sila, i cullurielli,
la frittata di Vibo Valentia o la carne di capra con le olive rotte,
ne sono un esempio.
Naturalmente anche il pesce, in special modo il pesce spada, vanta
una grande tradizione culinaria, proposto in salmoriglio,
o accompagnato dai gustosissimi pomodori e acciughe.
Tra i dolci vanno ricordati li ficu neru, di antichissima e povera
tradizione, i sammartini, il miele di fichi e molte altre preparazioni
a base di pasta di pane lavorata con miele e zucchero.

CIAMBELLINE DI PATATE
(CULLURIÉLLI)

• •

PANI

500 g di farina di grano tenero. 500 g di patate a pasta bianca. 1 panetto di lievito di birra 25 g da circa. olio. sale.

Lessate le patate in abbondante acqua fredda, lievemente salata. A cottura ultimata, sbucciatele e schiacciatele con l'apposito attrezzo. Fatele freddare. Setacciate la farina sulle patate, amalgamate gli ingredienti con un mestolo e versateli su di una spianatoia di legno formando un cratere. Sciogliete il lievito in una tazza di acqua tiepida, versatelo sul composto e iniziate a impastare. Usate prima i polpastrelli, poi il palmo della mano fino a ottenere un impasto elastico ma non appiccicoso. Fatene una palla, infarinatela e fatela riposare per 3 ore coperta da un panno, in un luogo asciutto. Mettete una capace padella con abbondante olio a fuoco moderato. Staccate quindi dall'impasto una quantità pari a una noce e con essa formate dei cordoncini che arrotolerete sulla spianatoia infarinata. Chiudete quindi le estremità per farne delle ciambelline. Friggetele via via nell'olio ben caldo, girandole spesso per farle ben dorare. Scolatele quindi e fatele freddare su un foglio di carta gialla da cucina. Vanno gustate ancora calde ben salate e sono ottime per accompagnare aperitivi a base di vino.
Nella tradizione calabra questo semplice stuzzichino era un tempo preparato dalle donne nella grande cucina, nei mesi invernali, con l'aiuto dei figli più piccoli. Ancora oggi nei paesi, soprattutto in quelli sui monti della Sila, ritrovarsi per friggere i Cullurielli è un pretesto per trascorrere in compagnia le lunghe e fredde serate d'inverno.

FRITTATA DI PASTA

ANTIPASTI

200 g di pasta lunga già cotta. 50 g di pancetta a cubetti. 1 cucchiaio di formaggio pecorino grattugiato. 3 uova, olio, sale, pepe, peperoncino in polvere.

Raccogliete la pasta già cotta (ovviamente senza il sugo!) in una ciotola. Sbattete brevemente le uova che insaporirete con il formaggio, un pizzico di sale e poco pepe. Unite il tutto alla pasta e amalgamate bene gli ingredienti. Aggiungete poi, a piacere, del peperoncino in polvere o un peperoncino fresco fatto in piccoli pezzetti. Fate riposare per 5 minuti. Nel frattempo rosolate con poco olio la pancetta a cubetti, fino a renderla ben croccante e rosolata (in alcuni luoghi della regione, soprattutto nell'interno, si preferisce usare al posto della pancetta il lardo) e unitela quindi agli altri ingredienti. Scaldate 2 cucchiai di olio in una larga padella; quando l'olio sarà ben caldo versateci il composto e alzate la fiamma. Cuocete nel modo classico la frittata, bucherellandola di tanto in tanto con un forchettone, e girandola con l'aiuto di un coperchio, per farla dorare da ambo i lati. La frittata deve risultare dorata e croccante. È ottima gustata sia fredda che calda.

SALSA CON MANDORLE

SALSE

6 peperoni gialli ben sodi e maturi. 5 pomodori tondi e maturi. 3 cucchiai di aceto di vino rosso. 2 cucchiai di uva sultanina appassita e già ammollata in acqua tiepida. 2 cucchiai di zucchero semolato. 150 g di mandorle pelate e tritate grossolanamente, olio, sale.

Pulite, lavate e fate a strisce i peperoni. Asciugateli e poneteli in una teglia a soffriggere con 5 cucchiai di olio. Cuocete a fuoco vivace, girandoli spesso per farli dorare. A fine cottura scolate l'olio in eccedenza – che terrete a parte per altre preparazioni – e lasciate nella teglia la quantità sufficiente a "ungere" i peperoni. Aggiungete l'uva passita ben strizzata, le mandorle, l'aceto e lo zucchero. Girate per amalgamarli bene e mettete ancora sul fuoco a fiamma bassa, per 5 minuti. Travasate la salsa ottenuta in un recipiente di coccio e fate freddare. Questa gustosa salsa ricorda per certi ingredienti le varie e molteplici interpretazioni della caponata siciliana. L'influenza orientale degli ingredienti – le mandorle e l'uva passa accompagnate all'aceto – ne fanno un sapore unico e inimitabile. Gustarla fredda, in estate in riva al mare, riconcilia l'uomo alla natura, all'arte e alla storia di questa regione.

SCAPECE DI MELANZANE

ANTIPASTI

5 melanzane lunghe, 2 peperoni gialli, 1 ciuffo di menta, 2 bicchieri di vino bianco secco, 2 bicchieri di aceto di vino bianco, 5 spicchi di aglio, 1 bustina di zafferano o 5 g di pistilli, olio, sale.

Pulite e lavate le melanzane, ben sode e mature. Fatele in pezzi piuttosto grossi. Pulite anche i peperoni, privandoli dei semi e delle falde interne. Sciacquateli e tagliateli a pezzetti, più piccoli però delle melanzane. In un tegame di coccio rosolate a calore basso, con 3 cucchiai di olio, gli spicchi di aglio sbucciati e lasciati interi. Unite poi le melanzane, i peperoni, le foglie di menta, il vino e l'aceto. Cuocete a calore moderato con il coperchio per 15 minuti, girando di tanto in tanto con un mestolo. Unite a fine cottura lo zafferano – disciolto in acqua calda se in polvere, altrimenti unite i pistilli direttamente alle verdure cotte – aggiustate di sale e fate freddare. Trasferite poi il composto ottenuto in un vaso a chiusura ermetica e riponete in un luogo fresco e asciutto per almeno 20 giorni.

Come altri piatti i cui ingredienti sono stati influenzati dalla vicinanza con i paesi arabi del bacino del Mediterraneo, anche la scapece trova similitudini con altri piatti poveri, ad esempio pugliesi... Come dimenticare la grande festa di Alezio, nel Salento, per i santi Cosma e Damiano, con le bancarelle ricolme di dolci e intere botti ripiene di "Escapece" di acciughe.

U' CIPULLIZZA

ANTIPASTI

1 kg cipollotti, 1 bicchiere di aceto rosso, pepe rosso in grani, foglie di alloro, olio, sale.

Pulite i cipollotti eliminando le prime foglie e la parte verde. Lavateli con cura e asciugateli. Tagliateli in 4, scottateli in poca acqua leggermente salata. Scolateli e travasateli in un tegame (meglio se di coccio). Aggiungete alcune foglie di alloro, l'aceto e mezzo bicchiere di olio, con un pizzico di sale. Cuocete a calore moderato fino a fare assorbire tutto il liquido. Con una schiumarola schiacciate i cipollotti di tanto in tanto. Rigirate poi il tutto per farlo dorare da ambo i lati: assumerà, infatti, la consistenza di una frittata. Portate in tavola ancora caldo cosparso di pepe rosso macinato al momento.

Piatto della tradizione più povera, riunisce alcuni degli ingredienti principali di questa solare regione. Con essi, nella sua semplicità e dal gusto unico, riassume lo schietto modo di vivere della gente Calabra: "Terra quantu vidi, vigna quantu vivi, casa quantu stai" ("Terra quanta puoi vederne, vino quanto ne bevi e casa quanto ti basta per starci").

CALABRESETTA

PRIMI PIATTI

4 patate, 2 peperoni gialli ben sodi e maturi, 2 melanzane tipo tondo, 3 spicchi di aglio, 1 cucchiaino di origano, 1 peperoncino piccante, 1/2 bicchiere di olio.

In un tegame, meglio se di coccio, soffriggete l'aglio sbucciato e lasciato intero. Quando sarà biondo spegnete la fiamma ed eliminatelo. Pulite e lavate con cura i peperoni, tagliateli a metà ed eliminate i semi e le falde interne. Tagliateli quindi in pezzetti. Pulite e lavate anche le melanzane e le patate e tagliate anch'esse in pezzetti non troppo grossi. Uniteli al tegame con l'olio e rosolate sul fuoco vivace. Insaporite con origano e un pizzico di sale. Ricoprite poi abbondantemente con acqua fredda e portate il tutto a ebollizione. Cuocete a fiamma moderata per 1 ora circa. A fine cottura potete, a piacere, insaporire con un peperoncino rosso fresco tritato finemente.

La qualità di questi ortaggi, che nella regione vengono spesso coltivati ancora in modo naturale e non intensivo, è esaltata in questa minestra contadina, spesso arricchita da fette di pane agliato.

MACCO DI FAVE 📷

PRIMI PIATTI

300 g di fave secche. 150 g di tagliatelle corte e larghe. 2 pomodori maturi. 1 cipolla rossa. olio.

Mettete per una notte le fave in ammollo in acqua fredda. Il mattino seguente sbucciatele e mettetele via via in un tegame. Sbucciate la cipolla, tritatela fine, unitela alle fave e coprite il tutto con 1 l e mezzo di acqua fredda. Scottate ora i pomodori, privateli della buccia, tagliateli a metà, togliete i semi e aggiungeteli nel tegame. Fate cuocere il tutto con il coperchio, per 1 ora e mezzo a fiamma molto bassa e girando di tanto in tanto con un mestolo per evitare che si attacchi al fondo del tegame. A fine cottura le fave risulteranno quasi del tutto disfatte e ben dense. Unite soltanto a questo punto cinque cucchiai di olio, aggiustate di sale e pepe, aggiungete anche la pasta e cuocete al dente. Portate il macco in tavola, servito in rustiche ciotole di coccio, magari gustato con i tradizionali cucchiai di legno.

MILLICUSEDDE

400 g di legumi secchi tra fave, ceci, lenticchie, cicerchie, fagioli bianchi, 1 costa di sedano, 1/2 verza, 1 cipolla rossa, 200 g di funghi silvestri, 250 g di pasta corta rigata tipo zite, 80 g di pecorino grattugiato, olio.

Tenete a bagno per un'intera giornata i legumi in abbondante acqua appena tiepida. Poneteli quindi in una casseruola (meglio se di coccio), nella quale avrete soffritto la cipolla e il sedano tritati in un cucchiaio di olio. Coprite con acqua fredda e aggiungete la verza, tagliata a listerelle, e i funghi affettati. Cuocete per 1 ora e 1/2 a fuoco basso, col coperchio. A metà cottura aggiungete 5 cucchiai di olio. A fine cottura il brodo dovrà risultare completamente assorbito. Lessate la pasta in abbondante acqua salata, scolatela a metà cottura e unitela alla minestra già pronta, finendo di cuocere. Unite da ultimo ancora un po' di olio e aspettate 10 minuti prima di portare in tavola, accompagnando con pecorino grattugiato.

PANCOTTO

350 g di pane raffermo di tipo casalingo, 250 g di pomodori maturi, 400 g di peperoni gialli, 1 ciuffo di prezzemolo, 1 costola di sedano, 3 spicchi di aglio, 2 foglie di alloro, 1 peperoncino piccante, olio.

In una casseruola soffriggete l'aglio schiacciato in un cucchiaio di olio. Appena sarà imbiondito toglietelo dal fuoco. Unite nel tegame il peperoncino, le foglie di alloro, la costola di sedano tritata, i pomodori spezzettati e privati dei semi e un pizzico di sale. Fate sobbollire il tutto per 10 minuti a fuoco moderato. Pulite e tagliate a listarelle i peperoni gialli e uniteli nel tegame, proseguendo la cottura per altri 25 minuti insieme a quattro cucchiai di olio; nel frattempo tagliate a fette alte un dito il pane, abbrustolitelo, bagnatelo con poca acqua e mettetene una fetta per ogni piatto. Coprite quindi con le verdure cotte, spolverando con prezzemolo tritato.

Forse parente della toscanissima Acquacotta, nella quale però ingrediente principale è il rosso di uovo aggiunto per ultimo prima di portare in tavola, questa ricetta prevede l'uso di un ingrediente unico e fondamentale della cucina calabrese: il peperoncino. Chiamato a seconda dei luoghi pipariellu, pipazzu, pipi urusente – cioè piccante –, la gente qui lo ritiene (giustamente) afrodisiaco, diuretico, digestivo e quant'altro, anche oltre le sue reali qualità. Nel secolo passato molti, allo scopo di debellare periodiche febbri che affliggevano le popolazioni, ne facevano vere e proprie scorpacciate, con risultati non sempre auspicabili!

PASTA RIGATA DELLA SILA

PRIMI PIATTI

400 g di pasta rigata. 1 cipolla grossa di Tropea. 500 g pomodori ben maturi. 1 mazzetto aromatico composto da: basilico, prezzemolo, origano (tutti freschi). 200 g di salsicce poco grasse. 150 g di guanciale. 50 g di funghi porcini secchi. 200 g di butirro o caciocavallo. 100 g di pecorino stagionato grattugiato. 2 peperoncini secchi tritati. 50 g di burro. sale. pepe. olio.

Mettete i funghi in ammollo in acqua tiepida. Tritate la cipolla insieme agli aromi freschi. Tagliate e pulite, private dei semi i pomodori e fateli a pezzetti. Affettate finemente la salsiccia e fate a striscioline il guanciale. In un tegame di coccio rosolate tutti gli ingredienti con 5 cucchiai di olio. Soffriggete per alcuni minuti a fiamma vivace, quindi unite i peperoncini e i funghi, ben strizzati e tritati. Cuocete sobbollendo per 15 minuti, girando di tanto in tanto. Nel frattempo cuocete la pasta al dente. Scolatela e versatela in un capace recipiente insieme a un piccolo ramaiolo di acqua di cottura. Versateci il sugo e mescolate con cura per far amalgamare. Ungete con il burro una teglia da forno e trasferiteci la pasta. Ricoprite con il butirro tagliato a fettine e il pecorino grattugiato. Mettete nel forno a calore medio e fate cuocere per 10 minuti e gustate questo piatto ben caldo.

Piatto tradizionale del giorno di Sant'Andrea – 30 novembre – festeggia l'arrivo sul mercato dei primi funghi secchi della stagione, di cui la Sila è gran dispensatrice. La zona agricola ai suoi piedi è ricca di prodotti tipici come cipolle, peperoni, melanzane, fichi, mandorle, ecc. La cultura contadina è ricordata e celebrata in questo giorno attraverso il detto "Pi Sant'Andria, u'bonu massaru simminatu avia" ("per Sant'Andrea il buon contadino ha già seminato").

LASAGNE PIENE
(SAGNE CHINE)

600 g di farina di grano duro. 500 g di pisellini primaverili. 400 g di braciole di maiale. 300 g di funghi freschi silvestri. 150 g di carne di maiale tritata. 250 g di mozzarella. 4 uova. 3 carciofi novelli teneri. 1 cipolla rossa. 1 gambo di sedano. 150 g di pecorino stagionato. 1 rametto di alloro. olio.

Sgocciolate bene la mozzarella e fatela a fette, che cederanno così parte della loro acqua. Rosolate le braciole di maiale in un filo di olio, fatele prendere colore e mettetele da parte. Nello stesso olio di cottura unite la carne macinata e rosolatela a fuoco vivace per alcuni minuti. Versatela in una ciotola e aggiungete 3 cucchiai di pecorino grattugiato, sale e pepe, un uovo intero e mescolate bene il tutto. Fatene delle polpettine grandi quanto una nocciola. Friggetele in olio ben caldo e, quando saranno ben dorate, scolatele e ponetele su carta gialla ad asciugare. In un tegame, con 3 cucchiai di olio, fate appassire un battuto di cipolla e sedano; tagliate a fette sottili i funghi e uniteli al soffritto, fate rosolare per 2 minuti, girando con un mestolo. Pulite e tagliate a spicchi sottili i carciofi, lavate i piselli sgranati e aggiungete il tutto al tegame, ponendo due foglie di alloro per profumare. Cuocete a fiamma bassa per 20 minuti. Se dovesse seccarsi troppo, aggiungete 1 o 2 ramaioli di acqua bollente. Rassodate le uova rimaste, sgusciatele, fatele freddare e tagliatele quindi a spicchi. Con la farina di grano duro disposta a cratere su di una spianatoia, impastate con acqua e un pizzico di sale, lavorate bene l'impasto per ottenere una pasta molto soda. Fatene una palla che farete riposare nella pellicola per mezzora. Tirate quindi una sfoglia piuttosto sottile e ritagliate delle strisce, lasagne, di circa 10 per 15 cm. Lessatele in acqua salata (con l'aggiunta di un filo d'olio per non fare appiccicare la pasta durante la cottura), scolatele e immergetele in acqua fredda. Fatele quindi asciugare distese su di un panno. In una teglia, unta con pochissimo olio, stendete uno strato di lasagne, cospargete di spicchi di uova, fettine di mozzarella, polpettine e braciole di maiale (a cui avrete tolto l'osso), aggiungete il ragù di verdure, 2 cucchiai di sugo della carne arrostita e abbondante pecorino grattugiato. Procedete alternando i vari ingredienti, facendo attenzione che l'ultimo strato sia di pasta. Irrorate, infine, con il rimanente olio di cottura delle bracioline, cospargete col restante pecorino e cuocete in forno a temperatura media per 30 minuti.

Che dire di questo interminabile piatto? Forse che oggi non è più proponibile, non tanto per la sua complessità, quanto per l'apporto di calorie che, sicuramente, farà inorridire chi regola il suo appetito su conti di carboidrati e lipidi! Eppure, proposto come piatto unico, in una cena con amici, può essere una piacevole sorpresa gastronomica, proprio perché queste ricette "dimenticate" fanno riscoprire – se non addirittura conoscere – quei sapori appartenenti alla nostra solare mediterraneità, quei sapori che spesso il mondo ci invidia e che dimentichiamo nell'appiattirsi anonimo dei nostri pasti "mordi e fuggi"! Naturalmente è necessario dire che di questa ricetta in tutta la Calabria non se ne trovano due versioni uguali: si hanno versioni estive e invernali, aggiungendo scamorza affettata e polpette di vitella, o salame sbriciolato... Un tempo una ragazza doveva per regola conoscere almeno 15 modi diversi di cucinare la pasta per essere sicura di trovare marito...

U' SCHIAFFETTONI

PRIMI PIATTI

12-14 cannelloni di pasta pronti per essere cotti al forno.
200 g di salsicce piccanti. 100 g di salame in un'unica fetta.
250 g di carne di maiale tritata. 1 cipolla. 1 costola di sedano. 1 ciuffetto di prezzemolo. 3 uova. 1/2 kg di salsa di pomodoro. 150 g di pecorino stagionato. 1 peperoncino rosso. olio. sale.

Sbriciolate con le mani le salsicce, tagliate a piccoli pezzi il salame e uniteli alla carne di maiale tritata, aggiungendo un pizzico di sale. Fate riposare. Tritate cipolla, sedano e prezzemolo e soffriggeteli in un tegame, meglio se di coccio, con 3 cucchiai di olio. Unite la carne e girate con un mestolo per far ben insaporire. Continuate la cottura per 15 minuti a calore basso, continuando a girare. Rassodate le uova, sgusciatele, freddatele e tagliuzzatele in piccoli pezzi. Togliete la carne dal tegame, riponetela in un contenitore, aggiungete le uova e fate freddare. Nello stesso tegame dove è rimasto il fondo di cottura della carne, soffriggete la salsa di pomodoro, aggiustate di sale e a piacere il peperoncino sminuzzato. Proseguite la cottura a fuoco dolce per 10 minuti. Riempite quindi, con l'aiuto di un cucchiaino, i cannelloni (acquistando quelli già pronti per la cottura in forno) e adagiateli in una teglia, lievemente unta di olio e appena cosparsa di salsa di pomodoro. Riempiti e sistemati, uno accanto all'altro i cannelloni, irrorateli con la salsa di pomodoro rimasta e cospargete con il pecorino grattugiato. Cuocete nel forno a calore moderato per 30 minuti. Fate riposare per 10 minuti prima di portare in tavola.

Questo piatto viene, per tradizione, preparato nelle grandi occasioni. Ma è soprattutto nella metà di novembre che trova la sua massima celebrazione: l'arrivo del vino nuovo e le prime giornate fredde, sono la perfetta cornice per un sapore così deciso.

BACCALÀ DI COSENZA

SECONDI PIATTI

600 g di baccalà tipo Labrador. 500 g di patate a pasta bianca. 2 peperoni gialli maturi. olio.

Tenete 24 ore in ammollo i filetti di baccalà, avendo cura di cambiare spesso l'acqua o, ancora meglio, lasciatene scorrere sempre un filo per mantenerla fresca e corrente. Dopodiché, quando la carne sarà morbida e desalata, tagliatela a pezzi larghi 4 dita e asciugatela su di un panno. Sbucciate le patate e affettatele. Lavate i peperoni e fateli a strisce, privandoli dei semi e dei filamenti. Ponete in una teglia da forno a strati il baccalà, le patate e i peperoni, irrorate con abbondante olio, poco sale e pepe macinato al momento. Aggiungete 3 cucchiai di acqua e cuocete per 40 minuti a fuoco moderato, aggiungendo, se occorre, altra acqua calda. Portate in tavola accompagnando con melanzane sott'olio e servito ben caldo.

CINGHIALE STUFATO

1.5 kg di coscio di cinghiale (porcu servaggiu). 1/2 ℓ di aceto di vino rosso. 100 g di strutto. 1 bicchiere di vino rosso. 5 pomodori ben maturi. 1 cipolla. salvia. alloro. bacche di ginepro. 1 peperoncino piccante. sale.

Mettete la carne del cinghiale, ridotta in grossi pezzetti, in una capace ciotola con l'aceto, uguale quantità di acqua, il vino rosso e le bacche di ginepro. Tenete la carne a marinare per una notte intera. Il giorno dopo scolatela e fatela rosolare, in un tegame di coccio, con la cipolla affettata, lo strutto e alcune foglie di salvia e di alloro. Cuocete a fuoco vivace per 15 minuti. Abbassate quindi la fiamma e proseguite la cottura per altri 15 minuti. Pelate i pomodori e fateli a pezzetti. Uniteli quindi alla carne, girate con un mestolo e cuocete a calore medio per 1 ora e mezzo. Bagnate di tanto in tanto con del brodo vegetale. A fine cottura la carne dovrà risultare morbida e gustosa. Spesso la salsa rimasta dopo la sporzionatura della carne, viene utilizzata per condire una pasta corta, tipo cappelli di prete.

Alla fine di dicembre, a Staiti (Reggio Calabria), si celebra una rinomata Sagra del Cinghiale. Nel corso di questa festa vengono proposti piatti della tradizione locale, naturalmente a base di cinghiale, accompagnati da un buon vino rosso locale, che per l'occasione viene offerto gratuitamente.

SARDE CON L'ORIGANO
(SARDI ARIGANATI)

• •

SECONDI PIATTI

800 g di sarde fresche. 1 bicchiere di aceto. 3 spicchi di aglio.
100 g di farina. origano secco o a ciuffetti fresco. olio.

Togliete le teste alle sarde, apritele nel ventre, togliete le interiora e la spina dorsale, passatele sotto acqua corrente e mettetele, aperte, su di un panno ad asciugare. Preparate nel frattempo un trito di aglio e origano. Infarinate con delicatezza le sarde e ponetele in una larga teglia a friggere in 4 cucchiai di olio, cuocete a fiamma vivace per 4 minuti. Aggiungete il trito di aglio e origano prima di rigirare i pesci per farli dorare da ambo i lati. Cuocete per altri 5 minuti sempre a fiamma vivace. Fate riposare, possibilmente in un tegame che ne trattenga aroma e calore, per alcuni minuti prima di portare in tavola. In alcune zone del Golfo di Sant'Eufemia la preparazione varia con l'aggiunta di pecorino e pangrattato, e la cottura viene effettuata in forno e poi servita capovolta su di un piatto, quasi fosse una frittata.

TIELLA DELLA SILA

• •

SECONDI PIATTI

500 g di polpa di maiale. 500 g di funghi porcini ben sani.
600 g di patate. 1 ciuffo di prezzemolo. 1 rametto di rosmarino.
2 spicchi di aglio. 1 peperoncino. olio.

In un tegame, meglio se di terracotta, fate dorare gli spicchi di aglio in due cucchiai di olio. La ricetta originale prevedeva la sugna (nel caso ne verrà utilizzato un cucchiaio). Togliete gli spicchi di aglio e mettete la carne, tagliata a pezzetti non troppo grossi, e fate rosolare a fuoco vivace per 10 minuti. Girate con un mestolo per far insaporire bene la carne col profumo di aglio. Tagliate a tocchetti, dopo averle sbucciate, le patate e unitele alla carne, fate stufare col coperchio per 10 minuti a fuoco molto basso. Nel frattempo pulite con delicatezza i funghi porcini, raschiando dal gambo l'eventuale terra,

passateli con un panno umido, poi tagliateli a pezzetti e versateli nel tegame, con il prezzemolo tritato, la ciocca di ramerino e il peperoncino intero.
Cuocete per 30 minuti a fuoco basso, con il coperchio, girando spesso per
non fare attaccare al fondo e aggiungendo acqua calda se la carne tende ad
asciugarsi troppo.

In maggio, stagione delle spugnole, di cui la Sila è una ricca produttrice naturale, potete sostituire questo fungo ai noti porcini, proponendo una gustosa
variante alla tradizione, sempre rimanendo nell'ambito dei prodotti locali. In
questo caso però, dato che le spugnole contengono molta acqua, scottatele e
aggiungetele per ultimo al tegame con la carne, finendo la cottura per ancora
pochi minuti.

TONNO ALLA CALABRESE

SECONDI PIATTI

500 g di tonno in un unico pezzo. 3 filetti di acciughe sott'olio. 1 cipolla rossa. 1 carota. 1 costa di sedano. 1 bicchiere di vino bianco secco. 1 limone. 1 ciuffo di prezzemolo. 400 g di funghi silvestri. 2 spicchi di aglio. pepe in grani o peperoncino. olio.

Dopo aver lavato e asciugato il tonno, steccatelo con pezzetti di aglio e di
acciuga. Tritate la carota, la cipolla e il sedano, soffriggeteli in un tegame con
4 cucchiai di olio. Unite il pezzo di tonno, rosolatelo per 15 minuti a fuoco vivace, bagnate col vino e un bicchiere di acqua fredda. Aggiungete un pizzico
di sale e i grani di pepe. Coprite e cuocete, a fuoco moderato, per 40 minuti.
Nel frattempo pulite i funghi (porcini od ovoli), fateli a sottili lamelle che
irrorerete di succo di limone e olio. Tagliate quindi il tonno a fette su di un
vassoio, conditelo con il suo sugo di cottura, il prezzemolo tritato e guarnite
con i funghi posti a raggiera sui bordi del vassoio.

TRIPPA ALLA CATANZARESE
(MURSEDDU)

SECONDI PIATTI

500 g di trippa di vitella già bollita. 1 cipolla rossa. 1 costola di sedano. 800 g di peperoni rossi e gialli. 500 g di pomodori maturi. peperoncino. olio.

Passate più volte la trippa già bollita sotto acqua corrente. Fatela quindi a strisce larghe un dito e lunghe 5 cm e mettetela a sgocciolare. In un tegame, meglio se di coccio, fate appassire la cipolla tritata fine e il sedano a tocchetti, in due cucchiai di olio. Pulite e tagliate a strisce i peperoni avendo cura di privarli dei semi. Uniteli al soffritto, rosolate 1 minuto a fuoco vivace, quindi unite i pomodori che in precedenza avrete spellato. Fate cuocere a tegame coperto e fuoco medio per 15 minuti, girando spesso con un mestolo. Unite la trippa e il peperoncino e proseguite la cottura per altri 30 minuti.

Il piatto va gustato ben caldo e accompagnato da generose bevute di vino. La tradizione vuole che, in alcune province, venga proposto come piatto forte della prima mattina seguendo l'adagio, di origine cosentina, che dice: "Chi mangia di prima mattina con un pugno rompe un muro"!

PEPERONI ALLA CALABRESE 📷

CONTORNI

2 peperoni gialli. 2 peperoni rossi. 2 peperoni verdi.
100 g di pangrattato. 1 ciuffo di basilico. 1 ciuffo di mentuccia.
3 pomodori maturi grossi. olio.

Lavate e tagliate nel senso della lunghezza i peperoni. Eliminate quindi i filamenti interni e i semi, quindi fatene delle strisce che metterete poi su di un panno ad asciugare. In una teglia, con 2 cucchiai di olio, rosolate nel frattempo il pangrattato a fuoco vivace. Aggiungete a questo punto i peperoni e abbassate la fiamma. Tagliate a pezzetti i pomodori, precedentemente lavati e privati dei semi, e aggiungeteli nella teglia insieme a un trito di basilico e mentuccia. Rosolate a fuoco medio per 10 minuti, dopodiché abbassate la fiamma per terminare la cottura.

I peperoni così preparati si possono anche gustare freddi, presentati su di un vassoio come antipasto, o ben caldi come condimento alla pasta.

COMPITTU

DOLCI

500 g di mandorle spellate dolci. 200 g di miele tipo millefiori.
250 g di semi di sesamo. 2 cucchiai di olio di mandorle.

Tostate le mandorle nel forno a calore alto per 10 minuti. Travasatele in una ciotola e tritatele, in pezzi non troppo piccoli, con l'aiuto di un cutter. Scaldate il miele a bagnomaria, unite i semi di sesamo e cuocete per 10 minuti, muovendo di tanto in tanto il tegamino per amalgamare gli ingredienti. Aggiungete le mandorle tostate e continuate la cottura, sempre muovendo di tanto in tanto il tegame posto a bagnomaria, per ancora 20 minuti. Ungete con l'olio di mandorle un ripiano di marmo e versateci il "croccante" ottenuto, spianandolo con un mestolo di legno per ottenere un'altezza uniforme di circa un dito. Fatelo stiepidire e tagliatelo in pezzi irregolari. Fatelo freddare prima di porlo in un contenitore a chiusura ermetica.

Sicilia

In questa regione tutto è eccessivo: dal luminoso e pescoso mare
all'aspro e vario entroterra, dall'avvolgente profumo delle zagare
al vocìo di richiamo dei pescatori nelle tonnare, dai silenzi
dei monumenti storici al colorato caos della Vucciria (il mercato
di Palermo)… E la tradizione culinaria di questa regione ha saputo
coniugare la ricchezza della zona costiera con la desolata e aspra
geografia dell'entroterra. Spesso l'ardito accostamento di ingredienti
di diversa natura ha creato piatti dal gusto complesso e variegato,
come nella famosa pasta con le sarde alla palermitana.
L'utilizzo di ingredienti di chiara provenienza orientale – agrumi,
zucchero, cannella, pistacchi e così via – che si fonde con i prodotti
locali, ha dato vita a una cucina creativa e ricca di sapori,
come nel couscous di pesce alla trapanese.
I piatti nati da questa mescolanza di elementi naturali e del lavoro
dell'uomo, sono quindi anch'essi vari e strutturati, mai banali
o anonimi… Tra le molte preparazioni di pesce vale ricordare le sarde
a beccaficu, lo stoccafisso alla messinese e, tra quelle a base di carne,
il famoso farsumagru.
Per i dolci non rimane che l'imbarazzo della scelta: dai molti "gelo"
(gelo al caffè, gelo di meluni, gelo di gelsomino, eccetera) all'unica
e incomparabile cassata alla siciliana.

ARANCINE DI RISO ALLA SICILIANA

400 g di riso tipo arborio. 150 g di grana grattugiato. 3 uova. 1 cipolla rossa. 1/2 costola di sedano. 1 ciuffo di prezzemolo. 1 ciuffo di basilico. 1 cucchiaio di concentrato di pomodoro. 150 g di polpa di vitello macinata. 100 g di rigaglie di pollo. 100 g di mozzarella. 200 g di pangrattato. 100 g di piselli sgranati. 1/2 bicchiere di vino rosso. 20 g di funghi secchi. 1 bustina di zafferano. 80 g di burro. 100 g di farina. olio.

Fate a sottili fette la cipolla, tritate il sedano con il prezzemolo e il basilico e appassite il tutto, in una casseruola, con 3 cucchiai di olio. Pulite e lavate le rigaglie di pollo, tritatele e aggiungetele al soffritto, facendo rosolare a fiamma vivace per alcuni minuti. Aggiungete quindi la carne di vitella, sale, pepe e il 1/2 bicchiere di vino, tenendo sempre la fiamma vivace e girando con un mestolo. Diluite il concentrato di pomodoro in un bicchiere di acqua e unitelo al sugo, abbassando la fiamma e cuocendo per 40 minuti, fino a ottenere un sugo denso e saporito. Ponete i funghi in ammollo in poca acqua tiepida. Mettete il riso a cuocere in una pentola con 1,5 l di acqua fredda e una presa di sale, ponendolo sulla fiamma piuttosto bassa. Strizzate i funghi e tritateli, aggiungeteli al sugo, continuando la cottura con il coperchio, aggiungete per ultimo i piselli sgranati e cuocete per altri 25 minuti. Quando il riso sarà cotto e avrà così assorbito tutta la sua acqua, incorporate il burro e la bustina di zafferano, il formaggio grattugiato e girate per fare bene amalgamare gli ingredienti. Fatelo freddare, quindi aggiungete un uovo sbattuto. Infarinatevi le mani e formate delle palle, grosse come piccole arance, e con il pollice premuto sul riso, formate una cavità nella quale metterete un po' del ragù, ovviamente freddo, e della mozzarella. Richiudete con cura l'arancino, facendo attenzione che la farcia non fuoriesca durante la cottura. Infarinate gli arancini, passateli nell'uovo sbattuto e quindi nel pangrattato. Friggeteli in abbondante olio ben caldo, scolandoli poi su carta gialla. Portateli in tavola caldissimi, passandoli eventualmente per pochi minuti in forno.

CAPONATA 📷
(CAPUNATA)

• •

ANTIPASTI

1.2 kg di melanzane tipo rotondo mature. 5 costole di sedano. 2 cipolle rosse. 50 g di capperi sotto sale. 100 g di olive nere senza nocciolo. 350 g di pomodori maturi. 1 bicchiere di aceto di vino rosso. 1 ciuffo di basilico. 40 g di uva sultanina (facoltativa). 2 cucchiai di zucchero. olio.

Pulite e lavate le melanzane, asciugatele e fatele a cubetti, che metterete in un colino cosparse di sale grosso a rifare la loro acqua. Nel frattempo affettate finemente le cipolle e appassitele in un capace tegame con 4 cucchiai di olio. Aggiungete i pomodori, tagliati a pezzi e privati dei semi, e proseguite la cottura a fiamma bassa. Friggete le melanzane, poco per volta, in abbondante olio e trasferitele su carta gialla per asciugarle un po'. Fate a tocchetti i sedani e friggete anch'essi nell'olio delle melanzane. Aggiungete le verdure al sugo, unite i capperi ben lavati e strizzati e le olive. Alzate la fiamma e rosolate per 5 minuti, girando con un mestolo. Unite l'aceto e lo zucchero e girate ancora, sempre a fiamma vivace. Aggiustate di sale e pepe, aggiungendo l'uva sultanina, preventivamente ammollata e ben strizzata. Spegnete il fuoco e fate riposare la caponata per almeno 2 ore prima di portarla in tavola, guarnita di foglie di basilico. Delizioso antipasto che può essere usato anche come piatto unico visto la sua ricchezza, proposto sempre d'estate, quando le melanzane sono mature e profumate. Alcune versioni di questa ricetta vedono anche l'impiego del peperone, fritto anch'esso a striscioline, del tipo giallo, sempre ben maturo e profumato.

COLOMBINE PASQUALI
(CUDDURE)

ANTIPASTI

600 g di farina di grano tenero, 100 g di strutto, 1/2 tazza di latte, 1 arancia, 4-6 uova, olio.

Setacciate la farina su di una spianatoia e fate il cratere. Uniteci lo strutto, il latte e la scorza dell'arancia grattugiata. Lavorate con le mani per ottenere una pasta omogenea. Coprite con un panno e fate lievitare in un luogo asciutto per 30 minuti. Procuratevi delle forme da biscotti sagomate a colomba, o disegnatene la forma con del cartone e ritagliatene i bordi per ottenere la sagoma desiderata. Stendete poi la pasta in uno spessore di 1/2 cm. Ritagliate 4 o 6 colombine, posatele su di una placca ricoperta con l'apposita carta. Al centro di ogni colomba posizionate un uovo con il guscio, con i ritagli della pasta e con l'apposita rondella formate delle strisce grosse quanto un dito che posizionerete, a due a due, su ogni uovo incrociate, premendone bene i bordi sulle colombe per fermarle. Spennellate con 1 cucchiaio di olio e cuocete nel forno, a calore moderato, per 20 minuti. Fate raffreddare prima di gustarle.

Questa preparazione, tipica del periodo pasquale, trova radici profonde nella tradizione cristiana in cui la farina – e il pane che ne deriva – è il simbolo del corpo di Cristo offerto in sacrificio nell'ultima cena. È per tradizione offerto ai bambini, che spesso partecipano anche alla loro preparazione.

INSALATA DI ARANCE

ANTIPASTI

3-4 arance tipo "sanguinelli" ben mature, pepe nero in grani, olio.

Sbucciate e pelate "a vivo" le arance, eliminando con cura la pellicina bianca. Fatele a fettine non troppo sottili e mettetele su di un vassoio, condite con pepe nero macinato al momento e olio. Fate marinare alcuni minuti prima di portare in tavola, come stuzzicante antipasto, ma anche come accompagnamento per arrosti.

CANNELLONI CON LA MENTA E RICOTTA FRESCA

500 g di semola di grano duro, 6 uova, 400 g di ricotta freschissima, 250 g di salsicce agliate, 1 cipolla rossa, 250 g di salsa di pomodoro, 50 g di pecorino grattugiato, 1 ciuffo di menta fresca, olio, sale, pepe.

Ponete sulla spianatoia la semola e fate il cratere, nel quale metterete 5 uova scocciate. Incorporate gli ingredienti, prima sbattendo le uova con una forchetta, poi usando le dita e impastando via via sempre con più forza. Ottenuto un impasto omogeneo, sodo ed elastico, avvolgetelo nella pellicola da cucina e riponetelo per 45 minuti in un luogo fresco. Tritate la cipolla con la menta e rosolatele in una casseruola con 1 cucchiaio di olio. Aggiungete la salsa di pomodoro, aggiustate di sale e pepe e proseguite la cottura a fuoco basso per 20 minuti. Scottate le salsicce per 10 minuti in acqua bollente, scolatele, privatele della buccia e sbriciolatele con le mani, raccogliendone la polpa in una ciotola con 1 uovo e la ricotta. Impastate gli ingredienti senza però lavorarli troppo a lungo. Tirate la pasta con un matterello, per ottenere una sfoglia sottile, che taglierete in rettangoli di circa 10 cm di base e 5 cm di altezza. Scottateli in acqua bollente leggermente salata, scolateli con una schiumarola e fateli asciugare su di un panno, ben distesi. Ponete su ogni rettangolo un cucchiaio di impasto arrotolateli per formare un cannellone, quindi poneteli via via in una pirofila da forno dai bordi non troppo alti. Irrorate con la salsa di pomodoro e menta ben calda. Condite con il formaggio grattugiato e passate nel forno caldo per 15 minuti. Gustateli ben caldi.
Il tocco particolare di questa ricetta è l'utilizzo della menta fresca. In inverno si può sostituire con un cucchiaino di origano essiccato.

PASTA CON I BROCCOLI RIMESTATI
(PASTA 'CHI VRUOCCULI ARRIMINATI)

PRIMI PIATTI

350 g di pasta corta. 400 g di broccoli. 1 cipolla rossa. 4 acciughe sotto sale. 70 g di pecorino al pepe grattugiato. 50 g di uva sultanina. 50 g di pinoli. 1 bustina di zafferano. olio.

Pulite i broccoli, divideteli in grumetti e cuoceteli in abbondante acqua leggermente salata. Fate a fette sottili la cipolla e appassitela con 4 cucchiai di olio, in una capace casseruola. Pulite, sliscate e lavate le acciughe e mettetele ad asciugare su carta gialla. Scolate i broccoli, senza gettare l'acqua di cottura, e aggiungeteli alla cipolla con lo zafferano diluito in 1/2 bicchiere di acqua. Alzate la fiamma e mescolate con cura, aggiustando di sale e pepe. Aggiungete i pinoli e l'uvetta, prima ammollata a ben strizzata, e per ultime le acciughe, che schiaccerete con una forchetta. Fate bollire il sugo per 10 minuti a fuoco vivace. Lessate la pasta nell'acqua di cottura dei broccoletti, scolatela al dente e versatela nella casseruola col sugo. Alzate la fiamma e rimestate con cura per fare insaporire il tutto. Portate in tavola in una ciotola guarnita di foglie di basilico e ben spolverata con pecorino al pepe appena grattugiato.

Una variante di questo piatto prevede cavolfiore al posto dei broccoli, insaporito con l'erba cipollina tritata fine e spolverato sempre col pecorino grattugiato.

PASTA CON LA MOLLICA
(PASTA CA 'MUDDICA)

PRIMI PIATTI

350 g di pasta tipo vermicelli o linguine. 500 g di pomodori maturi.
70 g di acciughe sotto sale. 80 g di mollica di pane raffermo casalingo.
1 ciuffo di prezzemolo. 2 spicchi di aglio. olio.

Pulite e lavate le acciughe sotto acqua corrente, e fatele asciugare. Pulite i pomodori e passateli al setaccio. Tritate il prezzemolo e l'aglio e poneteli in una casseruola con 4 cucchiai di olio. Rosolate a fuoco moderato per pochi minuti; aggiungete le acciughe, schiacciandole con una forchetta, i pomodori, aggiustate di sale e pepe e cuocete per 10 minuti a fiamma bassa. Nel frattempo pestate grossolanamente la mollica rafferma, mettetela in una padella con un filo di olio e tostatela a fiamma vivace. Cuocete la pasta al dente e conditela con la salsa calda, cosparsa con la mollica tostata.
Spesso viene sostituita la mollica col pangrattato, sempre tostato. Trovo però che non esalti a fondo i sapori semplici di questo piatto, ma li banalizzi.

PASTA CON LE SARDE ALLA PALERMITANA

PRIMI PIATTI

300 g di pasta tipo bucatini. 6 mazzetti di finocchietto selvatico
(o 300 g di cime di finocchio coltivato). 300 g di sarde. 4-5 filetti
di acciughe. 40 g di uva sultanina. 40 g di pinoli. 30 g di mandorle
dolci con la buccia. 1 cipolla rossa. 1 bustina di zafferano in polvere. olio.

Pulite bene il finocchietto e lessatelo in abbondante acqua salata. Scolatelo ma non gettate l'acqua, che servirà a cuocere la pasta. Pulite le sarde privandole della testa e della lisca centrale, lavatele e asciugatele. Schiacciate i filetti di acciuga (anch'essi ripuliti) con una forchetta. In una casseruola, con 6 cucchiai di olio, fate soffriggere a fiamma vivace la cipolla tritata, aggiungete le acciughe, i pinoli, l'uva sultanina, prima tenuta in ammollo, poi strizzata, e lo zafferano diluito in 1/2 bicchiere di acqua tiepida. Aggiustate di sale e pepe. Tritate grossolanamente il finocchietto e aggiungetelo al sugo, con metà delle sarde, facendo cuocere per 10 minuti a fiamma moderata. Mescolate di tanto in tanto. Lessate i bucatini nella stessa acqua di cottura del finocchietto, aggiungete nel frattempo le altre sarde, alzando un po' la fiamma. Scolate quindi la pasta e condite con la salsa, corretta di sale e pepe. Cospargete di mandorle tritate grossolanamente e aspettate qualche minuto prima di portare in tavola.

Una versione di questo piatto lo vuole passato per 10 minuti nel forno caldo prima di essere gustato, sempre cosparso di mandorle, questa volta tostate.

PASTA 'NCASCIATA

PRIMI PIATTI

400 g di maccheroni. 150 g di polpa di vitello macinata. 150 g di fegatini di pollo. 1 kg di pomodori maturi. 150 g di pancetta di maiale piuttosto magra. 100 g di piselli sgranati. 150 g di caciocavallo fresco. 100 g di pecorino grattugiato. 4 belle melanzane. 2 ciuffi di basilico. 3 uova. 2 spicchi di aglio. 50 g di salame in 2 fette. olio. farina.

Pulite le melanzane e tagliatele per il senso della lunghezza in fette piuttosto sottili. Cospargetele di sale grosso e lasciatele su di un tagliere inclinato a rifare la loro acqua per 1 ora. Nel frattempo pelate i pomodori e fateli a piccolissimi pezzetti. Lessate due uova. In una casseruola rosolate in 3 cucchiai di olio gli spicchi di aglio schiacciati, fateli ben rosolare, quindi aggiungete la carne tritata, la pancetta a cubetti, il basilico tagliuzzato grossolanamente e i piselli sgranati. Fate rosolare qualche minuto a fuoco vivace, aggiungendo anche i fegatini ben ripuliti e tritati in pezzi non troppo piccoli. Aggiustate di sale e pepe, rosolate ancora girando con un mestolo, aggiungete i pomodori, quindi mettete il coperchio e fate continuare la cottura, a fiamma moderata, per 30 minuti. Tagliate a piccoli pezzi il salame e il caciocavallo e ponetelo in una capace ciotola. Sciacquate, asciugate e friggete ora le melanzane, infarinandole e passandole poi in una padella con abbondante olio bollente. Scolatele e con una parte di esse foderate una pirofila da forno dai bordi piuttosto alti. Sovrapponete i bordi delle fette perché non resti alcuno spazio. Tritate le rimanenti melanzane e aggiungetele alla ciotola con il caciocavallo e il salame. Cuocete i maccheroni in abbondante acqua salata, scolateli al dente e passateli nella ciotola alla quale aggiungerete anche metà del ragù e le uova sode affettate. Girate bene gli ingredienti aggiungendo, a piacere, altro basilico fresco tritato. Versate il tutto nella pirofila, cospargete col pecorino grattugiato e con l'uovo rimasto, leggermente sbattuto. Cuocete gratinando in forno ben caldo per 20 minuti. Fate riposare alcuni minuti prima di sformare la pirofila su un capace vassoio (in questa operazione aiutatevi con una spatola di gomma flessibile) e portate in tavola fumante e profumata, servendo a parte il ragù rimasto.

È una preparazione che si può gustare anche fredda, sempre gustosa per gli ingredienti appetitosi che la compongono. Si può sostituire il caciocavallo con mozzarella, sempre nella stessa quantità.

PASTICCIO "DELLA NOTTE DI NATALE" DI NOTO

PRIMI PIATTI

500 g di farina di grano tenero. 20 g di lievito di birra. 200 g di polpa di maiale macinata. 150 g di polpa di pomodoro. 1 cipolla rossa. 1 limone. 1 ciuffo di prezzemolo. 1 bicchiere di vino rosso robusto. 400 g di cime di broccoletti. 2 spicchi di aglio. 150 g di ricotta. 80 g di Parmigiano Reggiano grattugiato. 300 g di pasta corta tipo maccheroni. olio. sale. pepe.

Setacciate la farina su di una spianatoia e formate il cratere. Aggiungeteci il lievito, disciolto in 1 bicchiere di acqua tiepida. Lavorate gli ingredienti fino a ottenere una pasta soda ed elastica. Fatene una palla, incidete la superficie con un taglio, coprite con un panno e fate lievitare, in un luogo asciutto, per 30 minuti. Nel frattempo soffriggete la cipolla tritata in una casseruola, con 2 cucchiai di olio, per 5 minuti a fiamma vivace. Quindi abbassate il fuoco, aggiungete il prezzemolo tritato e la polpa di maiale macinata. Aggiustate di sale e pepe e soffriggete per 10 minuti. Aggiungete il vino e fatelo evaporare. Girate con un mestolo per far ben amalgamare i sapori. Unite ora la polpa di pomodoro e proseguite la cottura per 30 minuti, facendo sobbollire a fuoco basso. Pulite e sciacquate i broccoletti, quindi lessateli in acqua bollente leggermente salata. Quando risulteranno teneri scolateli. Tritate l'aglio in una padella con 1 cucchiaio di olio, appena prenderà colore, unite i broccoletti e girate con un mestolo, schiacciandoli. Aggiustate di sale e pepe e cuocete, a fuoco vivace, per 5 minuti. Quindi fate stiepidire versandoli in un contenitore. Lessate a questo punto la pasta in abbondante acqua salata, scolatela e conditela con il sugo di carne, dopo averla disposta in una ciotola. Lavorate di nuovo la pasta con le mani, incorporandovi goccia a goccia il succo del limone. Dividetela quindi in 2 parti che stenderete con l'aiuto di un matterello infarinato, per ottenere altrettanti dischi, uno più largo dell'altro, alti 1/2 cm. Ungete con poco olio una pirofila da forno rotonda e dai bordi alti, sistemate sul fondo il disco di pasta più largo, facendolo aderire anche alle pareti, bucherellate la superficie con una forchetta e ricopritela con i maccheroni conditi. Versate i broccoletti saltati e ricoprite con il formaggio grattugiato e la ricotta sbriciolata con le mani. Coprite con il secondo disco di pasta, che sigillerete poi alle pareti della pirofila con le dita. Spennellate la superficie con 2 cucchiai di olio, bucherellatela con una forchetta e cuocete al forno a temperatura moderata, per 30 minuti. Fate riposare 5 minuti prima di servire, ben caldo.

Questa complessa preparazione teneva occupate le donne della famiglia per l'intera giornata della vigilia di Natale. La sua ricchezza ci consente di proporlo anche come piatto unico. Era, ed è tutt'oggi, un piatto complesso ma di grande effetto e ogni massaia si ingegnava nell'aggiungere ingredienti per impreziosire ancora di più l'impasto. Quello qui proposto bilancia perfettamente i sapori, specie con l'utilizzo dei broccoletti. Di grande effetto è la decorazione con la quale si può arricchire la superficie del pasticcio: con un pugno di pasta lievitata, si possono creare dei motivi a treccia con i quali ornare il bordo o, una volta stesa la pasta in uno spessore di 1/2 cm, ritagliare con gli appositi stampi da biscotti, le forme desiderate, da disporre sulla superficie del pasticcio. Va spennellato poi con un tuorlo d'uovo e cotto come da ricetta.

ACCIUGHE FARCITE E FRITTE

SECONDI PIATTI

25 acciughe, 300 g di pomodori, 2 panini all'olio, 3 uova, 1 cipolla rossa, 1 ciuffo di basilico, 40 g di capperi sotto sale, 2 cucchiai di farina bianca, 50 g di pangrattato, 30 g di pecorino grattugiato fresco, 1 pizzico di origano, 1 tazza di latte, olio.

In una casseruola tritate finemente la cipolla in 3 cucchiai di olio e alcune foglie di basilico e fate rosolare per alcuni minuti. Quindi aggiungete anche i pomodori, puliti e affettati, aggiustate di sale e pepe e cuocete ancora, a calore moderato, per 30 minuti. Unite a questo punto i capperi, ben sciacquati e strizzati, girate bene e spegnete la fiamma. Mettete nel frattempo in ammollo la mollica dei panini, in una tazza di latte. Pulite bene le acciughe: privatele della testa e della spina centrale, passatele poi sotto acqua corrente e apritele a libro. Rosolate 5 acciughe in un cucchiaio di olio, passatele nel mixer insieme alla mollica, che avrete ben strizzato. Sistemate l'impasto ricavato in una ciotola, aggiungete sale e pepe, il pecorino grattugiato, un pizzico di origano e legate il tutto con un uovo sbattuto. Amalgamate con cura l'impasto e spalmatelo sopra le 20 alici rimaste, premendo bene. Infarinatele con cura, quindi passatele nelle uova sbattute e da ultimo nel pangrattato. Portate in una padella abbondante olio a giusta temperatura e friggeteci le acciughe, facendo attenzione a cuocere prima il lato con la farcia, e dopo l'altro. Scolatele dopo breve cottura, e portate in tavola su di un vassoio guarnito da spicchi di limone e accompagnato dalla salsa di pomodoro, caldissima.

BACCALÀ AGLI AGRUMI DI SICILIA

SECONDI PIATTI

1 filetto di baccalà di circa 800 g. 1 ciuffo di prezzemolo.
100 g di farina di grano tenero. 1 arancia. 1 limone. 1 bicchiere di aceto
di vino bianco. 3 cucchiai di zucchero. olio. sale. pepe.

Ponete il baccalà in acqua corrente fredda per 24 ore. Fatelo asciugare su carta da cucina e tagliatelo in tranci lunghi 3 dita. Tritate finemente il prezzemolo e mescolatelo alla farina. Con questo composto infarinate i tranci di pesce, premendo con le mani per fare ben aderire la farina. Poneteli quindi in una padella con 3 cucchiai di olio ben caldo e dorateli da ambo i lati, tenendo la temperatura del fuoco moderata. Cuocete per 10 minuti, quindi unite l'aceto nel quale avrete sciolto lo zucchero. Aggiustate di sale e pepe e proseguite la cottura, a fuoco più basso, per altri 10 minuti. Nel frattempo sbucciate gli agrumi e pelateli a vivo, spicchio per spicchio (togliete cioè la pellicola che li ricopre). Trasferite poi i tranci di baccalà su di un bel vassoio, irrorate con la salsa di cottura e ricoprite con gli spicchi di agrumi. Decorate con foglie di limone e, se in stagione, anche con i loro fiori, profumatissimi e di grande effetto.
Ricetta tradizionale della costa tirrenica, i cui ingredienti poveri, merluzzo e aceto, sono impreziositi dagli agrumi, che in Sicilia hanno un sapore e un profumo davvero unico!

COUSCOUS (CUSCUSU) DI PESCE ALLA TRAPANESE 📷

1.2 kg di pesce assortito: scorfano, piccola cernia, dentice, ecc.. 3 pomodori ben maturi. 1 cipolla rossa. 2 spicchi di aglio. 1 ciuffo di prezzemolo. 300 g di cuscus. 2 chiodi di garofano. 1 punta di cucchiaino di cannella in polvere. 1 noce moscata. alloro. olio.

Precuocete il cuscus nell'apposito tegame – che in Sicilia viene chiamato "marafadda" – e tenetelo in caldo. Pulite i vari tipi di pesce e riduceteli in tranci. In una capace casseruola ponete 2 cucchiai di olio, 2 spicchi di aglio, la cipolla affettata finemente, due foglie di alloro e il prezzemolo tritato. Fate appassire il tutto a fuoco dolce, unite i pomodori (precedentemente spellati e fatti a pezzi), alzate la fiamma e rosolate, girando con un mestolo. Unite quindi il pesce, cercando di fare un unico strato sul fondo della casseruola. Aggiustate di sale e pepe e coprite con 1 l e 1/2 di acqua. Cuocete a tegame coperto e a fuoco medio per 20 minuti. Togliete quindi il pesce dal brodo e trasferitelo su di un vassoio dal fondo capace, tenendolo in caldo. Filtrate il brodo con un colino a fitte maglie, raccoglietelo in una ciotola e versateci a questo punto il cuscus. Mescolate e insaporite con i chiodi di garofano, la cannella in polvere e infine una grattata di noce moscata. Quando il cuscus avrà assorbito completamente il brodo, versatelo sul pesce e portate in tavola, sempre caldissimo, cospargendolo, alla fine, con prezzemolo tritato.

IMPANATA DI PESCE SPADA
DEI "GIARDINI NAXOS"

SECONDI PIATTI

400 g di pesce spada, 500 g di pasta di pane (vedi ricetta
a pagina 282), 1 limone, 1 ciuffo di prezzemolo, 2 spicchi di aglio,
300 g di pomodori maturi, farina di grano tenero, olio, sale, pepe.

Fate lievitare la pasta di pane in una ciotola coperta con un panno e in luogo asciutto, per 30 minuti. Nel frattempo riducete a fette il disco di pesce spada, togliete la pelle e l'osso centrale. Preparate un trito con aglio e prezzemolo e soffriggetelo in una casseruola con 2 cucchiai di olio. Unite il pesce spada, aggiustate di sale e pepe e proseguite la cottura per 5 minuti a fiamma vivace. Fate a pezzetti i pomodori, lavati, sbucciati e privati dei semi e aggiungeteli nella casseruola, cuocendo per altri 10 minuti a calore moderato. Spezzettate il pesce ancora caldo con il dorso di una forchetta. Lasciatelo poi freddare in un luogo fresco. Ponete la pasta di pane lievitata su di una spianatoia e, lavorando con le mani, fate incorporare goccia a goccia il succo del limone. Dividetela quindi in 3 parti, che stenderete con un matterello lievemente infarinato, in modo da ottenere 3 dischi dello spessore di circa 1/2 cm ciascuno. Ungete leggermente una teglia da forno rotonda e con i bordi alti. Foderatene una base con un disco di pasta, che farete aderire anche alle pareti pressando con le dita. Ricoprite con metà quantità del pesce spada nella salsa. Coprite con un altro disco di pasta e cospargete su questa la rimanente salsa. Coprite infine con l'ultimo disco di pasta di pane. Sigillatene i bordi alle pareti dello stampo, pressando con le dita. Irrorate con 2 cucchiai di olio e infornate, a calore vivace, per 15 minuti. Gustatela ancora calda, ma è ottima anche fredda. Considerata la ricchezza di questa preparazione può essere servita anche come piatto unico.

INVOLTINI DI VITELLA "FARSUMAGRU"

SECONDI PIATTI

600 g di vitella tagliata in 2 fette. 100 g di formaggio tipo Tumana.
100 g di prosciutto salato affettato. 3 uova sode. 80 g di pancetta
stesa in 2 fette. 250 g di salsicce agliate fresche. 1 ciuffo di prezzemolo.
200 g di salsa di pomodoro. olio. sale. pepe.

Battete con l'apposito utensile le fette di vitella per assottigliarle e allargarle.
Fatele riposare in un luogo fresco. In una ciotola raccogliete le uova sode
sbriciolate con le dita, la pancetta fatta a tocchetti e le salsicce private della
pelle e sbriciolate con le mani. Tritate il formaggio e aggiungetelo all'impasto,
aggiustando di sale e pepe. Girate con cura per ben amalgamare gli ingredienti. Coprite la superficie delle fette di vitella con il prosciutto crudo e ricopritele con l'impasto che distribuirete in maniera omogenea sulla superficie
della carne. Arrotolate gli involtini e legateli con spago da cucina. Metteteli in
una casseruola con 2 cucchiai di olio e rosolateli a fuoco vivace per prendere
colore per circa 10 minuti. Aggiungete quindi la salsa di pomodoro insapori-
ta con il prezzemolo tritato e proseguite la cottura per altri 20 minuti, con il
coperchio e a calore basso. Se il sugo tende ad asciugarsi troppo bagnate con
2 cucchiai di brodo vegetale. Private quindi la carne dello spago da cucina,
disponetela su di un vassoio e conditela con la salsa bollente.

SARDE A BECCAFICU

SECONDI PIATTI

1 kg di sarde freschissime. 1 bel ciuffo di prezzemolo. 2 spicchi di aglio.
3 filetti di acciughe (a piacere). 150 g di pecorino stagionato al pepe nero
grattugiato. 3 uova. 200 g di farina. 4 bicchieri di aceto
di vino rosso. olio.

Pulite accuratamente le sarde, aprendole a libro e privandole della spina. Ponetele in infusione per 2 ore in un recipiente di coccio, con l'aceto. Lasciate
riposare in un luogo fresco. Preparate un trito di aglio e prezzemolo, aggiungendo a piacere le acciughe, pulite e ridotte quasi a pasta. Unite il tutto al
pecorino grattugiato e girate con cura gli ingredienti per ben mescolarli. Scolate una ad una le sarde e passatele in questo composto, quindi nelle uova,
precedentemente sbattute e nella farina. Richiudetele con le mani via via che
le avrete così preparate. Friggetele in abbondante olio a giusta temperatura.
Spolverate con un pizzico di sale e pepe e portate in tavola ben calde. Sono
comunque ottime anche gustate fredde. Questa è una delle molte versioni –
da costa a costa se ne contano innumerevoli! – del piatto tipico siciliano per
eccellenza. La sua curiosa denominazione deriva forse dalla preparazione
che veniva fatta – gustosissima anch'essa – dell'uccello, chiamato appunto
beccafico (che si nutre di fichi) e che, ben farcito e speziato, veniva cucinato
tra luglio e settembre in molte zone della Sicilia.

COUSCOUS (CUSCUSU)
DI VERDURE IN INSALATA

· ·

CONTORNI

300 g di cuscus. 1 peperone giallo. 1 carota media. 1 sedano. 1 melanzana. 1 zucchina. 50 g di uva sultanina. 50 g di pistacchi. 1 limone. 1 ciuffo di basilico. 1 pizzico di peperoncino in polvere. 1/2 l di brodo vegetale. olio.

Scaldate il brodo vegetale, versateci il cuscus, spegnendo subito la fiamma. Fatelo quindi asciugare, "tirando" tutto il brodo. Per favorire questa operazione sfregatelo tra le dita, e cuocetelo a vapore. Friggete la melanzana fatta a piccoli pezzetti (dopo avergli fatto rifare la sua acqua) in olio ben caldo. Fateli colorire, scolateli e asciugateli su carta gialla. Versate in una capace insalatiera il cuscus, le melanzane, il peperone tritato in piccoli cubetti, la carota grattugiata e il sedano a tocchetti. Mettete l'uvetta a rinvenire in acqua tiepida; nel frattempo scottate i pistacchi (per sbucciarli), quindi tritateli e aggiungeteli alle verdure. Scolate e strizzate l'uvetta e unitela al resto. Spremete il limone e mettete il succo in un ciotolino. Aggiungete il peperoncino, 4 cucchiai di olio, un pizzico di sale, il basilico tritato finissimo e mescolate bene, poi condite il cuscus con l'emulsione ottenuta. Tenete a riposo per mezzora prima di portare in tavola. Ricetta con influenze palesemente arabe, vista l'adattabilità del suo ingrediente principale – il cuscus – trova molte combinazioni e abbinamenti. In questo caso, unito a verdure e condito con questa salsa agropiccante, è un ideale piatto estivo, servito freddo e accompagnato da altre verdure, servite in pinzimonio e anche come piatto unico.

PEPERONI E MELANZANE ALLA STEMPERATA
(PIPI E MULIGIANI A LA STIMPIRATA)

CONTORNI

4 peperoni gialli maturi (pipi). 3 melanzane rotonde.
100 g di capperi sott'olio. 50 g di olive nere denocciolate. 1 cipolla rossa.
1 costola di sedano. 1 carota. 1 ciuffo di origano. 1 cucchiaio di aceto.
50 g di farina di grano tenero. olio. sale. pepe.

Pulite le melanzane, privatele del picciolo, dividetele a metà, e tagliatele a fette alte 1/2 cm nel senso della lunghezza. Raccoglietele in un recipiente, cospargete di sale, girandole con le mani per condirle in maniera uniforme. Fate riposare per 10 minuti con il contenitore leggermente inclinato per eliminare la loro acqua di vegetazione. Pulite anche i peperoni: tagliateli a metà, eliminate le falde interne e i semi e sciacquateli sotto acqua corrente. Fateli a strisce larghe 2 dita, nel senso della lunghezza, e scottateli per 5 minuti in acqua bollente leggermente salata. Scolateli e asciugateli distesi su carta da cucina. Tritate la cipolla con la carota, il sedano e le foglie di origano e rosolatele in una larga teglia con 2 cucchiai di olio. Quando avranno preso colore, abbassate la fiamma e unite i filetti di peperone; aggiustate di sale e pepe, girate con un mestolo e fate riposare fuori dal fuoco. Prendete ora le fette di melanzane, fatele a listarelle, infarinatele leggermente e friggetele in una padella con 2 cucchiai di olio. Man mano che sono dorate, scolatele e trasferitele direttamente nel tegame dei peperoni. Una volta aggiunte tutte le melanzane fritte, ponete il tegame di nuovo sul fuoco a calore moderato, unite i capperi strizzati, le olive tritate grossolanamente e il cucchiaio di aceto. Cuocete per 15 minuti, girando di tanto in tanto, fate poi freddare prima di portare in tavola. È un ottimo accompagnamento a piatti di pesce.

CASSATA GELATA 📷

DOLCI

400 g di gelato di crema. 350 g di gelato di cioccolata.
150 g di panna da montare. 130 g di frutta candita in pezzetti. 1 albume.
120 g di zucchero a velo. 50 g di pistacchi.

Ponete lo stampo da cassata, a cupola con il coperchio, nel freezer per ben freddarlo. Estraete dal congelatore il gelato di crema, per tenerlo qualche minuto a temperatura ambiente, così da poterlo lavorare più facilmente. Con una spatola bagnata, rivestite completamente le pareti dello stampo e ponete nuovamente nel freezer. Togliete ora dal congelatore il gelato di cioccolata, lasciatelo qualche minuto a temperatura ambiente e, quando è più morbido, formate con esso un secondo strato di gelato su quello di crema. Riponete lo stampo nel freezer. Montate a neve ben ferma l'albume. Sbucciate e tritate grossolanamente i pistacchi e tritate in piccoli pezzetti i canditi misti. Unite il tutto alla panna, che avrete montato ben ferma, con delicatezza che non si smonti, aggiungendo per ultimo l'albume. Versate il composto ottenuto al centro dello stampo. Livellatene la superficie e coprite con l'apposito coperchio. Mettete nel freezer per 2 ore. Prima di portare in tavola tenetelo 10 minuti a temperatura ambiente. Tagliatelo a grossi spicchi e potete presentarlo con un'ulteriore spolverata di pistacchi, non troppo tritati.

GELO DI CAFFÈ

DOLCI

1.2 l di caffè ristretto. 350 g di zucchero semolato. 50 g di farina bianca. 70 g di maizena. 1 limone. olio di mandorle. 250 g di panna da montare. 25 g di zucchero a velo vanigliato.

Setacciate la farina con la maizena e trasferitela in una casseruola. Con poche cucchiaiate di caffè per volta incorporate tutto il liquido facendo attenzione a non formare grumi. Ponete sul fuoco a fiamma molto bassa e, girando con un mestolo, aggiungete lo zucchero e la scorza del limone tagliata a spirale (avendo cura di usare solo la parte gialla). Ungete con poco olio di mandorle uno stampo da savarin, estraete il limone dalla crema e versatela nella forma, scuotendo il recipiente per non formare vuoti d'aria. Riponetelo in frigo per 6 ore. Al momento di portare in tavola montate la panna con due cucchiai di zucchero a velo, sformate il dolce su di un vassoio e riempite il vuoto centrale con la panna, lasciandone un po' per formare dei ciuffetti che metterete tutto intorno al budino, con una sacca da pasticciere. Ponete su ogni ciuffo di panna uno spicchio di limone. A piacere potete usare anche 50 g di pistacchi che, una volta sbucciati e tritati, potete spolverare sulla panna, guarnendo infine il "gelo" con foglioline di menta fresca.

MUSTAZZOLA DI MESSINA

DOLCI

500 g di farina bianca. 250 g di zucchero semolato. 60 g di mandorle pelate dolci. 20 g di lievito di birra. 2 chiodi di garofano. 1 pizzico di cannella in polvere.

Tostate le mandorle e tritatele grossolanamente. Pestate e riducete in polvere i chiodi di garofano. Sciogliete il lievito di birra in un bicchiere di acqua tiepida. Ponete la farina a fontana e nel cratere unite lo zucchero, la polvere dei chiodi di garofano, la cannella e le mandorle. Unite infine il lievito e iniziate a impastare fino a ottenere una pasta soda ed elastica. Lavorate a lungo con le mani, fatene una palla e mettetela a riposare, coperta, per 15 minuti. Stendetela con un matterello infarinato in un disco alto 1/2 cm. Ritagliatene, con gli stampi, biscottini di varie forme. Poneteli su una placca con carta da forno e cuocete 20 minuti a calore moderato. Potete guarnire con una glassa di zucchero a velo sciolto con poche gocce di acqua.

Si conservano a lungo chiusi ermeticamente. Si può sostituire lo zucchero con 150 g di miele di fiori di arancio e usare vino cotto al posto dell'acqua per sciogliere il lievito.

Sardegna

La Sardegna, terra di mare e di montagne, dagli aspri paesaggi pietrosi e dalla vegetazione scarna, è stata sempre il regno naturale per pastori e greggi. Ciò ha contribuito a dare un profilo molto particolare alla sua gastronomia, che unisce grandi piatti di mare a grandi preparazioni di carni – specie di agnello e capretto – sempre abbinate a gustosissime verdure locali (agnello con i carciofi, la favata ecc.).

Le famose coste dell'isola offrono crostacei e pesci dal sapore indimenticabile: l'aragosta di Stintino, le triglie cucinate con il delizioso Vermentino della Gallura, le arselle, i calamari, tanto per citarne alcuni.

La pasta offre una curiosa interpretazione dell'influenza araba con la preparazione della fregula, una tipica minestra a base di semola grossa che viene tutt'oggi usata sia con accompagnamento di pesce che con sugo di agnello. Altri tipi di pasta (sia secca che all'uovo) come i ben noti malloreddus o i culirgiones, sono spesso insaporiti da una generosa dose di pecorino locale.

Il famoso pane carasau (chiamato anche "carta da musica") ha contribuito a far conoscere la gastronomia di questa regione anche al di fuori dei nostri confini.

Fra i prodotti caseari – abbondanti e molto vari – vale ricordare il Dolce Sardo, la ricotta salata, i molti caprini a pasta cruda. Gli insaccati offrono una scelta interessante tra cui la salsiccia sarda stagionata, la soppressa, il salame di Tergu. Ma è nelle conserve ittiche che l'isola presenta una vasta gamma di prodotti: dal tonno affumicato alla famosa bottarga di muggine, per non parlare delle deliziose acciughe marinate.

I dolci sono spesso confezionati con miele di corbezzolo, di cui la regione è una grande produttrice, e presentano abbinamenti dal lontano sapore orientale. Sono un esempio le seadas: una sorta di grossi ravioli ripieni di formaggio, fritti e, ancora caldi, cosparsi di miele.

CAPPUNADDA

ANTIPASTI

400 g di pane raffermo tipo gallette. 200 g di pomodori non troppo maturi. 250 g di cuore di tonno o filetto di tonno essiccato. 200 g di tonno affumicato in 1 fetta. 2 cucchiai di aceto di vino rosso. pepe nero in grani. olio.

Mettete in ammollo il pane tenendo presente che non deve assorbire troppa acqua. Scolatelo, strizzatelo e mettetelo sbriciolato grossolanamente in una capace insalatiera. Fate a piccoli pezzi i pomodori, il cuore di tonno e aggiungeteli al pane. Riducete in sottili strisce il tonno affumicato e unitelo agli ingredienti. Preparate un'emulsione con l'aceto, 3 cucchiai di olio e un pizzico di sale. Condite con questa la cappunadda, spolverando con pepe macinato al momento, prima di gustarvela.

FOCACCE AL FORMAGGIO SALATO
(COCCOIS DE GERDA)

ANTIPASTI

400 g di farina di grano tenero. 120 g di ciccioli. 80 g di pecorino salato. 1 ciuffo di menta fresca. 15 g di lievito. olio.

Setacciate la farina su di una spianatoia e fate il cratere. Sciogliete il lievito in mezzo bicchiere di acqua tiepida, versatelo nella fontana e iniziate a impastare, fino a ottenere una pasta omogenea ed elastica. Staccate poi dall'impasto una quantità grossa quanto un'albicocca e schiacciatela con un mestolo, dandogli una forma tondeggiante. Proseguite così fino a esaurire l'impasto, ponendo ogni volta le piccole focacce su di una teglia da forno, sulla quale avrete sparso una manciata di farina. Ponete su ogni focaccia un cucchiaio di ciccioli sbriciolati e un pizzico di formaggio grattugiato. Tritate le foglie di menta e spargete anch'esse sulla superficie delle "coccois". Condite con un giro d'olio e ponete a lievitare in un luogo asciutto per 40 minuti. Infornate poi a calore alto per 15 minuti. Gustatele ancora calde, meglio se spennellate con olio. Sono ottime anche fredde, accompagnate da verdure grigliate e salumi stagionati.

SARDINE RIPIENE ALLA SARDA

600 g di sardine. 150 g di pangrattato. 1 spicchio di aglio. 1 ciuffo di prezzemolo. 50 g di pecorino fresco grattugiato. 1 bicchiere di vino bianco tipo Vermentino. 2 uova, olio, sale, pepe.

Pulite con cura le sardine: togliete la testa, eliminate la spina, dividetele a metà nel senso della lunghezza. Sciacquatele sotto acqua corrente e ponetele su carta da cucina ad asciugare. Fate un trito con il prezzemolo e l'aglio, unitelo al formaggio grattugiato e a 50 g di pangrattato. Girate il tutto con un cucchiaio per ben amalgamare aggiustando di sale e pepe. Mettete un cucchiaio di questo composto su mezzo filetto di sardina, con il ventre rivolto verso l'alto, sul quale poserete l'altra metà, richiudendolo. Una volta esauriti gli ingredienti, passate le sardine ripiene nelle uova sbattute in precedenza, poi nel pangrattato, facendolo ben aderire con una leggera pressione delle mani. Trasferite i pesci, così preparati, in una capace pirofila da forno. Irrorateli con il vino e 5 cucchiai di olio e cuocete nel forno, a temperatura alta, per 10 minuti. Fate stiepidire prima di portare in tavola.

CULIRGIONES DI CAGLIARI

350 g di pecorino sardo fresco (Fiore Sardo). 300 g di bietole. 2 uova.
70 g di pecorino stagionato e grattugiato. 1 bustina di zafferano. 2 spicchi di aglio. 350 g di salsa di pomodoro. odore di noce moscata. olio.
Per la sfoglia: 450 g di farina di semola di grano duro. 3 uova.

Preparate la sfoglia: setacciate la farina su di un ripiano, sbattete leggermente le uova e unitele nel cratere. Iniziate quindi a impastare con le dita, incorporando pian piano gli ingredienti. Aggiungete poca acqua, se necessario. Una volta ottenuta una pasta soda ed elastica, avvolgetela nella pellicola e fate riposare per mezzora. Nel frattempo preparate la farcia; pulite le bietole, eliminando le coste più dure, e cuocete in pochissima acqua leggermente sala-ta, per 5 minuti. Scolatele, strizzatele e saltatele in una padella con 3 cucchiai di olio, tritate grossolanamente. In una ciotola lavorate con una forchetta il pecorino fresco e unite le bietole. Aggiungete le uova, la bustina di zafferano, un cucchiaio di pecorino grattugiato, una grattugiata di noce moscata e un pizzico di sale e pepe. Stendete in una sottile sfoglia la pasta, ritagliateci dei grandi rettangoli, al centro dei quali porrete una piccola quantità di ripieno. Ripiegate i rettangoli e premete i bordi con le dita, sigillandoli con i rebbi di una forchetta. Portate a bollore abbondante acqua salata, e lessate i culin-giones per 10 minuti, facendo attenzione che il bollore non sia troppo forte. Nel frattempo soffriggete gli spicchi di aglio in quattro cucchiai di olio posti in una padella. Aggiungete la salsa di pomodoro, un pizzico di sale e pepe, cuocete per 10 minuti a calore moderato. Scolate i culingiones in una capace ciotola, condite con la salsa ottenuta e spolverate di pecorino stagionato. Portate in tavola, per gustarli ancora caldi e profumati.

Il ripieno di questa pasta tipica (il cui nome cambia da provincia a provincia: angiulotus, culurzones, culurjones, spighitta, ecc.) varia, usando ora patate con menta fresca e pecorino in salamoia, ora carne e ricotta. Rimane inva-riato l'uso della farina di semola di grano duro per la sfoglia. Tipico è anche l'uso del Fiore Sardo fresco, particolare formaggio che viene gustato fresco durante i primi tre mesi di stagionatura, mentre dal sesto mese in poi è ot-timo grattugiato. Viene modellato in stampi formati da due tronchi di cono uniti facendo aderire le basi maggiori.

MACCHERONI CON LA BOTTARGA

PRIMI PIATTI

400 g di maccheroni. 50 g di bottarga di muggine. 2 limoni. 1 ciuffo di prezzemolo. olio. sale.

Lessate i maccheroni in abbondante acqua salata. Scolateli al dente e racco-glieteli in una ciotola; grattugiateci quindi la bottarga, condite con il succo di un limone, il prezzemolo tritato e 3 cucchiai di olio. Amalgamate ben tutti gli ingredienti e guarnite con fette di limone. Portate in tavola caldissimo.

La bottarga consiste in uova di muggine o di tonno salate, pressate e fatte seccare. È ottima gustata allo stato naturale, non cucinata; su fette di pane accompagnate da pomodoro in insalata, oppure grattugiata come condimento alla pasta. È molto nota una sagra della bottarga, che si svolge a Cabras (Oristano) per la festa della patrona Santa Maria Assunta, nel mese di maggio.

MALLOREDDUS ALLA SALSICCIA 📷

PRIMI PIATTI

600 g di farina di grano duro. 1 kg di pomodori pelati. 150 g di salsiccia. 3 spicchi di aglio. 1 cipolla. 1 ciuffo di basilico. pecorino grattugiato. 2 g di zafferano. olio.

Sciogliete lo zafferano in un bicchiere di acqua tiepida, ponete la farina a cratere e unite il liquido con un pizzico di sale. Mescolate con forza fino a ottenere una pasta molle ed elastica. Staccate un po' di pasta e allungatela con le mani ottenendo dei piccoli filoncini dai quali ricaverete degli gnocchetti grossi quanto un fagiolo. Via via che li preparate, passateli sul fondo di un setaccio premendo leggermente per ottenere degli gnocchetti rigati. Fateli asciugare su un canovaccio per almeno 2 giorni. Per il sugo: rosolate in una casseruola la cipolla tritata e l'aglio schiacciato con 4 cucchiai di olio e qualche foglia di basilico. Togliete l'aglio appena prende colore. Unite quindi la salsiccia sbriciolata, fate rosolare a fuoco vivace per alcuni minuti, quindi aggiungete i pomodori, sale e pepe. Cuocete ancora per 20 minuti. Lessate in abbondante acqua salata la pasta e conditela con il sugo ben spolverata di pecorino.

RISOTTO IKNUSA

PRIMI PIATTI

300 g di riso tipo Carnaroli. 300 g di polpa di maiale. 350 g di pomodori maturi. 1 cipolla rossa. 50 g di pecorino non troppo stagionato. 1 l di brodo vegetale (vedi ricetta a pagina 282). olio.

In un capace tegame fate dorare, in quattro cucchiai di olio, la cipolla tritata finemente; unite quindi la carne tagliata in piccoli pezzetti e fate rosolare per 10 minuti a fuoco moderato. Aggiungete quindi i pomodori tagliati a pezzetti e aggiustate di sale e pepe, proseguendo la cottura per mezzora, a fuoco basso. Aggiungete il riso, quando la carne sarà tenera, alzate la fiamma e insaporite il tutto per 5 minuti. Aggiungete via via del brodo vegetale bollente, fino a ultimare la cottura del riso. Trasferitelo in una zuppiera, cospargete con il pecorino grattugiato e portate subito in tavola.

SUPPA QUATTA

PRIMI PIATTI

1.5 l di brodo di carne e verdure (vedi ricette alle pagine 281 e 282). 600 g di fette di pane casalingo raffermo. 400 g di cacio fresco sardo. 1 ciuffo di prezzemolo. odor di noce moscata. 70 g di pecorino grattugiato.

Tostate le fette di pane. In una casseruola, meglio se di coccio, dai bordi alti, fate uno strato di pane, copritelo con il formaggio fresco fatto a sottili fettine, cospargete col prezzemolo, una grattata di noce moscata, un pizzico di sale e pepe. Versate un po' di brodo caldo in modo che il pane se ne imbeva. Proseguite facendo altri strati, fino a esaurire gli ingredienti. Aggiungendo sempre anche il brodo. Spolverizzate per ultimo con il pecorino grattugiato e cuocete in forno, ben caldo, per 15 minuti, finché sulla superficie si sarà formata una crosticina dorata.

AGNELLO CON I CARCIOFI

- -

SECONDI PIATTI

1.5 kg di polpa di agnello. 10 carciofi teneri. 300 g di finocchietti selvatici.
1 cipolla rossa. 4 spicchi di aglio. 1 rametto di alloro. 3-4 pomodorini secchi.
1 bicchiere di vino bianco secco. 1 ciuffo di prezzemolo. 2 limoni. 1 peperoncino.
olio.

In un capace tegame fate rosolare, in 4 cucchiai di olio, a fuoco vivace, la cipolla affettata finemente, gli spicchi di aglio tritati e i pomodorini secchi spezzettati. Aggiungete le foglie di alloro e il vino bianco, soffriggendo il tutto per 5 minuti a fuoco moderato. Fate a tocchetti la carne di agnello e unitela nel tegame, girando con un mestolo per far insaporire gli ingredienti. Continuate la cottura a calore moderato aggiungendo un cucchiaio di acqua calda, se vedete che il sugo tende ad asciugarsi troppo. Pulite nel frattempo i carciofi, divideteli a metà e poneteli in una ciotola con l'acqua, nella quale avrete strizzato i limoni. Aggiungeteli alla carne a metà cottura della stessa, facendo attenzione che cuociano senza toccare il fondo del tegame. Dopo 10 minuti di cottura a calore moderato, aggiungete il finocchietto selvatico (se non avete la possibilità di procurarvelo potete usare la stessa quantità di germogli di finocchio coltivato) e il peperoncino. Aggiustate di sale e pepe, e mescolate delicatamente, cuocendo per altri 5 minuti a calore moderato, col coperchio. Portate in tavola ben caldo, cosparso con abbondante prezzemolo tritato.

ARAGOSTA DELLA COSTA SMERALDA

2 aragoste di circa 400 g l'una. 1/2 cipolla bianca. 20 g di senape. 4 cucchiai di aceto di vino bianco. 200 g di pomodori maturi. olio. sale. pepe.

Lessate per 10 minuti, le aragoste – ancora vive – in una pentola con abbondante acqua bollente. Scolatele e fatele un po' raffreddare. Estraetene la polpa, anche dalle chele, e raccoglietela in una ciotola. Aggiungete anche un po' dell'acqua di cottura (circa 2 cucchiai). Fate a parte un'emulsione con l'aceto, la senape e 3 cucchiai di olio, aggiustando di sale e pepe. Affettate finemente la cipolla e i pomodori, puliti e privati dei semi, che metterete sul fondo di un vassoio. Coprite con i pezzetti della polpa delle aragoste e condite con l'emulsione alla senape. Tenete il tutto in fresco per 30 minuti, prima di portare in tavola, guarnendo con spicchi di limone e di arancio.

BURRIDA

800 g di pesce in tranci (tonno. palombo o razza). 1 spicchio di aglio. 50 g di pinoli. 50 g di gherigli di noci. noce moscata. 2 cucchiai di pangrattato. 1/2 bicchiere di aceto. farina. olio.

Sciacquate e asciugate i tranci di pesce, infarinateli e cuoceteli in abbondante olio. Dorateli da ambo i lati, scolateli e poneteli su un vassoio e, solo ora, salateli. In una casseruola con 6 cucchiai di olio, fate soffriggere l'aglio, aggiungete 1/2 bicchiere di acqua e 1/2 di aceto non troppo forte. Portate a leggera ebollizione per almeno 10 minuti. Unite il trito di pinoli e noci, legato dal pangrattato. Fate bollire e grattateci la noce moscata (soltanto un'ombra). Spegnete e fate riposare coperto, per 1 ora. Quindi versate il tutto sul pesce. Fate riposare per un giorno prima di servire.

CALAMARI RIPIENI
(CALAMARI A PRENU)

SECONDI PIATTI

400 g di calamari, 2 spicchi di aglio, 1 ciuffo di prezzemolo, 50 g di pomodori secchi, 300 g di pomodori maturi, 40 g di pangrattato, 1 uovo, olio, sale.

Pulite i calamari: privateli delle interiora, della vescica dell'inchiostro e della pelle. Sciacquateli sotto acqua corrente, tagliate i tentacoli dal corpo, tritateli in piccoli pezzetti e raccoglieteli in una ciotola. Aggiungete i pomodori secchi tritati con l'aglio e il prezzemolo. Sbattete l'uovo con un pizzico di sale e incorporatelo agli ingredienti; unite anche il pangrattato e girate con un cucchiaio per ben amalgamare. Riempite, con l'impasto ottenuto, i calamari e richiudeteli con 2 stuzzicadenti. Cuoceteli poi in padella con 2 cucchiai di olio, tenendo la fiamma moderata. Fate a pezzi i pomodori, lavati e privati dei semi, aggiungeteli ai calamari, cuocendo per altri 10 minuti. Aggiustate di sale e portate in tavola ben caldi.

CONIGLIO IN GUAZZETTO
(CONIGLIO A SUCCHITTU)

SECONDI PIATTI

1 coniglio di circa 1.2 kg, 70 g di capperi sotto sale, 1 cipolla rossa, 2 spicchi di aglio, 1 ciuffo di prezzemolo, 1 bicchiere di aceto non troppo forte, 100 g di farina, olio.

Tagliate a fette piuttosto sottili la cipolla e ponetela in una casseruola con 4 cucchiai di olio, insieme a un trito di prezzemolo e aglio. Soffriggete a fiamma moderata per 5 minuti. Aggiungete quindi metà dei capperi, che avrete precedentemente tenuto in ammollo in acqua e poi ben strizzati e tritati finissimi. A questo punto spegnete la fiamma e lasciate riposare il soffritto. Nel frattempo lavate, asciugate e fate a pezzetti il coniglio. Infarinatelo e unitelo al soffritto, rimettendo il tegame sul fuoco a fiamma vivace. Aggiustate di sale e pepe, girate per amalgamare i sapori e cuocete per altri 25 minuti, sempre a fiamma moderata. Unite quindi l'altra metà dei capperi, questa volta lasciati interi, e il bicchiere di aceto diluito con un po' di acqua per smorzarlo un po'. Mescolate con delicatezza per non rovinare il coniglio e continuate a cuocere il tutto per altri 20 minuti, tenendo su il coperchio. Quindi servite. È un'ottima preparazione presentata anche fredda.

IMPANADAS DI OLIVE E CARNE DI MAIALE

SECONDI PIATTI

500 g di farina di grano tenero, 100 g di strutto, 200 g di polpa di maiale macinata, 1 salsiccia fresca, 100 g di olive nere denocciolate, 20 g di capperi sott'aceto, 2 spicchi di aglio, 1 ciuffo di prezzemolo, 1 uovo, 200 g di pomodori maturi, olio, sale, pepe.

Setacciate la farina sulla spianatoia, fate il cratere e uniteci lo strutto. Lavorate prima con le dita, poi con le mani, per ottenere un impasto omogeneo, sodo ed elastico. Copritelo con un panno e fate lievitare per 30 minuti in un luogo asciutto. Nel frattempo preparate la farcitura delle impanadas. Tritate l'aglio con il prezzemolo e ponetelo in una casseruola con un cucchiaio di olio. Rosolate a fuoco dolce, quindi aggiungete la carne di maiale, la salsiccia sbriciolata con le mani, aggiustate di sale e pepe. Cuocete a calore moderato per 15 minuti. Unite poi i pomodori, lavati e fatti a pezzetti, le olive denocciolate tritate e i capperi, ben sgocciolati e strizzati con le mani. Cuocete per 20 minuti a calore basso, girando di tanto in tanto. Se necessario prolungate la cottura per fare asciugare meglio la salsa. Dividete l'impasto in 8 parti e stendetele con un matterello infarinato, dando loro una forma rotonda. Stendete un cucchiaio di ripieno su 4 dischetti, coprite ognuno con un altro disco di pasta, facendo ben aderire i bordi con una pressione delle dita. In una ciotolina mescolate l'uovo sbattuto con 1/2 cucchiaio di acqua fredda, e con questa spennellate la superficie delle impanadas. Ponetele su di una placca da forno, coperta con l'apposita carta, e infornate, a calore moderato, per 20 minuti. Sono ottime calde, ma si possono apprezzare anche fredde e come ricco piatto unico. In estate accompagnate con verdure crude.

TRIGLIE AL VERMENTINO DI GALLURA

800 g di triglie. 400 g di pomodori ben maturi. 2 bicchieri di vino Vermentino di Gallura. 1 ciuffo di prezzemolo. 2 spicchi di aglio. 1 limone. olio.

In un tegame, con 4 cucchiai di olio, rosolate l'aglio tritato con il prezzemolo; fate a pezzetti i pomodori, aggiungendoli al soffritto e cuocendo a fiamma moderata per 10 minuti. Pulite con cura le triglie, lavatele in acqua corrente e unitele al sughetto. Aggiustate di sale e pepe, fate il limone in sottilissime fette, coprite con queste le triglie e bagnate il tutto con il vino, alzando un poco la fiamma. A metà cottura rigiratele con delicatezza, finendo di cuocere con il coperchio. Trasferite quindi i pesci su di un vassoio e copriteli con il sugo di cottura, portando in tavola ancora caldo.

CARCIOFI E PATATE IN UMIDO

CONTORNI

6 carciofi tipo violetto con le spine. 6 patate medie. 3 spicchi di aglio. 1 ciuffo di prezzemolo. 1 limone. olio.

Pulite i carciofi e metteteli interi in una ciotola con acqua e limone. Sbucciate e fate a tocchetti le patate mettendole nell'acqua per non farle annerire. In un tegame ponete 4 cucchiai di olio, gli spicchi di aglio e il prezzemolo tritati. Fate soffriggere per pochi minuti a calore moderato e unite i carciofi sgocciolati. Rosolate a fuoco vivace per breve tempo, poi unite le patate, aggiustando di sale e pepe. Coprite e cuocete a fuoco basso per 20 minuti. Se necessario, durante la cottura, aggiungete 1-2 cucchiai di acqua tiepida, tenendo presente che il piatto finito deve risultare asciutto.

CECI AL POMODORO

CONTORNI

500 g di ceci, 1 carota, 1 cipolla rossa, 1 costola di sedano, 1 ciuffo di prezzemolo, 1/2 osso di prosciutto, 350 g di pomodori maturi, 1 peperoncino piccante, olio, sale.

Tenete i ceci in ammollo per una notte. Sciacquateli e cuoceteli in una pentola ricoprendoli di acqua fredda, con un ciuffo di prezzemolo e l'osso del prosciutto, che darà sapore! Cuocete per 40 minuti a calore basso, facendo sobbollire per non rompere i ceci. Fate un trito con la cipolla, il sedano e la carota e soffriggeteli in una casseruola con 2 cucchiai di olio. Aggiungete, dopo 5 minuti, i pomodori lavati, sbucciati e fatti a pezzi, insaporite con il peperoncino piccante tritato. Cuocete ancora a calore basso per 10 minuti. Aggiungete i ceci quando sono al "dente", scolati della loro acqua di cottura. Cuocete ancora per 10 minuti a calore basso, girando. Servite ben caldo.

PARDULAS 📷

DOLCI

Per il ripieno: 500 g di ricotta freschissima, 90 g di zucchero semolato, 30 g di farina di grano duro, 3 uova + 1 rosso, 1 bustina di zafferano in polvere, 1 limone, 1 arancia.

Per la pasta: 400 g di farina di grano duro, 120 g di burro.

Setacciate la farina a fontana, unite il burro a fiocchetti, un bicchiere di acqua appena tiepida e impastate con le mani fino a ottenere un composto sodo ed elastico, che farete riposare 30 minuti, coperto da un panno. In una ciotola mettete la ricotta, lo zucchero, 30 g di farina, la scorza dell'arancia e del limone grattugiate. Amalgamate con un cucchiaio. Sbattete a parte le uova con il rosso e incorporatele poco alla volta al composto, aggiungendo anche lo zafferano. Amalgamate e mettete in frigo. Stendete la pasta con un matterello infarinato, fino a ottenere una sfoglia sottile. Ricavatene dei dischi di circa 10 cm di diametro. Ponete nel centro di ognuno una cucchiaiata di composto, pizzicottando i bordi per sollevarli a tazzetta intorno al ripieno. Poneteli su una placca con carta da forno e cuocete in forno per 15 minuti.

SEADAS

DOLCI

450 g di farina. 100 g di burro. 300 g di pecorino sardo da tavola grattugiato. 1 limone. 1 arancia. 300 g di miele millefiori. olio.

Setacciate la farina a fontana su una spianatoia; ponete nel cratere il burro a fiocchetti, un pizzico di sale e poca acqua tiepida. Lavorate con le mani fino a ottenere una pasta soda ed elastica. Avvolgetela in un panno e fatela riposare per 30 minuti. Grattugiate la scorza dell'arancia e quella del limone, mescolate il pecorino, girando con un cucchiaio per fare amalgamare gli aromi. Con un matterello infarinato tirate la pasta in una sfoglia sottile, ricavatene dei dischi di 10 cm di diametro. Ponete su ognuno un cucchiaio di impasto, piegate la pasta a mezzaluna e premete i bordi. Portate l'olio a giusta temperatura e friggeteci un po' alla volta le seadas, facendole dorare da ambo i lati. Scaldate a bagnomaria il miele e con questo cospargete i dolci gustateli caldi.

SUSPIRUS

• •

DOLCI

200 g di mandorle dolci spellate. 200 g di zucchero semolato.
2 albumi. 2 cucchiai di farina. 2 cucchiai di vanillina. 1 noce di burro.
PER LA GLASSA: 200 g di zucchero a velo. 1 albume. 1 limone.

Tritate le mandorle e unite un cucchiaio di zucchero. Montate a neve gli albumi,
unite lo zucchero rimasto, la vanillina e le mandorle. Mescolate piano per non
fare smontare il composto. Imburrate una placca da forno, infarinatela e disponete il composto a piccole cucchiaiate ben distanziate. Infornate a fuoco medio
per 20 minuti, finché non saranno gonfi e dorati e fate freddare. Preparate la
glassa: montate a neve un albume, incorporate lo zucchero a velo e qualche
goccia di limone. Rigirateci i suspirus usando 2 spiedini di legno; poneteli su
una griglia in un luogo fresco, per far solidificare la glassa. Presentateli guarniti
con carta velina colorata tagliata a strisce.

Ricette di base

BESCIAMELLA

1/2 l di latte. 50 g di burro. 50 g di farina.

Mettete il burro in un tegamino e fatelo sciogliere a fuoco basso, che non scurisca. Incorporate la farina bianca, facendo attenzione che non si formino grumi. Unite il latte, fatto bollire in precedenza e stiepidito, e girando con un mestolo, portate a ebollizione. Aggiungete un pizzico di sale e, a piacere, una grattata di noce moscata.

BRODO DI CARNE

800 g di manzo (muscolo). 1/2 zampa di bue. 1/2 gallina.
1 costola di sedano. 1 carota. 1 cipolla rossa. 3 pomodorini tipo ciliegia.

In una pentola con acqua fredda appena salata mettete gli ingredienti e portate a bollore a fuoco moderato. Fate cuocere, per 2 ore. Schiumate, se necessario, il grasso in eccesso che si forma sulla superficie. Filtrate il brodo ottenuto. Se volete un "bollito" più tenero, aggiungete la carne solo quando il brodo sta quasi bollendo.

BRODO VEGETALE

250 g di patate, 2 cipolle rosse, 1 costola di sedano, 2 carote, 2 pomodorini tipo ciliegia.

Tagliate le verdure in pezzetti non troppo grossi, poneteli quindi in una capace pentola con acqua salata e portate a ebollizione. Cuocete, sobbollendo, per circa 1 ora e mezzo. Trascorso questo tempo filtrate il brodo ottenuto.

PAN DI SPAGNA

5 uova, 150 g di zucchero, 100 g di farina, 50 g di fecola, 1 noce di burro.

In una capace terrina montate con lo zucchero le uova, lavorando per 10 minuti fino a ottenere un composto spumoso; questo è pronto a ricevere la farina quando "scrive": sollevando la frusta, un po' di crema dovrà ricadere formando una specie di nastro sull'impasto sottostante e restarvi in superficie per qualche istante. A questo punto (mescolate le due farine) unitele al composto, girando con una spatola, dal basso verso l'alto per non smontare il tutto. Imburrate e infarinate uno stampo e versate l'impasto, cuocendo in forno, a calore moderato, per 40 minuti. Sformatelo ancora caldo e mettetelo a freddare su una gratella, prima di usarlo per altre preparazioni. Le dosi date sono per un Pan di Spagna del diametro di circa 20-24 cm.

PASTA DI PANE

1 kg di farina bianca, 30 g di lievito di birra, 1 cucchiaio di sale fine.

La sera ponete il lievito di birra in una capace ciotola e scioglietelo, sbriciolandolo con le dita, con 1/2 bicchiere di acqua tiepida. Unite 120 g di farina, lavorando il tutto su una spianatoia. Ottenuto un composto omogeneo, versate nella ciotola mezza dose della farina rimasta, e uniteci il composto di lievito, ricoprite con un panno e mettete in un luogo asciutto a riposare. Il mattino dopo ponete sulla spianatoia la restante farina a cratere, mettete nel centro il composto della ciotola e il sale, incorporando poco alla volta, con l'aiuto di 1/2 l di acqua appena tiepida. Lavorate con le mani con forza, fino a ottenere una pasta soda ed elastica. Fatela lievitare per 2 ore, coperta da un panno. Quindi cuocetela porzionandola in panini grossi quanto un'arancia o lavorandola in 2 filoni. Fate riposare mezzora prima di infornare a calore moderato per 40 minuti. È la ricetta classica per preparare del buon pane casalingo, comunque è la ricetta base per altre preparazioni salate che si incontrano in questo libro.

PASTA FATTA IN CASA

500 g di farina di grano duro. 5 uova.

Mettete la farina sulla spianatoia con al centro le uova e fatele incorporare lentamente. Lavorate bene con le mani per almeno 10 minuti fino a ottenere una pasta soda e compatta. Avvolgetela nella pellicola e fatela riposare prima di stenderla col matterello infarinato. Non tutte le preparazioni di pasta fatta in casa prevedono l'uso delle uova o quello della semola di grano duro. In quel caso nella ricetta viene segnalata l'esatta composizione degli ingredienti.

PASTA FROLLA

500 g di farina bianca. 250 g di zucchero. 250 g di burro a temperatura ambiente. 1 uovo + 1 rosso. 1 pizzico di sale.

Ponete la farina a fontana su di una spianatoia, spargeteci il sale, lo zucchero e disponete nel mezzo il burro a fiocchetti. Cominciate a impastare velocemente, senza riscaldare troppo il burro durante la lavorazione, e possibilmente con le mani ben fredde per facilitare l'operazione. Appena una parte del burro sarà amalgamata con la farina, unite un uovo intero e un rosso, impastando nuovamente con l'aiuto di uno o due cucchiai di acqua gelata. Lavorate la pasta fino a ottenere un composto sodo e compatto che riporrete nel frigo avvolto dalla pellicola. Aspettate almeno 1 ora prima di lavorarla per le vostre ricette. Le dosi consigliate sono necessarie a ottenere una quantità di pasta pari a circa 1 kg.

PASTA PER PICCOLI DOLCI

. . . .

250 g di farina, 130 g di burro, 30 g di zucchero,

acqua, 1 pizzico di sale.

Disponete la farina a fontana su di una spianatoia, uniteci il burro, morbido, il sale e lo zucchero. Lavorate con le mani per ben incorporare tutti gli ingredienti. Aggiungete poco alla volta 7 cucchiai di acqua fino a ottenere un impasto omogeneo. Fatene una palla e ponetelo in frigo per 2 ore. Stendetelo quindi con un matterello infarinato, non troppo sottile, e ritagliatelo per foderare piccoli stampi imburrati. Riempiteli di fagioli secchi, per evitare che la pasta si gonfia, e cuocete a fuoco moderato per 20 minuti. Una volta tolti i fagioli e sformati, farcite i piccoli dolci a vostro piacimento: con mousse, creme, eccetera, ecc.

POMMAROLA

. . . .

1.5 kg di pomodori ben maturi (San Marzano o Fiorentini),

1 costola di sedano, 1 carota, 1 cipolla rossa, 1 ciuffo di basilico, olio.

Fate a pezzi i pomodori, eliminando gran parte dei semi. Poneteli in una pentola con la costola di sedano, la cipolla e la carota fatte a pezzi e mettete sul fuoco a calore moderato con due cucchiai di olio. Cuocete, facendo sobbollire per 20 minuti, quindi eliminate gran parte dell'acqua prodotta dai pomodori; rimettete sul fuoco ed aggiungete il basilico, finendo la cottura dopo 15 minuti. Passate al passaverdura e fate ben freddare la pommarola, se dovete riporla in vasetti ermetici, per conservarla.

Indice